Tráfico de Pessoas

Tráfico de Pessoas

UMA ANÁLISE A PARTIR DA CONVENÇÃO DE PALERMO

2022

Danielle Annoni
Priscila Caneparo
Arisa Ribas Cardoso

ALMEDINA

TRÁFICO DE PESSOAS
UMA ANÁLISE A PARTIR DA CONVENÇÃO DE PALERMO

AUTORAS: Danielle Annoni, Priscila Caneparo, Arisa Ribas Cardoso

DIRETOR ALMEDINA BRASIL: Rodrigo Mentz
EDITORA JURÍDICA: Manuella Santos de Castro
EDITOR DE DESENVOLVIMENTO: Aurélio Cesar Nogueira
ASSISTENTES EDITORIAIS: Isabela Leite e Larissa Nogueira
ESTAGIÁRIA DE PRODUÇÃO: Laura Roberti

DIAGRAMAÇÃO: Almedina
DESIGN DE CAPA: Roberta Bassanetto

ISBN: 9786556276786
Outubro, 2022

Dados Internacionais de Catalogação na Publicação (CIP)
(Câmara Brasileira do Livro, SP, Brasil)

Annoni, Danielle
Tráfico de pessoas : uma análise a partir da convenção de Palermo / Danielle Annoni, Priscila Caneparo, Arisa Ribas Cardoso. -- São Paulo : Almedina, 2022.

Bibliografia.
ISBN 978-65-5627-678-6

1. Crime internacional 2. Crime organizado 3. Direitos fundamentais 4. Direitos humanos 5. Refugiados - Direitos fundamentais 6. Refugiados -Estatuto legal, leis, etc - Brasil 7. Tráfico humano - Legislação - Brasil 8. Tratados internacionais I. Caneparo, Priscila. II. Cardoso, Arisa Ribas. III. Título..

22-120910 CDU-341:347.121.1

Índices para catálogo sistemático:

1. Tráfico de pessoas : Refugiados : Direito internacional dos direitos humanos 341:347.121.1

Eliete Marques da Silva - Bibliotecária - CRB-8/9380

Universidade Católica de Brasília - UCB
Reitor: Prof. Dr. Ricardo Pereira Calegari
Pró-Reitora Acadêmica: Prof.ª Dr.ª Regina Helena Giannotti
Pró-Reitor de Administração: Prof. Me. Edson Cortez Souza
Diretor de Pós-Graduação, Identidade e Missão: Prof. Dr. Ir. Lúcio Gomes Dantas
Coordenador do Programa de Pós Graduação em Direito: Prof. Dr. Maurício Dalri Timm do Valle
Editor-Chefe do Convênio de Publicações: Prof. Dr. Marcos Aurélio Pereira Valadão

Este livro segue as regras do novo Acordo Ortográfico da Língua Portuguesa (1990).

EDITORA: Almedina Brasil
Rua José Maria Lisboa, 860, Conj.131 e 132, Jardim Paulista | 01423-001 São Paulo | Brasil
www.almedina.com.br

"I always felt like a criminal. I never felt like a victim at all. Victims don't do time in jail, they work on the healing process. I was a criminal because I spent time in jail." – 'Tonya', sobrevivente do tráfico de pessoas nos EUA

(USA, Trafficking in Persons Report, 2012, p. 35)

SOBRE AS AUTORAS

Danielle Annoni
Pós-doutorada em Direito Internacional Humanitário e Direitos Humanos pela *University of Muenster* (WWU), Alemanha. Professora de Direito Internacional e Direitos Humanos da UFPR. Coordenadora do Observatório de Direitos Humanos da UFPR.

Priscila Caneparo
Doutora em Direito das Relações Econômicas Internacionais pela PUC-SP. Professora dos Programas de Pós-Graduação da Universidade Católica de Brasília e da *Ambra University*. Professora dos cursos de Direito e Relações Internacionais do UNICURITIBA. Coordenadora da Clínica de Direito Internacional (UNICURITIBA).

Arisa Ribas Cardoso
Doutora em Direito Internacional pela UFSC. Professora do Curso de Direito da Univali. Pesquisadora do Grupo de Pesquisa e Extensão EIRENE da UFSC.

PREFÁCIO

Este livro de Danielle Annoni, Arisa Ribas Cardoso e Priscila Caneparo, que discute tráfico de pessoas à luz do direito internacional dos refugiados, vem a público em um momento oportuno.

Desde 24 de fevereiro de 2022, quando iniciou a guerra na Ucrânia, até a data em que escrevo estas linhas, mais de 4,5 milhões de pessoas deixaram a Ucrânia, segundo a agência das Nações Unidas para refugiados (Acnur). A maior parte de mulheres e crianças[1]. Em 45 dias, 4,5 milhões de pessoas! À medida que o tempo passa elas atravessam as fronteiras mais vulnerabilizadas. Desde os primeiros dias da guerra, o noticiário mostrava o número majoritário de mulheres e crianças e o temor de elas se tornarem presas fáceis do tráfico de pessoas para exploração sexual. Essa possibilidade, bastante reportada nas migrações forçadas, parece já ter se concretizado. Recentemente uma organização não governamental na Polônia afirmou haver casos de desaparecimento de ucranianas e de menores e os associou a tráfico para exploração sexual[2].

Acredita-se que mulheres adultas refugiadas, que se tornam vítimas do tráfico de pessoas no país de refúgio, receberão assistência e autorização para

[1] SERRANO Layane; ROCHA Lucas. Refugiados ucranianos chegam em situação crítica, diz diretor de ONG na Polônia. *CNN Brasil.* Disponível em Refugiados ucranianos chegam em situação crítica, diz diretor de ONG na Polônia | CNN Brasil. Acesso 11 de abr. de 2022.

[2] PORTAL R7. *Mulheres e crianças refugiadas são alvo de tráfico sexual nas fronteiras da Ucrânia.* 30/03/2022. Disponível em https://noticias.r7.com/internacional/mulheres-e-criancas-refugiadas-sao-alvo-de-trafico-sexual-nas-fronteiras-da-ucrania-30032022 . Acesso 11 de abr. de 2022.

permanecer no país. Todavia, do ponto de vista jurídico não é um resultado garantido.

Há uma ideia equivocada de que o Protocolo para Prevenir, Suprimir e Punir o Tráfico de Pessoas, Especialmente Mulheres e Crianças, mais conhecido por Protocolo de Palermo, é um tratado de direitos humanos.

Assim, encontramos em artigos científicos de fácil acesso na internet a afirmação de que a Convenção das Nações Unidas contra o Crime Organizado Transnacional (2000) e o Protocolo Adicional relativo ao Tráfico de Pessoas, "integram o sistema normativo especial de direitos humanos, porque a liberdade sexual do indivíduo é atributo decorrente da personalidade, protegida também pela lei penal, e também o sistema humanitário, na medida em que há previsão expressa no Estatuto de Roma de crimes sexuais e de prostituição forçada em períodos de conflitos armados internacionais ou internos"[3].

Certamente o tráfico de pessoas viola direitos humanos e o direito penal é um dos instrumentos estatais para prevenir e reprimir condutas atentatórias a direitos humanos. Mas isso não significa que o Protocolo de Palermo seja um tratado de direitos humanos.

Esta obra tem o mérito de esclarecer de forma objetiva e precisa que a Convenção sobre Crime Organizado Transnacional e seus três Protocolos Adicionais são tratados internacionais com o objetivo primordial de promover a cooperação para prevenir e combater mais eficazmente a criminalidade organizada transnacional. Não são tratados sobre direitos humanos.

A ideia de que são um instrumento de proteção de direitos humanos encontra algum amparo devido à inclusão, no texto de um dos Protocolos, dos objetivos de prevenir o tráfico de pessoas, com especial atenção a mulheres e crianças, bem como de proteger e ajudar as vítimas, respeitando plenamente seus direitos humanos. As autoras observam, citando Anne Gallagher, que as preocupações dos direitos humanos talvez tenham provido algum impulso (ou cobertura) para a aprovação dos instrumentos, mas as questões de soberania/

[3] Ver, por exemplo: TAQUARY, Eneida Orbage de Britto; TAQUARY, Catharina Orbage de Britto. *Comércio de seres humanos: a influência da Convenção de Palermo sobre o novo modelo de lei penal brasileira*. Disponível em https://repositorio.uniceub.br/jspui/bitstream/235/8888/1/Com%C3%A9rcio%20de%20seres%20humanos%20-%20a%20influ%C3%AAncia%20da%20Conven%C3%A7%C3%A3o%20de%20Palermo%20sobre%20o%20novo%20modelo%20de%20Lei%20Penal%20brasileira.pdf .Acesso 11 de abr. de 2022.

segurança em torno do tráfico de pessoas e de migrantes, bem como a ligação percebida com os grupos criminosos que operam através das fronteiras, é que constituíram a verdadeira força motriz dos esforços.

A sobreposição da ideologia securitária sobre a de direitos humanos é bem explicada pelas autoras no segundo capítulo, quando abordam a proteção às vítimas de tráfico de pessoas. Mostram que os Estados priorizam o combate e punição aos agentes, colocando em segundo lugar a proteção das vítimas. As disposições contidas nos artigos 6º, 7º e 8º do Protocolo de Palermo, que detalham a proteção, não são obrigatórias, ficam à discricionariedade dos Estados Partes. Aproveitando-se dessa cláusula, os Estados Partes estabelecem critérios discriminatórios e categorias de vítimas que podem gozar de benefícios. Em geral, apenas as vítimas que se dispuserem a depor e forem consideradas úteis na investigação criminal dos traficantes.

No Brasil, a Lei n. 13.344, de 2016, favoreceu a proteção às vítimas do tráfico de pessoas, prevendo a possibilidade de concessão de residência permanente no território nacional, independentemente de sua situação migratória e de colaboração em procedimento administrativo, policial ou judicial. Entretanto, essa previsão normativa que fora incluída no Estatuto do Estrangeiro deixou de vigorar diante da Lei n. 13.445, de 2017 (Lei de Migração), que o revogou. Atualmente, a concessão de residência depende da efetiva colaboração da vítima para a investigação criminal.

Referi-me, no início, ao deslocamento forçado da população ucraniana. É o exemplo mais recente. Mas são notórias, e não tão antigas, situações na Ásia, no Oriente Médio, na África, nas Américas do Sul e Central, em que milhões de pessoas migraram para outros países em razão de conflitos armados, ou ainda devido a catástrofes ambientais, como no caso do Haiti. São migrantes nem sempre enquadrados como refugiados, categoria jurídica que proporciona o mais alto grau de proteção. Ocorre que, nessa migração, às vezes se valem de contrabandistas, o que os torna também autores de crimes; ou são ludibriados por traficantes, o que os torna vítimas, mas não lhes outorga a condição de refugiados.

No contexto dos fluxos migratórios é possível perceber o quanto as categorias jurídicas são sempre interpretadas de forma restritiva e acionadas em prejuízo do direito humano à mobilidade.

O exemplo dado por Guilherme Mansur Dias[4] é elucidativo. Relata como a imigração de haitianos para o Brasil após o terremoto ocorrido no país caribenho, em 2010, provocou uma série de reações de autoridades e setores de imprensa. Além do superdimensionamento dado ao referido fluxo migratório, destacou a maneira como as retóricas que articulam migração e segurança – particularmente, através dos conceitos de tráfico de pessoas e contrabando de migrantes – vieram à tona em tais debates. As autoridades brasileiras associaram os pedidos de refúgio ou de visto com discursos sobre tráfico de pessoas e contrabando de migrantes. Assim, para que cidadãos haitianos não fossem vítimas de intermediários inescrupulosos, que não fossem objeto de extorsão, de violência e de abusos, anunciavam a necessidade de aprimoramento do controle e da fiscalização das fronteiras. Na prática isso significou diminuição do número de vistos expedidos no consulado de Porto Príncipe e suspensão da emissão de protocolos de pedido de refúgio por haver detectado, na fronteira do Brasil com o Peru, uma rota de tráfico de pessoas. O acionamento dessas categorias redundou em prejuízo da migração haitiana para o Brasil.

É possível uma interpretação diferente. É o que nos oferecem Anonni, Cardoso e Caneparo ao fazer uma leitura do Protocolo de Palermo à luz do direito internacional dos refugiados. Sustentam que, na análise de casos concretos, tanto no âmbito dos tribunais internacionais como dos tribunais nacionais, deve-se observar o princípio da norma mais favorável ao indivíduo, quando direitos idênticos ou equivalentes são garantidos por dois ou mais instrumentos. Tomando o exemplo das pessoas que são vítimas de perseguição ou forçadas a se deslocar (refugiadas) e, ao mesmo tempo ludibriadas ou coagidas para serem submetidas a alguma forma de exploração (traficadas), será necessário avaliar que dispositivos normativos incidentes nessas duas situações são mais benéficos para a proteção da pessoa. De modo geral, são aqueles previstos na Convenção Relativa ao Estatuto dos Refugiados (1951) e seu Protocolo (1966) e na Declaração de Cartagena (1984).

As autoras chamam atenção sobre o conceito de perseguição, que muitos países restringem para atos praticados pelos Estados. Entretanto, atos

[4] DIAS, Guilherme Mansur. *Migração e crime*: desconstrução das políticas de segurança e tráfico de pessoas. Tese de doutorado. Universidade Estadual de Campinas. São Paulo, Campinas, 2014, p. 250.

praticados por grupos da sociedade podem ser considerados como perseguição se forem conhecidos e tolerados pelas autoridades. Argumentam que, no tráfico de pessoas, a atuação de grupos criminosos pode caracterizar perseguição e, portanto, as vítimas podem receber o tratamento de refugiadas.

Nesse tratamento, sem dúvida, o princípio fundamental é o do *non refoulement*. Significa que os Estados que ratificaram a Convenção de 1951 não expulsarão uma pessoa refugiada para as fronteiras dos territórios em que sua vida ou liberdade seja ameaçada em decorrência de raça, religião, nacionalidade, grupo social a que pertença ou opiniões políticas.

As autoras aprofundam o estudo desse princípio de modo a revelar que ele tem um significado muito maior do que se extrai de uma interpretação literal do artigo 33 da Convenção de 1951. Hoje é entendido como sendo de *jus cogens*. Nele converge a proteção internacional de migrantes, de refugiados e das vítimas de tráfico de pessoas. Embora nem todas as vítimas de tráfico se enquadrem nos parâmetros do direito internacional dos refugiados, elas merecem um tratamento especial pelo direito internacional de direitos humanos a que a maioria absoluta dos países do mundo está vinculado pelo simples fato de serem membros da ONU.

Em suma, as autoras apresentam caminhos interpretativos para orientar a política pública de proteção às vítimas do tráfico transnacional de pessoas, inclusive para ignorar normas legais incompatíveis com a dignidade humana.

Sou muito grata a Danielle, Arisa e Priscila pelo convite para prefaciar uma obra que se destaca pela sua relevância e utilidade à proteção da dignidade humana. Faço votos para que seja muito referenciada em pesquisas acadêmicas, mas sobretudo pelos aplicadores da lei, que oficiam em procedimentos administrativos e judiciais nos quais está em jogo a vida de pessoas traficadas.

Brasília, 11 de abril de 2022.

Ela Wiecko V.de Castilho*

* *Ela Wiecko Volkmer de Castilho é doutora em Direito pela Universidade Federal de Santa Catarina (UFSC), mestre em Direito Público pela Universidade Federal do Paraná (UFPR) e graduada em Direito pela Universidade Federal do Rio Grande do Sul. Iniciou carreira acadêmica na UFPR (1982) e desde 2000 é professora efetiva da Universidade de Brasília (UnB), onde leciona na Faculdade de Direito*

e no Centro de Estudos Avançados Multidisciplinares, dedicando-se, na pós-graduação, às linhas de pesquisa Criminologia, Estudos Étnico-raciais e de Gênero (PPGD/UNB) e Políticas Públicas, Movimentos Sociais, Diversidade Sexual e de Gênero, Raça e Etnia (PPGDH/UNB). Também fez carreira no Ministério Público Federal, onde exerce o cargo de Subprocuradora-Geral da República, e exerceu a função de Procuradora Federal dos Direitos do Cidadão. Nessa qualidade integrou o Grupo de Trabalho para a formulação do I Plano Nacional de Enfrentamento ao Tráfico de Pessoas e participou de reuniões nacionais e internacionais sobre o tema. Escreve e orienta trabalhos sobre o direito humano à mobilidade, migrações, tráfico de pessoas para fins de exploração sexual e de trabalho forçado.

LISTA DE ABREVIATURAS E SIGLAS

ACNUR/UNHCR	Alto Comissariado das Nações Unidas para Refugiados (*United Nations High Comissioner for Refugees*)
CIR	Comitê Intergovernamental para Refugiados
CJSV	*Criminal Justice Stay Visa*
EUA / USA	Estados Unidos da América (*United States of America*)
LN	Liga das Nações / Sociedade das Nações (*League of Nations*)
OEA / OAS	Organização dos Estados Americanos (*Organization of American States*)
OIM / IOM	Organização Internacional para as Migrações (*International Organization for Migration*)
OIR	Organização Internacional para os Refugiados
OIT / ILO	Organização Internacional do Trabalho (*International Labour Organization*)
ONU / UN	Organização das Nações Unidas (*United Nations*)
OSCE	*Organization for Security and Co-operation in Europe*
OUA	Organização da Unidade Africana
TVPA	Lei de Proteção às Vítimas de Tráfico e Violência (*Victims of Trafficking and Violence Protection Act*)
UA	União Africana
UE / EU	União Europeia (*European Union*)

UNIAP	*United Nations Inter-Agency Project on Human Trafficking*
UNODC	Escritório das Nações Unidas para as Drogas e o Crime (*United Nations Office on Drugs and Crime*)
UNRRA	Administração das Nações Unidas para o Socorro e a Reconstrução
URSS	União das Repúblicas Socialistas Soviéticas

SUMÁRIO

1. INTRODUÇÃO 19

2. A VÍTIMA DE TRÁFICO DE PESSOAS E SUA PROTEÇÃO NA CONVENÇÃO E PROTOCOLO DE PALERMO 27

2.1 A Convenção de Palermo sobre crime organizado transnacional e o protocolo sobre tráfico de pessoas. 30

2.2 A condição de vítima de tráfico de pessoas. 46

2.3 A proteção às vítimas de tráfico de pessoas. 67

3. PRINCÍPIOS FUNDAMENTAIS DO REGIME DE PROTEÇÃO INTERNACIONAL DE REFUGIADOS 87

3.1 O direito internacional dos direitos humanos e os princípios aplicáveis 89

3.2. A condição de refugiado 103

3.3 *Non-refoulement*: princípio e norma de jus cogens 124

4. PROTEÇÃO ÀS VÍTIMAS DE TRÁFICO DE PESSOAS: UMA LEITURA DO PROTOCOLO DE PALERMO À LUZ DO DIREITO INTERNACIONAL DOS REFUGIADOS 147

4.1 As vítimas de tráfico de pessoas como refugiadas 148

4.2 Da proteção aplicável 162

4.3 Os limites e as possibilidades da aplicação do direito internacional dos refugiados às vítimas de tráfico de pessoas 176

CONCLUSÕES 187

REFERÊNCIAS 193

APÊNDICE 211

1. INTRODUÇÃO

Negocia-se. Chega-se a um acordo. A mercadoria é despachada e, então, colocada na carroceria de um caminhão. Transportada por dias e através de fronteiras. É finalmente depositada em um barracão úmido e sem iluminação.

A mercadoria é uma pessoa. Isso ocorre no século XXI.

O tráfico de pessoas é uma realidade. Estimativas apontam que mais de 2 milhões de pessoas são traficadas todos os anos (UNODC, 2022). Para traficantes[5] hábeis, pessoas que, em geral, estão em situação de vulnerabilidade econômica, social, física ou psicológica, são presas fáceis.

A preocupação da comunidade internacional com a prática deste crime fez com que fosse aprovado pela Assembleia Geral das Nações Unidas, no ano de 2000, através da Resolução 55/25, juntamente com a Convenção das Nações Unidas contra o Crime Organizado Transnacional[6] (UN, 2000a) – também chamada de Convenção de Palermo –, o Protocolo para Prevenir, Suprimir e Punir o Tráfico de Pessoas, Especialmente Mulheres e Crianças[7] (UN, 2000b). Ambos os documentos foram elaborados com o intuito de promover a cooperação para o combate, prevenção e punição dos crimes neles

[5] Optou-se por se referir aos traficantes no masculino, uma vez aproximadamente 65% das pessoas investigadas e condenadas pela prática do tráfico de pessoas são do sexo masculino, conforme UNODC (2020).

[6] Na versão oficial em inglês: *United Nations Convention against Transnational Organized Crime.*

[7] Na versão oficial em inglês: *Protocol to Prevent, Suppress and Punish Trafficking in Persons, Especially Women and Children, supplementing the United Nations Convention against Transnational Organized Crime.*

mencionados. Pouca atenção foi dada às questões relacionadas à situação e formas de tratamento das vítimas. As previsões elaboradas têm caráter sugestivo e delegam aos Estados a responsabilidade de planejar como será feito o tratamento destas pessoas, especialmente quando forem estrangeiras.

De forma quase universal, nota-se, na comunidade internacional, um comprometimento com a promoção dos direitos humanos e proteção da pessoa humana.[8] Nesse sentido, tendo em vista a natureza do crime de tráfico de pessoas ausência de previsões mais contundentes sobre a proteção delas no principal documento internacional contemporâneo sobre o tema é uma lacuna que deve ser suprida.

Os Estados, desde a aprovação do Protocolo de Palermo (UN, 2000b) passaram a implementar internamente, de forma gradual, legislações sobre o tráfico de pessoas.[9] Conforme será abordado no curso do trabalho, as legislações analisadas mostram-se insuficientes para garantir um tratamento adequado às vítimas. A situação sofrida por elas, independentemente de qualquer tipificação legal, caracteriza violação de direitos humanos, uma vez que seus direitos mais básicos, como a liberdade ou a integridade física são atingidos. Assim, não havendo proteção prevista na Convenção (UN, 2000a) e Protocolo de Palermo (UN, 2000b), documentos de natureza penal, buscou-se entre as vertentes da proteção internacional da pessoa humana – o Direito Internacional dos Direitos Humanos, o Direito Internacional Humanitário e o Direito Internacional dos Refugiados – possíveis alternativas para suprir a defasagem apresentada nos tratados sobre a matéria.

[8] É possível verificar na página do Alto Comissariado das Nações Unidas para os Direitos Humanos que mais de 140 (cento e quarenta) países são signatários de 10 (dez) ou mais tratados de direitos humanos (UNHR, [2020]).

[9] Em 2022 o Protocolo de Palermo sobre Tráfico de Pessoas conta com 178 Estados-parte. Entretanto, a implementação de legislação nacional para dar efetividade à normativa universal costuma ser lenta. No caso brasileiro, por exemplo, após várias modificações, a legislação só se aproximou dos objetivos do Protocolo em 2016, conforme será explicado na terceira parte deste trabalho. Para se verificar o número de legislações aprovadas ou alteradas anualmente por regiões do globo pode-se conferir os *Trafficking in Persons Report*, disponibilizados anualmente pelo Departamento de Estado dos EUA. O mais recente, de 2021, está disponível no seguinte endereço eletrônico: https://www.state.gov/reports/2021-trafficking-in-persons-report/. Estes relatórios, entretanto, não discriminam se as legislações dos países versam apenas sobre a persecução dos agentes, ou se há também disposições sobre a proteção da vítima.

Foram identificadas, então, diversas convergências entre situações de indivíduos refugiados e de vítimas de tráfico de pessoas, sobretudo na modalidade internacional. Fundamentalmente, o fato de estarem fora do seu país de origem, mas também os motivos que os levam a ser refugiados ou vítimas de tráfico humano. Os refugiados são migrantes que fogem de seu país por sofrerem perseguições em razão de sua raça, nacionalidade, religião, opiniões políticas ou por pertencerem a um determinado grupo social. As vítimas de tráfico são, ou tornam-se, migrantes, por vários motivos, desde econômicos até emocionais, mas muitas vezes por estarem em uma situação de vulnerabilidade motivada por pertencerem a uma raça, nacionalidade, religião, grupo social ou até por suas posições e perspectivas políticas.

O Direito Internacional dos Refugiados é um ramo consolidado do Direito Internacional e que está intrinsecamente vinculado à garantia de direitos humanos. Os Estados que são partes dos tratados sobre a questão, em especial da Convenção de 1951[10] (UN, 1951) e Protocolo de 1967[11] (UN, 1967), comprometeram-se a diversas obrigações internacionais com relação às pessoas que se enquadram na definição de refugiado. Além disso, há um órgão internacional bem estruturado, o Alto Comissariado das Nações Unidas para Refugiados [ACNUR], com atuação em todos os continentes, responsável por encontrar soluções permanentes, bem como por prestar assistência e fiscalizar a ação dos Estados quanto aos refugiados.

Diante deste panorama, tendo em vista o interesse oriundo de pesquisas anteriores em relação à criminalidade organizada transnacional e às consequências de suas ações na comunidade internacional e na vida dos indivíduos, bem como a paixão surgida durante o primeiro ano do mestrado no estudo do Direito Internacional dos Direitos Humanos, percebeu-se que, muito embora fossem documentos com naturezas e objetivos distintos, o Protocolo de Palermo (UN, 2000b) e a Convenção de 1951 (UN, 1951), com seus complementos, poderiam ser lidos de forma conjunta a fim de garantir uma maior proteção dos direitos humanos das vítimas de tráfico de pessoas em âmbito internacional.

[10] Na legislação brasileira é referida como Convenção Relativa ao Estatuto dos Refugiados. Na versão oficial em inglês é *Convention relating to the Status of Refugees.*

[11] Na legislação brasileira é referido como Protocolo sobre o Estatuto dos Refugiados. Na versão oficial em inglês é *Protocol relating to the Status of Refugees.*

Nesta pesquisa, durante a busca por estudos sobre o tema, verificou-se que a questão da proteção às vítimas de tráfico de pessoas ainda carecia de material e aprofundamento no campo do direito, pois a maior parte das obras existentes à época voltavam-se a análise do fenômeno sob a perspectiva do direito penal e da política criminal. São poucas, também, as sugestões de alternativas no que tange ao tratamento destas vítimas nos países que não possuem legislação sobre a matéria. Quanto aos que possuem, as críticas são constantes, pois em geral o tratamento e proteção são condicionados à participação delas na investigação criminal, silenciando-se, as legislações, sobre direitos daquelas que não podem ou não querem colaborar, as quais acabam normalmente tratadas como mais um imigrante. Considerando que mais da metade dos Estados do mundo é signatária do Protocolo de Palermo e da Convenção de 1951 e/ou Protocolo de 1967 sobre o Estatuto dos Refugiados[12], neste exame assumiu-se a seguinte indagação: é possível interpretar o Protocolo de Palermo sobre Tráfico de Pessoas com base na proteção conferida nos instrumentos jurídicos de Direito Internacional dos Refugiados?

Com base neste questionamento foram levantadas duas hipóteses: uma principal, sob a ótica dos princípios do Direito Internacional dos Direitos Humanos, e outra a partir do Direito Internacional clássico.

Na primeira hipótese, considerou-se que o Direito Internacional dos Refugiados é composto de normas que visam à proteção de indivíduos e à garantia da sua dignidade quando expostos a situação que os ameacem física e psicologicamente em seus locais de origem. Ainda, que as vítimas de tráfico de pessoas são eminentemente vítimas de violações, muitas vezes gravíssimas, de direitos humanos. Assim, a interpretação do Protocolo de Palermo à luz do Direito Internacional dos Refugiados seria possível, inclusive com a aplicação, às vítimas de tráfico, do princípio do *non-refoulement*[13], oriundo do Direito Internacional dos Refugiados, que garante que não sejam devolvidas a territórios onde corram risco de perseguição – mesmo quando não preencham os requisitos para o reconhecimento da condição de refugiado, uma vez que, acima de tudo, os Estados, comprometidos com um mínimo universal em matéria de direitos humanos, não poderiam negar a proteção a pessoas

[12] Vide apêndice.

[13] Não-devolução, em tradução literal.

que se encontrem em situação em que tenham ameaçadas a vida, integridade física e/ou liberdade.

Na segunda hipótese, foram consideradas as diferentes naturezas e objetivos dos tratados em análise. A Convenção e o Protocolo de Palermo são documentos de natureza criminal que visam à cooperação entre os Estados, sem intenção de criar obrigações onerosas com relação aos indivíduos envolvidos nos crimes abordados, delegando aos próprios entes soberanos a competência para legislar sobre a melhor forma de cumprir as proposições dos documentos. Por outro lado, o Direito Internacional dos Refugiados impõe obrigações aos Estados, incluindo ônus em relação a indivíduos que ingressam em seu território mesmo que irregularmente. Em uma interpretação estrita e objetiva de cada documento, um não poderia interferir na aplicação do outro de forma a ampliar as obrigações expressas às quais o Estado se comprometeu quando ratificou cada um dos documentos. Deste modo, não seria possível interpretar um documento através do outro de forma a ampliar a proteção dos indivíduos, já que a regulamentação sobre a aceitação e tratamento de estrangeiros em um território é vista como matéria de competência soberana dos Estados e, na visão mais clássica do Direito Internacional, a interpretação não poderia ampliar as obrigações a que os Estados se comprometeram em tratados.

A partir do problema identificado e das hipóteses levantadas, objetivou-se verificar a possibilidade de interpretação do Protocolo de Palermo sobre Tráfico de Pessoas pelo prisma do Direito Internacional dos Refugiados. Ou seja, verificar quais as possibilidades, dentro das convergências e limitações existentes, da aplicação do Direito Internacional dos Refugiados às vítimas de tráfico de pessoas, de forma a garantir sua dignidade e sua proteção, especialmente nos países que ainda não possuem legislação sobre o tema, mas são signatários dos tratados em estudo.

Visualizou-se nesta possibilidade uma alternativa para a proteção de vítimas de tráfico internacional de pessoas que não possuem condições de voltar para casa em segurança, ou que, no local de origem, possam ser vítimas de retráfico, uma vez que a situação de vulnerabilidade não chega a ser sanada pelo simples fato de ter sido libertada dos seus primeiros algozes. O refúgio, quando adequadamente aplicado, poderia, pois, permitir a estas vítimas tempo para recuperação psicológica, bem como de desarticulação dos grupos criminosos que pudessem ameaçá-las. Ainda, para as vítimas de tráfico interno que conseguiram fugir para outros países, seria uma alternativa viável de proteção contra os grupos criminosos organizados quando os países de origem tiverem problemas sérios de tráfico e se mostrarem incapazes de combatê-lo efetivamente. Assim, apesar de já existirem diretrizes para a verificação da condição de refugiado a vítimas de tráfico de pessoas, constatou-se carência de estudos mais completos e aprofundados sobre a temática que analisassem de forma mais ampla os limites e possibilidades dessa interpretação, como se propõe o presente trabalho.

Fundamentalmente as fontes de pesquisa para essa dissertação foram textos de cunhos bibliográfico, normativo, jurisprudencial e comparado. A metodologia empregada, aqui entendida como o caminho traçado para o desenvolvimento da pesquisa, seguiu o método de abordagem dedutivo, tendo-se construído as premissas a partir das pesquisas sobre o tráfico de pessoas e sobre o direito dos refugiados, para ao final demonstrar a compatibilidade dos institutos. Isso resultou na organização do trabalho em cinco capítulos, sendo um introdutório, três de desenvolvimento, e outro com as conclusões. No desenvolvimento, inicialmente buscou-se o aprofundamento do conhecimento sobre os temas que seriam analisados na sequência, tendo-se optado por expor as questões envolvidas e respectivos marcos normativos de forma a subsidiar a análise interpretativa final.

Na primeira parte do desenvolvimento do trabalho, nomeado **A vítima de tráfico de pessoas e sua proteção na Convenção e Protocolo de Palermo**, foram descritas, inicialmente, as principais características do fenômeno denominado crime organizado transnacional para facilitar a compreensão do contexto em que foram elaborados a Convenção e o Protocolo de Palermo, apresentados em seguida. Retratou-se, então, a situação das vítimas do tráfico de pessoas a fim de esclarecer a forma e os motivos da ocorrência do crime, bem como as consequências da sua prática e do tratamento incompleto ou inadequado das vítimas. A seguir, ilustrou-se exemplificativamente a situação da proteção às vítimas de tráfico de pessoas em alguns países e regiões do mundo, com base no Protocolo de Palermo e nas legislações nacionais, de forma a demonstrar a incapacidade normativa da maior parte dos Estados para lidar adequadamente com as vítimas de tráfico de pessoas e garantir o respeito aos seus direitos humanos.

Na sequência, no capítulo intitulado **Princípios fundamentais do regime de proteção internacional de refugiados**, buscou-se, expor o processo de desenvolvimento e de criação do Direito Internacional dos Direitos Humanos, ao qual o Direito Internacional dos Refugiados é estreitamente vinculado, bem como descrever as características essenciais e princípios fundamentais deste ramo do direito. Depois, examinou-se a condição de refugiado, o significado jurídico do termo e a sua delimitação legal, de forma a elucidar quais as circunstâncias que definem a condição de refugiado, bem como os direitos aplicáveis àqueles que conseguem o reconhecimento deste *status*. Finalmente, investigou-se o princípio do *non-refoulement*, considerado a pedra angular do Direito Internacional dos Refugiados, e sua natureza de *jus cogens*, a fim de verificar a amplitude das possibilidades de sua aplicação aos migrantes, refugiados ou não, quando existir risco a sua vida e/ou liberdade se não recebidos pelo país onde buscam proteção.

Por fim, na seção **Proteção às vítimas de tráfico de pessoas: uma leitura do Protocolo de Palermo à luz do Direito Internacional dos Refugiados**, analisou-se a possibilidade de reconhecimento das vítimas de tráfico de pessoas como refugiadas com base nos requisitos do artigo 1(2) da Convenção de 1951 e nas definições expandidas da Declaração de Cartagena (1984) e da Convenção Africana sobre Refugiados (AU, 1969) , a fim de identificar as possibilidades de aplicação do Direito Internacional dos Refugiados às vítimas de tráfico de pessoas que se enquadrem nos limites previstos neste ramo do direito. Posteriormente, fez-se o estudo das proteções aplicáveis às vítimas de tráfico de pessoas a partir de uma leitura conjunta dos tratados de Palermo e do Direito Internacional dos Refugiados, para verificar se há uma ampliação do leque de direitos aplicáveis quando dessa leitura coordenada dos diferentes instrumentos internacionais. Ao final, então, avaliaram-se, de forma pragmática, mas sem deixar de ser idealista, os limites[14] e possibilidades da aplicação do Direito Internacional dos Refugiados às vítimas de tráfico de pessoas, com o propósito de verificar a viabilidade de utilização desta interpretação como meio de garantir, ou fortalecer as garantias, dos direitos humanos deste grupo vulnerável de pessoas.

[14] Optou-se pela utilização do termo limites para designar as situações em que há empecilhos para a concretização de uma aplicação do Direito Internacional dos Refugiados às vítimas de tráfico de pessoas, não querendo denotar, entretanto, que estes sejam intransponíveis, apenas que geram dificuldades para tal fim.

2. A VÍTIMA DE TRÁFICO DE PESSOAS E SUA PROTEÇÃO NA CONVENÇÃO E PROTOCOLO DE PALERMO

A Convenção das Nações Unidas contra o Crime Organizado Transnacional, também referida como Convenção de Palermo (UN, 2000a), surgiu para preencher uma lacuna no Direito Internacional. Até sua entrada em vigor, havia apenas tratados sobre questões criminais específicas, tais como a Convenção das Nações Unidas contra o Tráfico Ilícito de Entorpecentes e Substâncias Psicotrópicas[15] (UN, 1988), a Convenção das Nações Unidas contra o Crime Organizado Transnacional (UN, 2000a) e a Convenção das Nações Unidas contra a Corrupção[16] (UN, 2003). Pontua-se, neste sentido, que o crime organizado, tornou-se transnacional e a cooperação entre os países para combatê-lo, em todas as suas formas, foi uma necessidade percebida por muitos.

O crime organizado ganhou relevo depois do final da Guerra Fria. O fluxo de movimentação de bens e pessoas através das fronteiras atingiu patamares sem precedentes – por exemplo, a exportação de bens e serviços, na década de 80, correspondia a 18,9% da média do produto interno bruto (GDP) dos países, enquanto no ano de 2010, alcançou a marca de 30,5% de tal média (THE WORLD BANK, 2020). A fiscalização, entretanto, diminuiu devido aos acordos de livre circulação de bens e pessoas que foram criados e ampliados,

[15] Na versão oficial em inglês é referida como *United Nations Convention against Illicit Traffic in Narcotic and Psychotropic Substances.*

[16] Na versão oficial em inglês é referida como *United Nations Convention against Corruption.*

cabendo o destaque ao Acordo de Schengen (UE, 1985) e ao Acordo sobre Residência para Nacionais dos Estados Partes do Mercosul (MERCOSUL, 2002). Os criminosos, munidos das novas tecnologias de comunicação e informação, criaram logísticas elaboradas para comercializar seus produtos – que vão desde drogas, pequenas armas, até pessoas e elementos para construção de armas nucleares.[17]

O tráfico de pessoas foi uma destas modalidades criminosas que ganhou força na década de 1990. Segundo Louise Shelley (2010, p. 2), "o contrabando e o tráfico de pessoas estão entre as formas mais rápidas de crescimento do crime, porque as condições atuais do mundo criaram aumento da demanda e da oferta."[18] A queda do muro de Berlim, as guerras civis nos Bálcãs e na África, as crises econômicas, dentre outros acontecimentos, além da maior facilidade de locomoção, contribuíram para a geração desta oferta e demanda por serviços e "produtos" ilícitos.

As promessas de vida melhor na Europa ocidental levaram centenas de milhares de mulheres a saírem do leste europeu economicamente estagnado com promessas de trabalhos como garçonetes, babás, arrumadeiras, e acabarem em boates e casas de prostituição (Shelley, 2007, 2010; Morawska, 2007). As guerras nos Bálcãs geraram trágicas consequências, também, às mulheres: enquanto o grande contingente de cidadãos lutava nos conflitos, muitas mulheres se viram na obrigação de buscar o mercado sexual não apenas para atender à demanda dos soldados, mas sim como forma de garantir o seu sustento e de sua família. A explosão demográfica na Ásia e as desigualdades de oportunidades de estudo e trabalho para as mulheres nesses espaços levam muitas a serem vendidas pelos seus próprios familiares e acabarem

[17] "Certo dia de outubro de 2003, navios de Guerra alemães e italianos abordaram um cargueiro suspeito no mar Mediterrâneo. A embarcação, o *BBC China*, seguia em direção à Líbia, tendo sido carregada no porto de Dubai nos Emirados Árabes Unidos. Meses de investigação por parte de várias agências de inteligência sugeriram que a carga continha algo diferente dos 'equipamentos industriais' que apareciam laconicamente mencionados na lista de produtos. E, de fato, quando os italianos escoltaram o *China* ao porto de Tarento e inspecionaram a carga, encontraram justamente o que esperavam: peças destinadas à construção de uma centrífuga, especificamente uma centrífuga nuclear para enriquecimento do isótopo 235 do urânio – matéria-prima das bombas atômicas." (NAÍM, 2005, p. 41)

[18] Tradução livre. No original: *"Human Smuggling and trafficking have been among the fastest growing forms of transnational crime because current world conditions have created increased demand and supply."*

na prostituição. Homens asiáticos embarcam em navios com esperança de melhores empregos na América, mas ali chegando jamais conseguem pagar os valores das despesas de transição e tornam-se servos por dívida. Bolivianos vão para São Paulo com a promessa de emprego e a possibilidade de maior remuneração, mas têm seus documentos confiscados e os valores ganhos por dia não são suficientes para pagar a estadia nos alojamentos da empresa que os contratou. Ao mesmo tempo, crianças são sequestradas em vilas no interior da África para participarem de exércitos 'revolucionários' ou vêm a ser abusadas sexualmente pelos soldados. As formas de tráfico e exploração são tantas quanto a imaginação dos traficantes e exploradores permite inventar. A cada dia são descobertas novas histórias de pessoas enganadas ou coagidas que foram traficadas e exploradas até nos lugares mais isolados do mundo.[19]

Percebeu-se, então, que o tráfico de pessoas não poderia manter-se restrito ao campo da proteção dos direitos humanos. Caracterizando-o como crime a ser combatido nos termos da Convenção contra o Crime Organizado Transnacional (UN, 2000a), o debate em torno do tema ganhou novos contornos. Passou-se a ter diretrizes, por mais que incompletas, ao menos concretas, de como combater e prevenir a prática dessa conduta, bem como de proteger as suas vítimas.

A Convenção de Palermo e seus Protocolos (UN, 2000)[20] tiveram grande aceitação da comunidade internacional. Isso se deve, especialmente, a dois fatores. Primeiro: a demanda internacional por um instrumento que traçasse diretrizes concretas de cooperação internacional em matéria de crime organizado. Segundo: a linguagem utilizada no documento, muito mais sugestiva do que prescritiva, foi bem aceita pela comunidade internacional, contando com 147 assinaturas e, ao todo, 190 Estados são partes do instrumento em questão (UN, 2000a).

[19] *"The presence of trafficked Baltic women in the strip houses and massage parlors of Iceland reveals that even a remote and lightly populated country can be a destination for traffickers who continuously seek new destination for their human cargoes."* (SHELLEY, 2010, p. 93-94)

[20] Protocolo Relativo à Prevenção, Repressão e Punição do Tráfico de Pessoas, em Especial Mulheres e Crianças (UN, 2000b); Protocolo Relativo ao Combate ao Tráfico de Migrantes por Via Terrestre, Marítima e Aérea (UN, 2000c); e Protocolo contra a fabricação e o tráfico ilícito de armas de fogo, suas peças e componentes e munições (UN, 2001).

Todavia, durante a elaboração desses tratados internacionais, relegou-se maior atenção à questão da proteção às vítimas, as quais, no caso do tráfico de pessoas, necessitam de apoio e proteção quando identificadas, uma vez que se encontram em situação de vulnerabilidade devido às inúmeras violações de direitos humanos que sofreram. Manteve-se sob a responsabilidade e discricionariedade dos Estados as medidas para protegê-las. Estes, por sua vez, geralmente condicionam a proteção à cooperação nas investigações contra os traficantes, e deixam de prover suporte às vítimas que não possuem condições de colaborar, nem de retornar ao seu país de origem, as quais são então deportadas ou expulsas sem qualquer cuidado.

Neste capítulo, com este panorama em mente e com o objetivo de apresentar o atual marco legal internacional sobre tráfico de pessoas, primeiramente serão tecidas considerações sobre o que é o chamado crime organizado transnacional, o contexto de criação e as principais características da Convenção das Nações Unidas contra o Crime Organizado Transnacional e seus Protocolos; em seguida serão descritas as principais características que envolvem o crime de tráfico, desde a vulnerabilidade das vítimas, as estratégias de captação, a forma de exploração e as consequências deste crime; por fim, serão apresentados exemplos de como estão sendo legalmente tratadas as vítimas de tráfico em países e regiões selecionados.

2.1 A Convenção de Palermo sobre crime organizado transnacional e o protocolo sobre tráfico de pessoas

As organizações criminosas existem há muito tempo. A pirataria, segundo Ferro (2009, p. 70) pode ser vista como uma versão incipiente do fenômeno, bem como as "gangues de Nova Iorque"[21] e o banditismo

[21] "[...] as primeiras gangues de Nova York também serviram a propósitos políticos, pois, face ao fato de estarem estreitamente ligadas às suas comunidades, a sua influência e habilidade de intimidar interessam aos políticos de Tammany Hall, [...]. As gangues primitivas constituíram ocorrências espontâneas, despidas de uma liderança ou estrutura fixa, gradualmente substituídas por grupos bem organizados [...], usualmente aquarteladas em pequenas mercearias, que se espalharam por toda a zona próxima a Five Points, vendendo legumes e outros gêneros alimentícios e, ao mesmo tempo, em recinto recuado, funcionando como casas clandestinas de bebidas." (FERRO, 2009, p. 72-73)

social[22]. Foi com as máfias[23], entretanto, que o crime organizado passou a ser percebido e caracterizado como um fenômeno peculiar. Elas desenvolveram como característica a infiltração nas estruturas políticas e públicas a fim de garantir a manutenção dos seus interesses. Para isso, normalmente fazem uso de financiamentos de campanhas e corrupção de agentes públicos. A coação pela ameaça e ações violentas também é uma forma efetiva que utilizam para manipular as pessoas e garantir sua impunidade.[24]

Com a evolução das tecnologias, maior facilidade de locomoção e comunicação, as organizações criminosas encontraram oportunidades nunca imaginadas para desenvolverem os seus negócios. Ao longo do século XX o tráfico de drogas espalhou-se pelo mundo. As armas, fabricadas em enormes quantidades para abastecer os conflitos gerados pela Guerra Fria, passaram a ser mais facilmente comercializadas em mercados paralelos. Animais silvestres são encaminhados de um lado ao outro do globo pelos serviços de transporte de produtos ou dentro de malas. Ao mesmo passo, pessoas são transportadas em porões de navios como cargas para serem vendidas e exploradas.[25] O dinheiro proveniente destas transações é facilmente transferido de uma conta

[22] "Nas montanhas e nas florestas, bandos de homens violentos e armados, fora do alcance da lei e da autoridade (tradicionalmente, mulheres são raras), impõem suas vontades a suas vítimas, mediante extorsão, roubo e outros procedimentos. Assim, o banditismo desafia simultaneamente a ordem econômica, a social e a política, ao desafiar os que têm ou aspiram ter o poder, a lei e o controle dos recursos." (HOBSBAWM, 2010, p. 21)

[23] O termo é aqui utilizado para referir-se às organizações criminosas italianas e americanas do final do século XIX e início do século XX, como a Cosa Nostra. Conforme esclarece Ferro (2009, p. 273), "A Máfia não é sinônimo de crime organizado ou de organização criminosa ou mesmo do coletivo dessa [...]".

[24] Sobre a evolução do crime organizado e das organizações criminosas internacionais, conferir: FERRO, Ana Luiza Almeida. **Crime Organizado e Organizações Criminosas Mundiais.** Curitiba: Juruá, 2009.

[25] "Horas antes do amanhecer de 7 de junho de 1993, o Golden Venture, um navio cargueiro registrado em Honduras, encalhou em Fort Tilden, próximo ao Porto de Nova York. A bordo havia uma carga incomum: mais de três mil imigrantes ilegais chineses, provenientes da província de Fujian. Com o barco encalhado, 120 passageiros arriscaram as próprias vidas, lançando-se ao mar em uma tentativa de chegar à praia. Antes que a Guarda Costeira ou a polícia pudessem resgatá-los, seis haviam morrido." (NAÍM, 2006, p. 83)

para outra em paraísos fiscais[26] por meio eletrônico de forma a não deixar rastros de sua origem criminosa.

As novas tecnologias permitiram aos grupos criminosos se organizarem em uma nova forma: como “redes”.[27] As redes permitem maior flexibilidade à organização, bem como dificultam a investigação e persecução, ao mesmo tempo que geram maiores lucros, devido aos menores custos que as novas tecnologias propiciam. Além disso, as redes são utilizadas não só dentro das organizações criminosas, mas entre elas.[28] No tráfico de pessoas, as redes são essenciais, tanto para a captação das vítimas (especialmente nos casos em que são enganadas com falsas promessas de bons empregos, casamentos etc.), como para a locomoção e entrega delas. Ao contrário de outros tipos de

[26] Paraísos fiscais são países, ou regiões, em que a legislação financeira e tributária é atrativa pelos baixos (ou até inexistentes) impostos, pela facilidade nas transações e pelo sigilo bancário oferecido pelas instituições ali estabelecidas.

[27] “Rede é um conjunto de nós interconectados. Nó é o ponto no qual uma curva se entrecorta. Concretamente, o que um nó é depende do tipo de redes concretas de que falamos. [...] São campos de coca e de papoula, laboratórios clandestinos, pistas de aterrissagem secretas, gangues de rua e instituições financeiras para a lavagem de dinheiro, na rede de tráfico de drogas que invade as economias, sociedades e Estados no mundo inteiro. [...] Redes são estruturas abertas capazes de expandir de forma ilimitada, integrando novos nós desde que consigam comunicar-se dentro da rede, ou seja, desde que compartilhem os mesmos códigos de comunicação (por exemplo, valores ou objetivos de desempenho). Uma estrutura social com base em redes é um sistema aberto altamente dinâmico suscetível de inovação sem ameaças ao seu equilíbrio. [...]. As conexões que ligam as redes (por exemplo, fluxos financeiros assumindo o controle de impérios da mídia que influenciam os processos políticos) representam os instrumentos privilegiados do poder. Assim, os conectores são os detentores do poder. Uma vez que as redes são múltiplas, os códigos interoperacionais e as conexões entre redes tornam-se fontes fundamentais da formação, orientação e desorientação das sociedades.” (CASTELLS, 2011, p. 566-567)

[28] Castells (2012, p. 205) afirma que: “[e]ssa internacionalização das atividades criminosas faz que o crime organizado dos mais diversos países estabeleça alianças estratégicas para cooperar com as transações pertinentes a cada organização, em vez de lutar entre si, mediante acordos de subcontratação e joint ventures, [...].”. No mesmo sentido, Ferro (2009, p. 99) destaca que: “Em nível mundial, o crime organizado adentrou uma nova fase, de grande crescimento e expansão, depois da queda do Muro de Berlim, em 1989. Enquanto se verificava o esfacelamento da ex-União Soviética e o desmoronamento das antigas fronteiras geopolíticas, as grandes organizações criminosas, cada vez mais atuando em rede e em caráter transnacional, buscaram pôr termo às guerras por território e declararam uma espécie de pax no submundo da criminalidade organizada, tendo aproveitado as extraordinárias oportunidades de negócios, lícitos e ilícitos, que se lhes ofereceram naquele momento.”

tráfico, a logística para o transporte de pessoas necessita de locais de apoio, alimentação da "carga", documentação falsificada e outras providências que só grupos muito organizados e com contatos estratégicos conseguem.

Em razão dessa complexidade, o tráfico de pessoas é, na maior parte das vezes, praticado por organizações criminosas e, por este motivo foi debatido e integrado ao escopo da Convenção das Nações Unidas contra o Crime Organizado Transnacional (UN, 2000a). Assim sendo, quando estudado, deve-se levar em consideração este aspecto da questão, uma vez que o crime organizado é um fenômeno peculiar, conforme se demonstrará na sequência, quando comparado à criminalidade "comum".[29]

Apesar do consenso sobre a importância do tema[30], não existe uma definição pacífica sobre o que é crime organizado[31]. Os crimes praticados variam

[29] O crime organizado transnacional pode, inclusive, ser considerado um ator das relações internacionais, na medida em que, por sua magnitude, em muitos locais afeta também a política de Estado de alguns países. Nesse sentido, conferir: CARDOSO, Arisa Ribas. O crime organizado transnacional: um estudo introdutório da questão na perspectiva da teoria da interdependência. **Revista Eletrônica Direito e Política**, Itajaí, v.6, n.1, 1º quadrimestre de 2011. Disponível em: www.univali.br/direitoepolitica

[30] "This international political consensus on the importance and the threat of organised crime in nonetheless showing a wide scientific gap as far as the analysis of the organised crime phenomenon is concerned. Although data and information are compiled in national and international reports on organized crime phenomena and both academic and professional literature on the subject is available, none of these studies allow to meaningful and reliable statements about the seriousness and threat of organised crime." (BAKEN; DEFRUYTIER, 2004, p. 51)

[31] Alguns esforços, entretanto, foram feitos no sentido de se chegar, ao menos, a uma definição parcial. Fernando Moreno Martim de Oliveira, em sua dissertação de mestrado, cujo trabalho apresenta um enfoque voltado ao estudo do narcotráfico, produziu uma definição bastante abrangente de crime organizado. Para ele (2006, p. 23), o crime organizado é um: "[f]enômeno dinâmico que transcende grupos nacionais ou territórios delimitados e que se empenha em diversas atividades ilícitas. Prolifera-se em espaços e realidades sociais onde as relações pessoais e coletivas facilitam ou pelo menos não coíbem de forma eficaz sua atuação. Busca poderio político e econômico de modo a aumentar seus lucros, sua influência e sua segurança. Utiliza não só da violência e da coerção para alcançar seus fins, mas também do suborno, da corrupção e da persuasão. Não se organiza de forma rígida ou espera um comportamento padronizado dos integrantes de um grupo, assim, formas hierarquizadas misturam-se com esquemas híbridos, onde laços familiares, de amizade e até religiosos podem ser relevantes para uma organização. Ele é, portanto, pragmático. Por fim, o crime organizado, particularmente as redes narcotraficantes, busca a preservação de seus privilégios, defendendo seus interesses no sistema social e político em que se insere, assim, não se preocupa com uma mudança radical

ao longo do tempo e dependem das condições globais[32] (UNODC, 2010). Além disso, cada organização criminosa tem características específicas e não há como generalizá-las. Entretanto, algumas características comuns podem ser apontadas, – além das mais evidentes, como a perpetração de infrações e a concorrência de um grupo de pelo menos três pessoas. Primeiro: o crime organizado é cometido com o fim de obtenção de ganhos financeiros[33]; segundo: os grupos costumam se organizar de forma estável[34]; terceiro:

do status quo e antes de querer revolucionar a sociedade em que opera pretende preservar e perpetuar a realidade que lhe beneficia." Por outro lado, Ferro (2009) entende que crime organizado são os crimes cometidos por uma organização criminosa. Por conseguinte, para a compreensão do fenômeno, a definição necessária é a de organização criminosa, a partir da qual se extraem as características do fenômeno. Para a autora, os aspectos principais das organizações criminosas são: "[...] a estabilidade e permanência da associação, a composição mínima de três membros, a estruturação empresarial e hierárquica, o fim de perpetração de infrações penais para a consecução do objetivo prioritário de lucro e poder, a conexão estrutural ou funcional com o Poder Público ou com algum(ns) de seus representantes para a garantia de impunidade mediante neutralização da ação dos órgãos de controle social e persecução penal, a penetração no sistema econômico via formação de um mercado econômico paralelo e infiltração no mercado econômico oficial, a grande capacidade de prática de fraude difusa, o considerável poder de intimidação, o uso de instrumentos e recursos tecnológicos sofisticados, o cultivo de valores compartilhados por uma parcela social, a territorialidade, o estabelecimento de uma rede de conexões com outras associações ilícitas, instituições e setores comunitários e a tendência à transnacionalidade. (FERRO, 2009, p. 497). Abel Fernandes Gomes (2000, p. 6) também introduz uma definição interessante de organizações criminosas. Para ele: "As organizações criminosas são associações minimamente organizadas de pessoas, qualificadas, sobretudo, pela busca cada vez maior de penetração social e econômica, assim como pela obtenção, sempre mais ampla de poder, infiltrando-se e confundindo-se com as estruturas do poder público, não mais atuando paralelamente ao Estado ou com ele disputando posições, senão passando a agir livremente através dele."

32 No mesmo sentido: "[...] a criminalidade muda diariamente, apresenta novas configurações adaptadas às actuais condições e, simultaneamente, abraça os crimes há muito já existentes, através da adequação de inovadoras e mais eficazes estratégias suportadas, também, pelo fenómeno da globalização." (NUNES, 2010, p. 404)

33 De acordo com o UNODC, a estimativa dos fluxos de dinheiro relativa aos crimes analisados no estudo (tráfico de pessoas; tráfico de migrantes; tráfico de cocaína; tráfico de heroína; tráfico de armas; tráfico de recursos ambientais; tráfico de produtos falsificados; pirataria marítima; e, crimes cibernéticos) chega à soma de US$125 bilhões por ano, dos quais 85% são gerados pelo mercado das drogas (UNODC, 2010). Considerando esses mesmos crimes, estudos mais atuais estimam a movimentação financeira entre US$ 1,5 trilhões e US$ 2 trilhões (MAY, 2017, p. xi)

34 As mais tradicionais organizações criminosas, como as máfias italiana e americana, a Yakusa (máfia japonesa), os cartéis mexicanos e colombianos, as tríades chinesas, as mafyias

o crime organizado depende da infiltração no poder público[35]; quarto: o dinheiro obtido ilicitamente volta a circular por meio da lavagem de dinheiro[36]; quinto: os grupos criminosos utilizam de intimidação para manter-se[37]; último: os grupos criminosos normalmente têm uma ligação com a sociedade em que estão baseados.[38]

O tráfico de pessoas não foge destas características. É uma das modalidades de crime organizado que mais gera lucro. De acordo com o Relatório *Profits and Poverty: The Economics of Forced Labour* (OIT, 2014), o lucro advindo do tráfico humano corresponde a estimados U$ 150 bilhões, dividido nos seguintes setores: i. U$ 99 bilhões advindos da exploração sexual; ii. U$ 34 bilhões da construção, manufatura e mineração; iii. U$ 9 bilhões da agricultura e pesca; e iv. U$ 8 bilhões correspondentes ao trabalho forçado dos trabalhadores domésticos. O tráfico de seres humanos apresenta a vantagem de que a "mercadoria" pode ser vendida e explorada repetidamente pelos

russas, existem há décadas e, mesmo quando "nós" destas redes são destruídos, logo são substituídos por outros.

35 As organizações criminosas se utilizam das mais diversas formas de infiltração no poder público. Elas corrompem os agentes públicos, ameaçam, financiam campanhas ou se infiltram nas estruturas do Estado para garantir a continuidade das atividades e a impunidade. Sobre o tema conferir: CERVINI, Raúl. Nuevos aportes al análisis de delito organizado como fenómeno global. In: GOMES, Luiz Flávio; CERVINI, Raúl. **Crime Organizado**: Enfoques criminológico, jurídico (Lei 9.034/95) e político-criminal. 2ª ed. atual. e ampl. São Paulo: Revista dos Tribunais, 1997. p. 219-373.; FERRO, Ana Luiza Almeida. **Crime Organizado e Organizações Criminosas Mundiais.** Curitiba: Juruá, 2009.; GOMES, Abel Fernandes. Crime Organizado e suas Conexões com o Poder Público. In: GOMES, Abel Fernandes; PRADO, Geraldo; DOUGLAS, William. **Crime Organizado**. Rio de Janeiro: Impetus, 2000. p. 1-28.

36 De acordo com Castells (2012), os ganhos auferidos pelas atividades criminosas são tão relevantes que as economias de certos países como Colômbia, México, Bolívia, Afeganistão, Japão, Áustria e Luxemburgo, não podem ser compreendidas sem que se leve em conta as atividades criminosas presentes na realidade destes lugares. Conforme o mesmo autor, o investimento dos ganhos financeiros do crime em atividades legalizadas, é um dos principais fatores que inviabiliza o controle do impacto econômico do crime, pois são esses investimentos que asseguram a continuidade do sistema.

37 A violência e a ameaça, juntamente com a corrupção, são as grandes armas do crime organizado, tanto contra as vítimas, como contra os agentes que atuam na sua investigação e combate.

38 As organizações criminosas costumam ter uma relação muito estreita com a sociedade de onde partem os seus membros, especialmente as mais tradicionais. Além disso, em locais onde o Estado não supre as necessidades básicas, os criminosos passam a ser benfeitores, e os indivíduos marginalizados e sem oportunidades formais acabam vendo na criminalidade uma oportunidade de vida, passando a dedicar, então, seu tempo e lealdade a estas atividades.

criminosos (SHELLEY, 2010; GALLAGHER, 2010, UNODC, 2012). Além disso, na maior parte das modalidades tráfico, como o de trabalhadores, além dos traficantes ganharem com a venda, os exploradores obtêm lucro com o trabalho, bem como podem revendê-los a outros exploradores.

Por outro lado, muito embora o tráfico de pessoas tenha por objetivo a obtenção de lucro, muitas vezes a prática é também utilizada para "financiar um grupo terrorista, um movimento de guerrilha, ou uma insurgência. Outros negociam pessoas para prover homens-bomba."[39] (SHELLEY, 2010, p. 3). O tráfico de pessoas, em algumas partes do mundo, tem uma ligação muito próxima com grupos terroristas[40] e, em países em conflito[41] – especialmente em países do Oriente Médio, que contam com a presença maciça de grupos terroristas, como a Al-Qaeda e o Estado Islâmico (OSCE, 2021) –, com os grupos insurgentes, não servindo só como fonte de financiamento, mas para o fornecimento de pessoas e, no caso das mulheres, como recompensa para os soldados.

O tráfico de pessoas é praticado tanto por organizações criminosas tradicionais, como por novas que surgiram especialmente após o final da Guerra Fria. Elas se organizam e atuam das mais diversas formas, conforme o tipo de tráfico e a região do globo.[42] A corrupção das autoridades de fronteiras,

[39] Tradução livre. No original: *"[...] to fund a terrorist group, a guerrilla movement, or an insurgency. Others trade in people to provide suicide bombers."*

[40] *"Human smugglers and traffickers are not always exclusively motivated by profit. Some consciously engage in this activity to und a terrorist group, a guerrilla movement or an insurgency. A terrorist in prison in Europe ran a prostitution ring of trafficked women from Moldova to fund Hezbollah, a nightclub with trafficked Russian-speaking women in a resort town in Southern Turkey run by Kurdish criminals helps support the PKK, and Marxist guerrillas in Nepal traffic girls to India to fun their cause. Rebel leaders in Africa will traffic the women and children of their defeated enemy just as they sold their captives to slave dealers in earlier centuries."* (SHELLEY, 2007, p. 120).

[41] *"The UNSC resolutions 2331 (2016) and 2388 (2017) highlighted the connection between trafficking in persons, sexual violence in conflicts, and terrorism, stressing that this connection can prolong and exacerbate conflict and instability, or intensify its impact on civilian populations."* (OSCE, 2021, p. 29).

[42] Shelley (2010) apresenta formas de atuação de traficantes de pessoas, especialmente de mulheres, das diferentes regiões do mundo. Classifica o tráfico praticado pelos chineses como modelo "comércio e desenvolvimento", normalmente mantém as vítimas em servidão por dívida e tem em mente um lucro de longo prazo com o trabalho destes, portanto os mantêm saudáveis para o trabalho e para que possam influenciar outros de seus comunidades a trabalharem para eles; pelos russos (crime organizado pós-União Soviética), como modelo "recurso natural", já que os criminosos têm em vista lucro a curto prazo e, assim sendo, não

bem como diplomáticas é comum, tanto nos países reconhecidamente corruptos, como nos considerados mais ilibados.[43] As polícias e outras autoridades fiscalizadoras por vezes também colaboram com a manutenção das atividades criminosas, omitindo-se das suas funções mediante recompensas, ou apenas por não terem conhecimento das questões graves envolvidas em condutas aparentemente "aceitáveis", como a prostituição[44] em muitos lugares. A lavagem de dinheiro, como nas outras modalidades de crime organizado, também é praticada pelas organizações que traficam pessoas, mas, conforme o tipo de tráfico e de organização, a forma de fazê-lo é alterada. Um bom exemplo que corrobora com tal afirmação vem do *Report to Congresso on na Analysis of Anti-Money Laundering Efforts Related to Human Trafficking Section 7154(a) of the National Defense Authorization Act for Fiscal Year* (USA, 2020), dos Estados Unidos, cujo qual estabelece que as instituições financeiras, muitas vezes, utilizam-se da Consultoria de Tráfico Humano justamente para investigar e incluir indicadores de risco que associem indícios de tráfico de pessoas por seus clientes, a partir de suas transações financeiras.[45]

se preocupam com a "manutenção" das vítimas em boas condições, as quais sofrem violências gravíssimas, pois sempre tem mais vítimas para ocupar o lugar das que não servem mais para eles; pelos grupos criminosos dos Bálcãs, como modelo "empreendimento violento", sendo que estes se especializaram em geral em tráfico de mulheres para a prostituição, tanto junto às forças de pacificação na região, como em casas de prostituição por toda a Europa, valendo-se da situação de vulnerabilidade das vítimas, normalmente pobres e desamparadas, bem como de violência e ameaças contra os familiares das vítimas para manutenção das atividades; pelos americanos, como modelo "cafetão", no qual, também é utilizada a violência e a ameaça contra as vítimas, além destas, em geral, serem marcadas com tatuagens para serem identificadas como propriedade de determinado 'cafetão', muitas vezes recebem algum pagamento, mas não conseguem se libertar; e pelos mexicanos, como modelo "supermercado", pois em geral estão vinculados aos contrabandistas (*smugglers*) de pessoas, levando uma quantidade muito grande destas, especialmente para os EUA, mas sem um lucro tão alto, assim sendo, não costumam preocupar-se com a integridade "do produto"; e, pelos africanos, especialmente da Nigéria, como modelo "de escravidão tradicional com tecnologia moderna", pois utilizam-se das crenças populares para manter as vítimas submissas, bem como das tecnologias de comunicação e transporte para a captação a locomoção destas.

[43] EUA, Alemanha, Suíça, Holanda estão entre os principais destinos de vítimas do tráfico.

[44] A questão da prostituição é bastante polêmica. No âmbito do tráfico de pessoas, o que se estuda e condena é a prostituição explorada e que, na maior parte das vezes, é não-voluntária.

[45] *"Certain financial institutions have used FinCEN's 2014 Human Trafficking Advisory, the 2018 FATF Report on Financial Flows from Human Trafficking, Thomson Reuters Foundation's human trafficking banking toolkit, and the Organization for Security and Cooperation in Europe (OSCE)*

As duas últimas características das organizações criminosas mencionadas são notáveis no tráfico de pessoas. A utilização de violência, tanto física como psicológica, é parte elementar deste crime. As vítimas, mesmo quando captadas através de ardis, logo se deparam com a realidade da situação. Em geral, sofrem agressões físicas, privações de alimentos, bem como ameaças de morte para si e para os entes queridos. Já a característica das organizações criminosas terem vinculação com as sociedades de onde trazem as vítimas é bastante comum no tráfico de pessoas, pois, além de conhecerem melhor a realidade destas, os traficantes conseguem transmitir mais confiança para enganá-las.[46]

A maior parte destas características encontra-se, de alguma forma, traduzidas na Convenção de Palermo. O artigo 2º, letra 'a', dispõe que, para os propósitos da Convenção, entende-se por:

a) "Grupo criminoso organizado" – grupo estruturado de três ou mais pessoas, existente há algum tempo e atuando concertadamente com o propósito de cometer uma ou mais infrações graves ou enunciadas na

Compendium of Resources and Step-by-step Guide to Financial Investigations Into Trafficking in Human Beings, which includes risk indicators associated with human trafficking, to identify indicia of human trafficking by their customers. In other instances, some financial institutions both in the United States and abroad have studied closed human trafficking cases in order to determine whether those defendants conducted financial transactions at their banks. Major financial institutions also partner with anti--trafficking non-profits, survivors, and law enforcement with expertise in the crime in order to understand the nuances of trafficking operations and evolutions in trafficking activity in order to develop up-to-date and refined monitoring and identification programs. A number of significant money laundering cases in the United States, including those related to human trafficking, have made use of a particular provision of the USA PATRIOT Act known as Section 314(b), a special mechanism that allows financial institutions to share customer and transaction information with one another." (USA, Div. F., P.L. 116-92, 2020)

[46] *"Maria Elena was 13 years old when a family acquaintance told her she could make tem times as much Money waiting tables in the United States than she could in her small village. She and several other girls were driven across the border, and then continued the rest of the way on foot. They traveled four days and nights through the desert, making their way into Texas, then crossing east toward Florida. Finally, Maria Elena and the other girls arrived at their destination, a rundown trailer where they were forced into prostitution. Maria Elena was gang-raped and locked in the trailer until she agreed to do what she was told. She lived under 24-hour watch and was forced to have sex with up to 30 men a day. When she got pregnant, she was forced to have an abortion and sent back to work the next day. Maria Elena finally made her escape only to be arrested along with her traffickers."* (USA, 2012, p. 8)

presente Convenção, com a intenção de obter, direta ou indiretamente, um benefício econômico ou outro benefício material;[47]

Portanto, na Convenção foi reconhecido o critério da estabilidade, além do intuito de obtenção de lucro. Ainda, dentre as infrações enunciadas na Convenção estão a lavagem de dinheiro (artigos 6º e 7º) e a corrupção (artigos 8º e 9º).

Esta definição e a configuração da Convenção, entretanto, não foram facilmente negociadas. Nota-se, desde a década de 1980, preocupação da comunidade internacional com a criminalidade organizada transnacional. Foram criados programas, comissões e comitês no âmbito das Nações Unidas com o intuito de debater a temática.[48] Porém, a questão da criação de uma ou várias convenções sobre o tema não era considerada viável por muitos Estados. Segundo Dimitri Vlassis (2002, p. 85), "a maioria dos países ocidentais era, na melhor das hipóteses, cética, pois considerava o tema muito espinhoso para ser abordado, especialmente por envolver um grande número de dificuldades conceituais e legais."[49]. Por outro lado, os países em desenvolvimento eram favoráveis à criação de uma convenção e o debate sobre o tema em um fórum como a Organização das Nações Unidas [ONU] permitia certa paridade entre os Estados em desenvolvimento e os desenvolvidos, já que há preferência que as decisões sejam tomadas por consenso. Assim, os países em desenvolvimento passaram a apoiar a criação da convenção sobre o crime organizado. (VLASSIS, 2002, p. 85)

Em 1997, a Assembleia Geral da ONU[50] decidiu estabelecer um grupo intergovernamental de especialistas para preparar um esboço preliminar de uma

[47] Todas as citações diretas de trechos da Convenção de Palermo constantes neste trabalho são feitas conforme a tradução prevista no Decreto n. 5.015, de 12 de março de 2004, que promulgou a Convenção no Brasil.

[48] Sobre a evolução dos debates e elaboração da Convenção das Nações Unidas contra o Crime Organizado Transnacional, verificar: VLASSIS, Dimitri.The UN Convention Against Transnational Organized Crime. In: SERRANO, Mónica; BERDAL, Mats. (Ed.) **Transnational Organized Crime and International Security:** Business as Usual?. Boulder, Colorado: Lynne Rienner, 2002.

[49] Tradução livre. No original: *"Most Western countries were at best skeptical, regarding the subject as too thorny to broach, especially since it involved a number of conceptual and legal difficulties."*

[50] A/RES/52/85

convenção contra o crime organizado transnacional que fosse compreensível. Requereu, então, que este grupo observasse os instrumentos já existentes e o esboço apresentado pelo governo da Polônia com as observações feitas pelos Estados, bem como dessem prioridade às questões relativas à cooperação entre polícias e às previsões relativas a crimes especialmente de associações criminosas, conspiração e lavagem de dinheiro. Por fim, requereu que fosse considerada a possibilidade de abordar crimes específicos em instrumentos associados ou separados do esboço da Convenção (VLASSIS, 2002)[51].

É neste momento que se têm também as origens do Protocolo sobre o tráfico de pessoas. Ele é tributário do interesse e pressão política da Argentina sobre a questão do tráfico de crianças. A esta preocupação somaram-se a de outros países, tal como a preocupação dos Estados Unidos (visão esta que prevaleceu no estabelecimento do documento): para o Estado em questão, ter-se-ia a ampliação da normativa para o tráfico de qualquer ser humano, não apenas de mulheres e crianças e, ainda que tenha sido pressionado por grupos evangélicos e abolicionistas de sua sociedade, não correlacionou, diretamente, o tráfico à prostituição (DOEZEMA, 2005, p. 73). Assim sendo, a proposta que inicialmente tratava apenas do tráfico de mulheres e crianças, logo passou a abordar o tráfico de pessoas em geral, o que foi aceito pela maioria dos Estados (GALLAGHER, 2010), com especial destaque aos países da Comunidade Europeia[52].

Sobre o desenvolvimento da Convenção, e a inclusão de temas como tráfico de pessoas e de migrantes, Anne Gallagher (2010, p. 70-71) comenta que:

[51] *"The elaboration of the convention benefited enormously from the individual contributions of a number of countries. Faced with pressing political priorities or frustrated by other processes, some countries had begun identifying individual issues that they believed merited attention in the convention. Frustrated with the slow pace of the Convention on the rights of the Child, Argentina gave trafficking in children greater prominence by placing it in the context of criminal justice, and proposed the drafting of a new convention. Austria put forward a draft convention against the illegal trafficking and transport of migrant. Worried by the influx of Albanian immigrants across the Adriatic, the Italian government presented a protocol to deal with trafficking by sea. Inspired by the convention on firearms of the Organization of American States (OAS), Japan and Canada proposed a new instrument against the illicit manufacturing and trafficking in firearms. In an effort to keep the process moving, it was decided that these initiatives would be linked to the proposed convention as protocols or additional instruments."* (VLASSIS, 2002, p. 89)

[52] Ainda que tais países tenham buscado harmonizar a normativa do então projeto de Protocolo em termos de "medidas transfronteiriças", os Estados em alusão aceitarão e vieram a integrar o documento. (DIAS, 2015)

> O significado deste desenvolvimento não deve ser subestimado. O Processo de Viena, como veio a ser conhecido, representou a primeira tentativa séria da comunidade internacional de invocar o Direito Internacional como arma contra o crime organizado transnacional. Talvez, mais notável ainda foi a seleção do tráfico de pessoas e de migrantes como temas dos protocolos adicionais. Ambos os temas, no tempo da elaboração, estavam em alta na agenda política internacional. Embora as preocupações dos direitos humanos talvez tenham provido algum impulso (ou cobertura) para a ação coletiva, estava claro que as questões de soberania/segurança em torno do tráfico de pessoas e de migrantes, bem como a ligação percebida com os grupos criminosos que operam através das fronteiras, que proporcionaram a verdadeira força motriz destes esforços.[53]

Em 1998, por determinação da Resolução n. 53/111 da Assembleia Geral, instou-se a necessidade de produção de um documento internacional que versasse sobre a temática do crime organizado transnacional. Assim, frente tal necessidade, por intermédio da Resolução 53/114 da Assembleia Geral, fora criado o Comitê *ad hoc* para elaboração da Convenção. Este Comitê continuou o processo de elaboração da Convenção e seus Protocolos, promovendo reuniões nos anos seguintes (PAUN, 2006, p. 9). Realizaram-se onze sessões de reuniões e, em 2000, o projeto final foi adotado pela Assembleia Geral[54], contando, naquele momento, com dois Protocolos[55]: o Protocolo para Prevenir, Suprimir e Punir o Tráfico de Pessoas, Especialmente Mulheres e Crianças[56],

[53] Tradução livre. No original: "*The significance of these developments should not be underestimated. The Vienna Process, as it came to be known, represented the first serious attempt by the international community to invoke international law as a weapon against transnational organized crime. Perhaps even more notable was the selection of trafficking and migrant smuggling as the subjects of additional agreements. Both issues were, at the time of drafting, high on the international political agenda. While human rights concerns may have provided some impetus (or cover) for collective action, it was clearly the sovereignty/security issues surrounding trafficking and migrant smuggling, as well as the perceived link with organized criminal groups operating across national borders, that provided the true driving force behind such efforts.*"

[54] A/RES/55/25

[55] O Protocolo contra a fabricação e o Tráfico de Armas foi aprovado posteriormente, através da Resolução 55/255 da Assembleia Geral da ONU.

[56] *Protocol to Prevent, Suppress and Punish Trafficking in Persons, especially Women and Children.*

e, o Protocolo contra o Tráfico de Migrantes por via Terrestre, Marítima e Aérea[57], os quais foram abertos para votações em uma Conferência ocorrida em Palermo, em dezembro do mesmo ano. A Convenção entrou em vigor em setembro de 2003, ou seja, menos de três anos após a sua abertura para assinaturas. O Protocolo sobre o Tráfico de Pessoas entrou em vigor logo em seguida, em 25 de dezembro do mesmo ano.

Atualmente são 190 partes da Convenção (UN, 2000a) e 178 do Protocolo sobre o Tráfico de Pessoas (UN, 2000b)[58], incluindo países como os Estados Unidos da América [EUA], Rússia e China[59], os quais apresentam, normalmente, alguma resistência à adesão a instrumentos multilaterais de direito internacional. Esta aceitação se deve ao fato de a Convenção e o Protocolo não apresentarem previsões que limitem ou modifiquem o exercício da plena soberania, havendo, em diversas oportunidades, a disposição expressa que todas as medidas deverão ser tomadas conforme o direito interno e de acordo com as medidas neste previstas.

O grande objetivo da Convenção é "promover a cooperação para prevenir e combater mais eficazmente a criminalidade organizada transnacional" (UN, 2000a)[60], como se consignou no artigo 1º do documento. Em suma, como é possível notar, mantém-se a plena competência dos Estados para tratar sobre o tema, todavia, fomenta-se a cooperação entre eles na forma prescrita no documento, traçando-se diretrizes para a criminalização de determinadas

[57] *Protocol against the Smuggling of Migrants by Land, Sea and Air*

[58] Tal diferenciação, em termos de partes em ambos os documentos, deve-se especialmente pela atualidade da preocupação e do desenvolvimento de legislações internas que enfrentem o tráfico de pessoas: até agosto de 2018, 93% de um universo de 179 Estados desenvolveram legislações que combatem a maior e/ou a totalidade de formas de tráfico humano – enquanto tal dado, no ano de 2003, seria de apenas 18% dos Estados. Em contrapartida, 2% em 2018, não haviam estabelecidos legislações nacionais que abrangessem as formas de tráfico humano, número este que vem a ser substancialmente menor que aquele observado em 2003, quando então 59% dos Estados não tinham legislações aptas a combater tal prática. Ainda, encontra-se 5% das legislações nacionais, de 2018, com a cobertura apenas parcial dos atos e práticas que, segundo o Protocolo, podem ensejar o crime de tráfico humano. (STATISTA, 2018)

[59] Dados de outubro de 2021. Disponível em: http://treaties.un.org/Pages/ViewDetails.aspx?src=TREATY&mtdsg_no=XVIII-12-a&chapter=18&lang=en. Acesso em: 26 out 2021.

[60] Todas as citações diretas da Convenção contra o crime organizado transnacional neste texto são feitas conforme a tradução oficial brasileira, consignada no Decreto nº 5.015, de 12 de março de 2004.

condutas, criando normas gerais e fazendo sugestão de formas específicas de cooperação tanto para investigação dos fatos, quanto para processamento dos acusados e tratamento das vítimas.[61]

No caso do Protocolo sobre o Tráfico de Pessoas, no seu artigo 2º restou disposto que os objetivos do mesmo são: prevenir o tráfico de pessoas, com especial atenção às mulheres e crianças; proteger e ajudar as vítimas, respeitando plenamente seus direitos humanos; e promover a cooperação entre os Estados Partes para atingir estes objetivos.

A Convenção é atualmente suplementada por mais dois Protocolos: o já mencionado Protocolo contra o Tráfico de Migrantes por via Terrestre, Marítima e Aérea e o Protocolo contra a Fabricação Ilícita e o Tráfico de Armas de Fogo, suas Partes e Componentes e Munições[62], que foi o último a ser adotado pela Assembleia Geral e a entrar em vigor, o que o ocorreu no mês de julho do ano de 2005 (UNODC, 2013). Os Estados só podem aderir a estes protocolos, bem como ao relativo ao Tráfico de Pessoas se tiverem previamente aderido à Convenção principal[63].

No artigo 1º do Protocolo sobre o Tráfico de Pessoas consta expressamente que o Protocolo complementa a Convenção "e será interpretado em conjunto com a Convenção", bem como que:

> 2. As disposições da Convenção aplicar-se-ão mutatis mutandis ao presente Protocolo, salvo se no mesmo se dispuser o contrário.
> 3. As infrações estabelecidas em conformidade com o Artigo 5 do presente Protocolo serão consideradas como infrações estabelecidas em conformidade com a Convenção. (UN, 2000b)[64]

[61] *"The Organized Crime Convention is essentially an instrument of international cooperation, its stated purposes being to promote interstate cooperation in order to combat transnational organized crime more effectively. In this respect, its goal is to enlarge the number of States taking effective measures against transnational crime and to forge and strengthen cross-border links. More specifically, the Convention seeks to eliminate 'safe havens' where organized criminal activities or the concealment of evidence or profits can take place by promoting the adoption of basic minimum measures."* (GALLAGHER, 2010, p. 74)

[62] *Protocol against the Illicit Manufacturing of Trafficking in Firearms, their Parts and Components and Ammunition.*

[63] Artigo 37 [...] 2. Para se tornar Parte num protocolo, um Estado ou uma organização regional de integração econômica deverá igualmente ser Parte na presente Convenção.

[64] Todas as citações diretas do Protocolo sobre o Tráfico de Pessoas neste texto são feitas conforme a tradução oficial brasileira, consignada no Decreto nº 5.017, de 12 de março de 2004.

Ou seja, pela sua própria natureza, não é possível estudar o Protocolo de forma autônoma, uma vez que está diretamente vinculado à Convenção. [65] As disposições desta, portanto, servem de regra geral, bem como complementam, naquilo que forem omissas, as normas mais específicas trazidas pelo Protocolo. Anne Gallagher (2010, p. 79) alerta, entretanto, que alguns comentadores têm cometido equívocos nas interpretações relativas à aplicação do Protocolo sobre o Tráfico de Pessoas:

> [e]m termos do seu âmbito de aplicação, é relevante notar que alguns comentaristas entenderam mal o Protocolo como se fosse exigido que os Estados Partes tomassem medidas contra o tráfico apenas em relação a situações com um elemento transnacional ou envolvendo um grupo criminoso organizado. Esta interpretação sustenta-se em relação às obrigações de cooperação entre os Estados do Protocolo sobre o Tráfico, mas não consegue captar com precisão a natureza das obrigações dos Estados Partes sob o instrumento como um todo. As disposições da Convenção e do Protocolo operam para exigir que o crime de tráfico seja estabelecido no direito interno de cada Estado Parte, independentemente da sua natureza transnacional ou do envolvimento de um grupo criminoso organizado.[66]

[65] Sobre a relação dos Protocolos com a Convenção, Gallagher (2010, p. 73-74) observa que é possível identificar quatro princípios básicos quando da leitura conjunta das previsões desta e daqueles: *"First, as the Protocols were not intended to become stand-alone treaties, States must ratify the Convention before ratifying any of its Protocols. A State Party to the Convention is not bound by a Protocol unless it also becomes party to that Protocol. Second, the Convention and its Protocols must be interpreted together, taking into account their stated purposes. Third, the provisions of the Convention apply, mutatis mutandis, to the Protocols. This means that in applying the Convention to the Protocols, modifications of interpretation or application should be made only when and to the extent that they are necessary. Fourth, offenses established by the Protocols are to be regarded as offenses established by the Convention. As a result, the Convention's general provisions, for example on matters such as victim protection, law enforcement cooperation, mutual legal assistance, and extradition are available and applicable to States in their implementation of the more specific and detailed provisions of the Protocols."*

[66] Tradução livre. No original: *"In terms of its scope of application, it is relevant to note that some commentator have misunderstood the Protocol as requiring States Parties to take action against trafficking only in respect to situations with a transnational element or involving an organized criminal group. This interpretation does hold up with respect to the interstate cooperation obligations of the Trafficking Protocol, but it fails to capture accurately the nature of State Party obligations under the instrument as a whole. The provisions of both the Convention and the Protocol operate to require that the offense of trafficking*

Portanto, apesar do Protocolo estar vinculado à Convenção, traz obrigações independentes desta. Tendo em vista a natureza do crime de tráfico de pessoas e todas as violações de direitos humanos que ele implica, esta leitura parece mais adequada, tanto no que concerne ao enfrentamento ao crime, como no que diz respeito ao tratamento das vítimas, já que, além de possuir uma natureza criminal, trata-se de conduta que viola inúmeros dispositivos de outros tratados, especialmente de direitos humanos.

No artigo 3º do Protocolo sobre Tráfico de Pessoas (UN, 2000b) restou definido que:

a) A expressão "tráfico de pessoas" significa o recrutamento, o transporte, a transferência, o alojamento ou o acolhimento de pessoas, recorrendo à ameaça ou uso da força ou a outras formas de coação, ao rapto, à fraude, ao engano, ao abuso de autoridade ou à situação de vulnerabilidade ou à entrega ou aceitação de pagamentos ou benefícios para obter o consentimento de uma pessoa que tenha autoridade sobre outra para fins de exploração. A exploração incluirá, no mínimo, a exploração da prostituição de outrem ou outras formas de exploração sexual, o trabalho ou serviços forçados, escravatura ou práticas similares à escravatura, a servidão ou a remoção de órgãos;
b) O consentimento dado pela vítima de tráfico de pessoas tendo em vista qualquer tipo de exploração descrito na alínea a) do presente Artigo será considerado irrelevante se tiver sido utilizado qualquer um dos meios referidos na alínea a);
c) O recrutamento, o transporte, a transferência, o alojamento ou o acolhimento de uma criança para fins de exploração serão considerados "tráfico de pessoas" mesmo que não envolvam nenhum dos meios referidos da alínea a) do presente Artigo;
d) O termo "criança" significa qualquer pessoa com idade inferior a dezoito anos.

be established in the domestic law of every State Party, independently of its transnational nature or the involvement of an organized criminal group."

De acordo com essa concepção, o tráfico de pessoas é composto por três elementos: a ação, os meios e o propósito (GALLAGHER, 2010; UNODC, 2012). A **ação** é o recrutamento, o transporte, a transferência, o alojamento ou o acolhimento. Os **meios** dizem respeito as diversas formas de coação: ameaça, uso da força, rapto, fraude, engano, abuso de autoridade ou valer-se da situação de vulnerabilidade. E, por fim, o **propósito** é a exploração. Os três elementos devem estar presentes para que a conduta criminosa se caracterize, exceto nos casos envolvendo crianças, quando os meios, conforme disposto na alínea 'c' do artigo 3º do Protocolo, não são necessários (GALLAGHER, 2010)

Estes elementos são os que caracterizam o tráfico de pessoas e, portanto, determinam juridicamente quem são suas vítimas. Na sequência, então, será descrito de forma mais concreta como se dá cada fase do processo de tráfico, bem como as implicações sociais e políticas na vida das vítimas.

2.2 A condição de vítima de tráfico de pessoas

O tráfico de pessoas ocorre em todo o mundo. Nessa dinâmica, vários padrões são repetidos. Existe uma dificuldade muito grande em identificar as vítimas deste crime e estabelecer estatísticas e estudos mais exatos sobre a questão. A maior parte dos dados existentes é oriunda da União Europeia, onde a principal forma de tráfico percebida é o para exploração sexual, o que, por vezes, pode deturpar as estatísticas existentes (UNODC, 2020). Entretanto, casos de tráfico para trabalhos forçados ou em regime de servidão por dívida são cada vez mais identificados, destacando-se entre os principais destinos a Rússia e os EUA. No continente africano, além do tráfico para fins de exploração sexual, é comum, devido aos inúmeros conflitos existentes no continente, a prática do tráfico de crianças para servirem como soldados. Apesar das peculiaridades de cada continente e da maior parte dos fluxos de tráfico de pessoas serem intrarregionais (UNODC, 2020), são identificadas quase todas as modalidades conhecidas de tráfico em todos os continentes.

As vítimas do tráfico de pessoas são também vítimas de seu contexto social. Em geral, atinge pessoas em situações de extrema vulnerabilidade social[67],

[67] *"The rise of globalization and the widening of the gap between developing and developed countries, poverty, unemployment, and lack of equal opportunity are factors that contribute to the trafficking*

por conta dos seguintes fatores: falta de empregos, oportunidades, a pobreza, os desequilíbrios econômicos entre as regiões do mundo, a corrupção, o declínio dos controles fronteiriços, as discriminações de gênero e raça, a instabilidade política e os conflitos são pontos cruciais para o aumento do tráfico humano (SHELLEY, 2010, p. 37). Estas fragilidades são geradas tanto por questões econômicas, como políticas, sociais ou culturais. O subdesenvolvimento e a falta de perspectiva em determinados países e regiões fazem com que as pessoas busquem oportunidades em outros lugares para sustentar a si e a seus familiares. A desigualdade de tratamento entre grupos étnicos, ou entre gêneros, também propicia o surgimento de populações vulneráveis[68]. As guerras civis deixam famílias sem arrimo e criam demandas por soldados e mulheres, vislumbrando-se, a partir de tal perspectiva, uma correlação direta entre o tráfico de crianças, para serem utilizadas como crianças-soldados, e o tráfico para abuso/exploração sexual. Muitos dos fatos geradores de populações suscetíveis ao tráfico de pessoas confundem-se com as causas geradoras de populações refugiadas[69], além destas mesmas, em muitos casos, serem também vulneráveis aos traficantes.[70]

infrastructure. Innocent women and children become easy targets for traffickers, who take advantage of their economic vulnerability by offering illusory opportunities. Political instability, hostile occupation, armed conflict and civil unrest create social vulnerability of an insecure population that becomes disintegrated, displaced, and easily subjected to trafficking." (MATTAR, 2008, p. 3)

[68] *"Through a gender lens, UNODC analysed case law on trafficking for sexual exploitation involving female defendants, who had been or were simultaneously exploit- ed as trafficking victims. These victims are defined here as victims-defendants (V/Ds). The resulting analysis is based on 53 judicial decisionsa from 16 jurisdictions.b The results that emerge from the analysis show that V/ Ds are typically engaged in acts proximate to exploita- tion (recruitment of new victims, controlling victims, collecting proceeds, etc). In this way, traffickers use V/ Ds to shield themselves from prosecution. Criminalizing victims who have engaged in acts of trafficking directly plays into their instrumentalization by traffickers to avoid punishment."* (UNODC, 2020, p. 54)

[69] Desastres ambientais também são fatos que podem gerar populações vulneráveis ao tráfico, como no ocorrido em 2013 nas Filipinas, quando a Organização Internacional para a Migração [OIM] montou uma força de trabalho junto com o governo do país para identificar potenciais vítimas de tráfico dentre as que saíam da região afetada (UN, 2013). Estes desastres criam fluxos dos chamados "refugiados ambientais" que, muito embora, a priori, não se enquadrem na qualificação de refugiados, são populações vulneráveis que merecem atenção e proteção da comunidade internacional.

[70] Os refugiados, especialmente aqueles que ainda não conseguiram o reconhecimento formal da condição ou aqueles que migraram em grandes grupos, são mais vulneráveis ao tráfico, já que, no primeiro caso, promessas de traficantes de residência e vida melhor em outro

Conforme mencionado, a globalização repercutiu no incremento do mercado de pessoas. A facilidade de comunicação e transporte propiciou oportunidades nunca imaginadas para as organizações criminosas.[71] Além disso, com o aumento da interconexão, as populações de países subdesenvolvidos, veem-se cada vez mais atraídas pelas promessas de uma vida melhor e do ganho de muito mais dinheiro em outros lugares do mundo. O contrabando[72] de migrantes, muito embora tenha sido separadamente tratado na Convenção de Palermo é, em muitos casos, um facilitador para a ocorrência do tráfico humano.

O contrabando de migrantes se caracteriza quando é feito o transporte de pessoas, através de fronteiras, de forma ilegal, mediante pagamento ou promessa de pagamento.[73] A grande diferença do contrabando de migrante para o tráfico de pessoas é que no primeiro os 'facilitadores' não têm o intuito de exploração após o transporte da pessoa para dentro do outro país, apenas visam ao lucro gerado com a confecção e venda de documentos falsos e com a venda do 'serviço' de transporte através das fronteiras. Normalmente[74], cobram de forma adiantada e não mantêm mais contato com a pessoa

lugar podem parecer muito atrativas, bem como no segundo caso, quando normalmente a infraestrutura para receber tais pessoas é precária, ofertas de melhores condições em algum outro lugar podem ser armadilhas de traficantes.

71 *"The increased speed and ease of communication is an important characteristic of the globalised world. The rise of the internet has had a major impact, as organised crime groups in India and Russia are able to buy and sell women with the ease of a mouse-click. In the countries of the former USSR, hundreds of thousands of websites exist promoting brides and sexual services, and in Europe, websites promote sex tourism, particularly in Latin America and Asia."* (SHELLEY, 2007, p. 119)

72 Optou-se por utilizar a expressão 'contrabando de migrantes', em vez de 'tráfico de migrantes', conforme consta na tradução oficial brasileira do Protocolo sobre Tráfico de Migrantes, para facilitar a diferenciação com o tráfico de pessoas.

73 Conforme alínea 'a' do artigo 3o do Protocolo adicional à Convenção das Nações Unidas contra o Crime Organizado Transnacional, relativo ao combate ao Tráfico de Migrantes por via Terrestre, Marítima e aérea: "A expressão 'tráfico de migrantes' significa a promoção, com objetivo de obter, direta ou indiretamente, um benefício financeiro ou outro benefício material, da entrada ilegal de uma pessoa num Estado Parte do qual essa pessoa não seja nacional ou residente permanente; [...]" (BRASIL, 2004c)

74 Tem-se o conhecimento, a partir dos dados levantados pelos governos (EUA, 2017), que o contrabandista costuma ser pago na íntegra após o migrante cruzar a fronteira, encerrando-se, assim, o vínculo então estabelecido entre o contrabandista e aquele migrante. Para fins exemplificativos: "Ao encontrar uma tremenda violência em seu país natal assolado por conflitos, Amir foi apresentado a um homem que lhe disse que poderia chegar a outro país se

contrabandeada. Por outro lado, para caracterização do tráfico de pessoas é necessário que haja o intuito de algum tipo de exploração. Quando o processo é realizado sem a cobrança adiantada, é sempre um forte indício de que há intenção de exploração ou de que, caso não seja honrada a dívida, ocorrerá exploração ou perseguição superveniente.

O contrabando, meio muito utilizado pelas pessoas que buscam refúgio, é também uma das formas de captação de vítimas de tráfico. As pessoas procuram estes serviços e comprometem-se a pagar, total ou parcialmente, posteriormente, pois acreditam que irão conseguir uma vida melhor no outro país. Nestes casos, especialmente quando são os próprios contrabandistas que prometem o emprego no outro lugar, as vítimas acabam entrando em um regime de servidão por dívida, ou são vendidas para exploradores pelos contrabandistas para se ressarcirem das despesas que tiveram com elas. O contrabando de migrantes e o tráfico de pessoas, portanto, são condutas que com frequência se confundem[75]. Sobre o tema, Nikolič-Ristanovič (2004, p. 120) destaca que:

> [...] o fato de que o contrabando de migrantes pode facilmente transformar-se em tráfico de pessoas não deve ser ignorado. De fato, como imigrantes ilegais, pessoas contrabandeadas na maioria das vezes não têm muita escolha a não ser recorrer a mercados ilegais para oportunidades de emprego. Isto os leva a condições de exploração ou escravidão, muitas vezes transformando-as em vítimas de tráfico. Nestas situações, a distinção entre contrabando e tráfico torna-se turva, de modo que, na realidade, a grande diferença está na quantidade

pagasse um valor de US$ 1.000. O homem insistiu que levaria Amir até o destino de barco e com segurança. Amir lhe pagou pela viagem, e ao chegarem ao país, ele nunca viu o outro homem novamente. Não houve força, fraude ou coerção, e Amir não foi submetido a trabalho forçado ou obrigado a se envolver em atos sexuais comerciais. Amir foi contrabandeado e não é uma vítima de tráfico." (EUA, 2017)

[75] Nesse sentido Shelley (2010, p. 4) destaca que *"Many of these illicit immigrants have paid human smugglers and cannot be considered victims of trafficking. But all too often those who pay smugglers become victims of trafficking along the way or on arrival."* E a mesma autora ressalta: *"Although the phenomena of human smuggling and trafficking are clearly delineated legally, in reality the situation is often not as clear. Because trafficking often occurs within the context of large-scale migration, there are numerous possibilities for abuse. Individuals may start off as paying clients of human smugglers but some of the migrants, especially women and children, become trafficking victim."* (p. 11)

> de dinheiro que a pessoa paga antes da saída do país de origem. A distinção só pode ser determinada depois que o indivíduo chegou no país de destino: a pessoa contrabandeada paga o valor inteiro com antecedência e depois de chegar ao país de destino, ele/ela pode andar livre. No entanto, a pessoa traficada paga uma porcentagem ou nada e é mantida em servidão por dívida, ou seja, não pode andar longe do contrabandista.[76]

O grande problema em se alcançar a correta tipificação do crime e tráfico humano é que acaba por ser muito mais fácil caracterizar o contrabando. Nesse sentido, deve-se destacar, como alude SALES e ALENCAR (2008, p.193) que para se ter o correto enfrentamento ao tráfico humano, dever-se-á distingui-lo de outros crimes, tais como o contrabando, a prostituição e o turismo sexual. Em suas palavras:

> É de grande importância e salutar necessidade o cuidado na identificação desse problema; saber o que é e como ocorre o tráfico de seres humanos, e diferenciá-lo de outros fenômenos que com ele não se confundem, como os processos migratórios, o contrabando de migrantes, a prostituição e o turismo sexual, por exemplo. É imprescindível às autoridades governamentais e à sociedade civil organizada o conhecimento desse delito, para que projetos adequados possam ser implementados e desenvolvidos objetivando a prevenção e o combate do tráfico de pessoas com o rigor necessário para coibir um ilícito que afronta a dignidade da pessoa humana. (SALES e ALENCAR (2008, p.193)

[76] Tradução livre. No original: *"[...] the fact that people smuggling can easily turn into trafficking should not be ignored. In fact, as illegal migrants, smuggled people most often do not have much choice but to turn to illegal markets for job opportunities. This brings them into conditions of exploitative or slavery, often turning them into victims of trafficking. In these situations, the distinction between smuggling and trafficking becomes blurred, so that in reality the major difference is in the amount of money that the person is paid prior to departure from the country of origin. The distinction may be determined only after the individual has arrived in the destination country: a smuggled person pays the whole amount in advance and after coming to the destination country he/she can walk free. However, trafficked person pays either percentage or nothing and is kept in debt bondage, i.e. cannot walk away from the smuggler."*

Desse modo, podem, muitas vezes, serem tratadas como imigrantes ilegais e deportadas, acarretando um possível retráfico, já que retornam para a situação de vulnerabilidade da qual saíram. Nestes casos, mesmo quando não se configura uma situação de tráfico ou não fica patente que eram refugiados, deveriam os Estados respeitar o *non-refoulement*,[77] e, no caso de não poder ou querer aceitá-los em seu território, jamais as devolver a um local onde possam ter sua vida ou liberdade ameaçada.

Como já destacado, tanto as pessoas que procuram contrabandistas – refugiados, migrantes econômicos, migrantes ambientais, aventureiros etc. – como as vítimas de tráfico, estão, em geral, em situação de vulnerabilidade, normalmente econômica, mas muitas vezes também psicológica, social ou cultural. É aproveitando-se dessas vulnerabilidades que os traficantes escolhem as vítimas e traçam as estratégias de captação.

O tráfico de pessoas não ocorre sempre da mesma forma. Existem diversos meios de captação, transporte e exploração das vítimas. As principais vítimas costumam ser mulheres e crianças, muito embora o número de homens em situação de tráfico também seja significativo. Segundo o Relatório sobre Tráfico de Pessoas do UNDOC (2020), em 2018, 46% (quarenta e seis por cento) das vítimas eram mulheres, 19% (dezenove por cento) meninas, 20% (vinte por cento) homens, e 15% (quinze por cento) meninos. Destas vítimas, em 2018, 50% (cinquenta por cento) eram traficadas para fins de exploração sexual, 38% (trinta e oito por cento) para trabalho forçado, e 10% (dez por cento) para outros fins[78]. As mulheres são traficadas especialmente, mas não exclusivamente, para prostituição, enquanto os homens são utilizados, em geral, nos trabalhos forçados.

Os meios utilizados para a captação e manutenção das vítimas nesta condição foram exemplificados na definição trazida no Protocolo sobre o Tráfico (UN, 2000b). Dentre estes, a coação é o termo central, que denota a própria ideia de tráfico. É essa coação que diferencia o tráfico de pessoas do

[77] O *non-refoulement*, que consiste basicamente na proibição de um Estado em devolver um indivíduo para um local onde ele tenha a vida ou a integridade física ameaçada, será abordado mais aprofundadamente na parte 3.3 deste trabalho.

[78] Estes outros fins podem incluir remoção de órgãos e partes do corpo para rituais, casamentos forçados, pornografia, para mendicância e prática de pequenos delitos, e para recrutamento de crianças soldados. (UNODC, 2020)

contrabando de migrantes e é usada de forma a abranger atos como o uso de violência, ameaças e engano.[79] No Protocolo sobre o Tráfico, entretanto, a coação está relacionada com a ameaça e o uso da força, que são os meios diretos pelos quais uma pessoa é levada ou mantida em situação de exploração. Engano e fraude são meios menos diretos utilizados pelos exploradores – pois fazem com que a própria pessoa ingresse na situação de tráfico –, e estão normalmente relacionados com o tipo de trabalho ou serviço a ser executado prometido (GALLAGHER, 2010). Quanto ao abuso da posição de vulnerabilidade de alguém, segundo nota interpretativa dos trabalhos preparatórios (UN, 2006, p. 347), "entende-se qualquer situação em que a pessoa envolvida não tem alternativa real ou aceitável senão submeter-se a esse abuso."[80]

Na maior parte das vezes, especialmente nos casos de tráfico para exploração sexual ou do trabalho, a captação é feita de forma não violenta. Um bom exemplo é aquele apresentado pelo UNODC (2020), cujo qual relata que a maior parte das vítimas do tráfico para fins de exploração sexual, geralmente, ã manipuladas por intermédio de interesses românticos, sem o uso da violência. Em outras situações, as vítimas são enganadas com falsas promessas de bons trabalhos em outras localidades ou no exterior. Em alguns casos é 'tudo de graça', sendo acertado que após começar a trabalhar a pessoa será capaz de ressarcir seus 'benfeitores'. Em outros, as vítimas pagam, através de empréstimos com os próprios agenciadores, somas que jamais poderão quitar com o pouco ou nada que receberão no emprego que não corresponde ao escolhido. Todavia é comum também, especialmente em locais muito

[79] Devido à falta de clareza sobre a seriedade e extensão desses meios, algumas interpretações têm sido feitas – como afirmar que a coerção pode incluir pressões econômicas severas – indo além do que seria a intenção dos redatores (GALLAGHER, 2010, p. 31-32). Ou seja, a amplitude que as interpretações de coerção e outros termos podem atingir, levam ao risco de uma extensão exagerada sua interpretação. Todavia, com algum bom senso e uma leitura completa da Convenção e dos Protocolos, tanto sobre o Tráfico de Pessoas, quanto o de Migrantes, percebe-se que as condutas elencadas como meios tem que ter um agente direto, "alguém", um indivíduo ou uma organização criminosa. Esta coação pode se dar, então, por pressão econômica, mas causada diretamente e com o propósito de exploração, caso contrário não se configura o Tráfico, pois, conforme destacado, é necessário a convergência dos três elementos para que o crime se caracterize.

[80] Tradução livre. No original: *"[...] is understood to refer to any situation in which the person involved has no real and acceptable alternative but to submit to the abuse involved."*

pobres (SHELLEY, 2007)[81], após desastres naturais ou guerras, que as pessoas sejam coagidas a se 'escravizarem' para conseguirem sobreviver, ou sejam obrigadas/convencidas a vender seus familiares, normalmente mulheres e crianças, para receber algo e diminuir as despesas[82], ou ainda, no caso de alcoolistas e toxicômanos, para financiarem seus vícios (SHELLEY, 2007; 2010). Pessoas podem também ser violentamente obrigadas a servir aos grupos criminosos, como os meninos que são sequestrados para se tornarem soldados de grupos guerrilheiros, tal como o caso de Uganda.[83]

As pessoas enganadas normalmente estão atrás de uma vida melhor. O desemprego estrutural em alguns países torna a sua sociedade extremamente vulnerável ao tráfico. Os países do leste europeu são reconhecidamente uma das principais regiões de tráfico, especialmente de mulheres para exploração sexual na Europa ocidental e nos EUA. As mulheres dessa região, que marcada por períodos de forte estagnação econômica, são atraídas por anúncios de empregos de camareiras, babás, garçonetes, publicados em jornais e na internet, que lhes permitiriam conseguir uma vida melhor para si e para seus familiares. São, então, levadas para casas ou apartamentos onde têm seus documentos confiscados e são obrigadas a se prostituir. Nesse contexto sofrem inúmeras violências, físicas e psicológicas, como ameaças a sua vida e a de seus familiares.[84]

[81] *"Traffickers travel to rural areas of poor countries to recruit victims. This can be as likely in the north of Thailand, the mountainous communities of Nepal or the villages of Central Asia. The traffickers will find the poorest families, those with problems of drug or alcohol abuse or serious medical problems. They will assure the family that they can provide a better future for the child and many offers some nominal payment in return."* (SHELLEY, 2007, p. 128).

[82] *"Trafficking their daughters is one way the Southeast Asian families generate funds to make capital improvements to their home and their land."* (SHELLEY, 2010, p. 54).

[83] *"In northtern Uganda, a terrorist insurgent group, the Lord's Resistence Army, abducted young children from villages to serve as soldiers and sex slaves. More than 12,000 children have been abducted since 2002, and many have fallen into sexual slavery. There is no effective state in this conflict region, which explain the unimpeded human trafficking."* (SHELLEY, 2010, p. 71)

[84] *"Cristina flew from Bucharest to Lisbon where a friend's boyfriend promised her a job serving drinks in a café. But instead she was taken to a town in southern Portugal and forced into street prostitution. Cristina was expected to give her traffickers 200-500 euros a day. Her traffickers verbally and physically abused her, one time breaking several of her teeth. They took her passport and forced her to use heroine and methadone. A Romanian friend helped Cristina escape and contacted Portuguese law enforcement officials, who took her to the government's trafficking shelter after taking her statements. Her resilient*

Estas situações são comuns em todo o mundo, tanto entre migrantes da América Latina para os Estados Unidos[85], no sudeste asiático, e na África[86], tendo sido identificadas situações até na relativamente isolada Islândia (MORAWSKA, 2007; GALLAGHER, 2010; SHELLEY, 2010; UNODC, 2012; USA, 2013).

A captação das vítimas de tráfico costuma ser feita por pessoas próximas, ou ao menos da mesma nacionalidade, sendo esta uma das características do crime organizado mencionadas anteriormente. Segundo dados do Relatório Nacional sobre o Tráfico de Pessoas, do Ministério da Justiça e Segurança Pública do Brasil (2021), 37% das vítimas do tráfico humano confiavam em seus aliciadores antes de serem traficadas. Shelley (2007, p. 126) explica que:

> A vitimização inicial da pessoa traficada é geralmente feita por um membro do seu próprio grupo étnico. Por exemplo, os grupos chineses, mexicanos ou russos recrutam em suas próprias comunidades. Há muitas razões para que o recrutamento ocorra dentro do próprio grupo. Proximidade e acesso são importantes. Mas igualmente importante é a confiança. Confiança é importante porque as pessoas muitas vezes contratam os traficantes e contrabandistas para movê-los para um local específico, para pagar-lhes certa quantia de dinheiro ou para mantê-los em dívida por um determinado período. A confiança

spirit prevailed. With the shelter's assistance, she relocated to London, where she is currently living and working." (USA, 2010, p. 25)

[85] Nos Estados Unidos, é comum a prática de marcar as vítimas com tatuagens, como forma de identificar a qual 'cafetão' (pimp) ela pertence. (USA, 2012; SHELLEY, 2010)

[86] *"Latulo was desperate to find a job to pay for his university school tuition. While in town one day, Latulo met a man who said he needed people to work for him at a factory in Kenya. Hoping this job would help pay for his tuition, Latulo agreed to accompany the man to Kenya and met with him the very next day to travel. Other men and women also met them to travel to Kenya. Eventually they arrived at their final destination in Kenya at a huge house. The man, who had earlier been kind to them all, suddenly became rude and ordered them to give him their identification and phones. They were shown a video of a man who had been suffocated with a bag because he attempted to escape. They were all told that they would not be working at a factory, but rather would be working as sex slaves. Every room had a camera and they were forced to have sex with strangers. After a month and half of captivity, Latulo was allowed to accompany his captors into town. When they stopped to have lunch, he run away. Law enforcement officials in Kenya opened an investigation and Latulo was able to return to Uganda and receive medical attentions."* (USA, 2013, p. 17)

> é mais facilmente estabelecida com alguém do mesmo grupo étnico, linguístico ou cultural. A violação dessa confiança, que ocorre em todos os casos de tráfico, pode ser tão devastadora para o indivíduo, quanto o abuso físico ou psicológico aplicado à vítima.[87]

Outras vulnerabilidades causadas por questões culturais também são aproveitadas pelos traficantes. Segundo os dados do UNODC (2020) já apresentados, as principais vítimas são as mulheres, pois ainda não têm uma condição de igualdade com os homens em grande parte do mundo. Nas mais diversas regiões, especialmente onde a desigualdade de gênero é mais profunda, não é dado oportunidade a parte das mulheres de que estudem, ou avancem nos estudos. Isto dificulta ainda mais o acesso ao mercado de trabalho, já discriminatório. Tradições e costumes também colocam a mulher em um patamar inferior ao do homem e estas, nas crises econômicas, são quem sofrem mais com a privação de comida e de outras necessidades fundamentais. Este tipo de discriminação, como será debatido adiante, pode equivaler, em alguns casos, à perseguição, que é um dos elementos para reconhecimento da condição de refugiado.

Nessas condições, em países que passam por algum tipo de conflito, por exemplo, as mulheres ficam praticamente impossibilitadas de conseguir sustento para si, crianças e idosos, quando os homens estão lutando ou morreram. Nestes casos, os traficantes aproveitam-se da oportunidade para as aliciarem com promessas de algum trabalho em grandes cidades e no exterior, de onde poderão mandar dinheiro para suas casas. Em geral elas são enviadas para casas de prostituição. Os Bálcãs são um exemplo disso. Ali, com as guerras que eclodiram a partir da década de 1990, criou-se um ambiente favorável à infeliz procura por serviços sexuais devido à presença de muitas tropas, inclusive

[87] Tradução livre. No original: *"Initial victimisation of the trafficked person is usually by a member os his/her own ethnic group. For example, Chinese, Mexican or Russian groups recruit in their own communities. There are many reasons that recruitment occurs within one's own group. Proximity and access are important. But equally important is trust. Trust is important because people often contract traffickers and smugglers to move them to a particular local, to pay them a certain amount of money or to keep them in bondage for a particular period. Trust is more easily established with someone from one's ethnic, language or cultural group. The violation of this trust which occurs in every trafficking case may be as devastating to the individual as than physical or psychological abuse applied to the victim."*

as de missão de paz,[88] e as mulheres, que haviam perdido seus maridos, ou aos quais não podiam sustentar, pois estavam lutando, doentes ou inválidos, acabavam sendo aliciadas por redes de prostituição, tanto na região, como no exterior, para poder sustentar seus familiares (ALLRED, 2009; SHELLEY, 2010).

Muitos casos têm sido relatados nas repúblicas da Ásia-central após o fim da União Soviética. A partir de tal acontecimento, observou-se uma eclosão de casos de tráfico humano, especialmente a partir do chamado "Natasha trade[89]", cujo qual vincula tráfico humano ao tráfico de mulheres brancas de origem eslava (LOBASZ, 2019). Talvez, uma das justificativas para tal cenário é que, com o desmembramento da União Soviética [URSS], as mulheres perderam proteções e benefícios antes concedidos pelo governo soviético, bem como deixaram de poder participar da vida cívica e política em muitas comunidades.[90] As vítimas de tráfico, nesse tipo de sociedade, são também extremamente vulneráveis ao retráfico, tanto por acharem que em uma próxima vez conseguirão o objetivo almejado, como por serem discriminadas e 'ostracizadas' na sua sociedade, especialmente quando são vítimas de tráfico para fins de exploração sexual[91] (KELLY, 2007).

[88] *"With the governing military philosophy of these different peacekeeping forces all too frequently being 'boys will be boys,' the abuse of women in the bars and brothels around the missions in routine. Commanding officers of peacekeeping missions place primary attention on maintaining order. The fact that the prostitutes who serve the peacekeepers are trafficked women is ignored or seen as peripheral concern."* (SHELLEY, 2010, p. 51)

[89] *"As a result of trafficking, Russian women are in prostitution in over 50 countries. In some parts of the world, such as Israel and Turkey, women from Russia and other republics of the former Soviet Union are so prevalent, that prostitutes are called 'Natashas'."* (HUGHES, 2000) Nesse mesmo sentido: MALAREK, Victor. The Natashas: Inside the New Global Sex Trade. New York: Arcade Publishing, 2004.

[90] *"Trafficking most frequently occurs in societies where women lack property rights, cannot inherit land, and do no enjoy equal protection under the Law. Yet trafficking also occurs on a significant scale in Eurasia, where women have legal rights and access to education but face discrimination in obtaining Jobs, decent wages, and Access to capital. During the 1990s, many job advertisements in post-Soviet countries read 'only the young and the willing need apply.' This requirement forced women to provide sexual services in exchange for employment."* (SHELLEY, 2010, p. 54)

[91] *"The clear danger here is a return to cultural beliefs and practices, which regard women and girls not as individuals with rights, but rather as the property of their families/male 'protectors'. Such ideas, alongside traditional practices in several of the [central Asia] republics, which encourage the giving of children to older male relatives in times of hardship, form part of the fertile field in which trafficking can thrive."* (KELLY, 2007, p. 84)

A vulnerabilidade feminina também aparece em outros países do continente asiático. Shelley (2010, p. 52) destaca a situação na China e do Sul da Ásia:

> Na Ásia, o epicentro do tráfico humano, as mulheres representam menos de 50 por cento da população da China e de todos os países do Sul da Ásia. Na China, há menos mulheres do que homens, porque muitos fetos do sexo feminino são abortados por causa da política do filho único e da preferência da sociedade pelos homens. Outras forças explicam esta discrepância no Nepal, Índia, Bangladesh e outros países do Sul da Ásia. 'A proporção negativa entre os sexos pode ser atribuída ao excesso de mortalidade de mulheres e meninas resultantes tanto da discriminação direta e indireta no fornecimento de alimentação, cuidados, tratamento médico, educação e, sobretudo, a violência física e sexual.' Nesses países, o desequilíbrio entre os sexos é simultaneamente uma causa e uma consequência do tráfico humano. As mulheres são traficadas de outros países asiáticos como esposas para os homens chineses. No Sul da Ásia, muitas vítimas de tráfico morrem prematuramente.[92]

A fragilidade econômica também é o que leva milhares de trabalhadores a serem vítimas das fraudes perpetradas pelos traficantes. Chineses e indianos são levados em contêineres para trabalhar nos Estados Unidos (NAÍM, 2006). Segundo dados do UNODC (2020), outros grupos asiáticos também viajam dias para trabalhar em construções e fábricas na Rússia e no Oriente Médio: 66% das vítimas do tráfico humano, partem da Ásia Central tendo por finalidade o trabalho forçado, enquanto tal número, em relação ao Sul Asiático, corresponde a 52% das vítimas traficadas. Nestes casos, normalmente,

[92] Tradução livre. No original: *"In Asia, the epicenter of human trafficking, women represent less than 50 percent of the population of China and all South Asian countries. In China, there are fewer women than men because many female fetuses are aborted because of the one-child policy and society's preference for males. Other forces explain this discrepancy in Nepal, India, Bangladesh, and other South Asian countries. 'The negative sex ratio can be attributed to excess mortality of women and girls resulting from both direct and indirect discrimination in the provision of food, care, medical treatment, education, and above all physical and sexual violence.' In these countries, the gender imbalance is both a cause and a consequence of human trafficking. Women are trafficked from other Asian countries as wives for Chinese men. In South Asia, many trafficking victims die prematurely."*

às vítimas é prometido um trabalho com um pagamento atraente – comparando-se ao padrão da sociedade onde vivem – e, chegando ao destino – que muitas vezes também não é o prometido –, são obrigados a fazer trabalhos difíceis por jornadas intermináveis, com direito a pouco ou nenhum descanso. As acomodações ficam normalmente no mesmo local de trabalho, de onde não podem sair, sendo ameaçados no caso de tentativa de fuga sem pagarem o que devem[93], o que é quase impossível com os pagamentos mínimos que recebem, dos quais são descontados todos os 'benefícios', não sobrando nada.[94] São ameaçados de serem deportados, já que na maioria das vezes são imigrantes irregulares ou estão trabalhando em algo que o visto não permite. Devido à falta de condições de conseguir um emprego no país de origem e à promessa de possibilidade de pagamento da dívida, muitas pessoas se submetem a este tipo de exploração por muito tempo.

Outra forma muito comum de tráfico de pessoas, aproveitando-se da situação de vulnerabilidade econômica, ocorre quando da captação de crianças e adolescentes, especialmente meninas, para trabalhos domésticos. Estas meninas são por vezes vendidas por seus parentes, e outras vezes entregues voluntariamente, com a promessa de que terão um trabalho bom e melhores

[93] *"Raju, a migrant from Burma, traveled to Thailand when he was falsely promised 6,000 bath per month as restaurant or factory worker – if he could first pay a 12,000 bath brokerage fee. Out of options, he agreed to borrow money for the fee and use his future earnings to repay it. Raju was instead forced and threatened at gun-point to board a fishing boat. Onboard the Thai vessel, Raju and the other workers were forced to work day and night, lived in cramped quarters, and were beaten if they took fish to cook and eat. Already saddled by debt, Raju never received his promised wages. Each time the fishing boat docked, the workers were taken to a house and locked in a room so that they could not escape. Raju recalled one worker who attempted to run away but was caught: 'The man was tied to a post... the man was electrocuted and tortured with cigarettes butts... later he was shot through the head.' Raju was finally able to escape the Thai fishing vessel by tying himself to a buoy, jumping overboard, and swimming six hours to shore."* (USA, 2012, p. 28)

[94] *"Chewazi was offered a better life in South Africa working for an organization that ran a Boy Scouts group. Excited about the job, he left Zimbabwe for South Africa. Instead of receiving the job he was promised, he was forced to work every day on a farm for a piece of bread and some water. For six months, Chewazi was transported between farms in Zambia and South Africa, enduring physical and other abuses, dreaming of the day he would escape. When Chewazi and a friend finally did escape, they made their way to Cape Town; a security guard in the street found them and helped them to safety. Through the Department of Social Development, they were taken to an NGO, which helped provide support and services to them both. Chewazi suffers from post-traumatic stress, but decided to saty in South Africa, hopeful that he will still find that better life that led him away from home."* (USA, 2013, p. 24)

oportunidades do que no seu lugar de origem.[95] Nestes casos, em geral, o aliciamento não é feito por organizações criminosas, mas por particulares, pelos próprios exploradores. Eles normalmente são pessoas do país de onde captam as vítimas, mas vivem no exterior em condição financeira boa em comparação ao local de origem. O fato de serem da mesma comunidade facilita o aliciamento, pois conseguem a confiança dos parentes da vítima com mais facilidade. As crianças e adolescentes são então levadas para as casas destas pessoas para fazer o trabalho doméstico.[96] Em geral não têm folgas, trabalham dia e noite e são obrigadas a trabalhar nas casas de parentes e nos estabelecimentos comerciais dos exploradores. São ainda exploradas sexualmente, não recebem ou recebem muito pouca comida, por vezes apenas restos, não são levadas para tratamento médico e não têm acesso à educação.

A título exemplificativo, segundo a Organização Internacional do Trabalho (OIT), em 2017, o continente africano reportou a prevalência de trabalho infantil, entre os 5 e 17 anos de idade. Ademais, a OIT, ainda, em um estudo de 2016, observou que o tráfico de crianças, especialmente no oeste africano, envolvia membros da família: as famílias, geralmente, são encorajadas a traficarem as crianças para fins de trabalho forçado por conta da vulnerabilidade socioeconômica de seu núcleo familiar.

Os casos de captação violenta ocorrem normalmente quando do rapto de crianças, tanto para exploração sexual, como para serem soldados nos exércitos revolucionários em alguns países. Na África, com a existência de

[95] *"Uta was seven years old when she was sent from Romania to work as a domestic servant in the United Kingdom. Her family thought this was an opportunity to get Uta away from poverty, but the Romanian couple who recruited her physically and verbally abused her daily and forced her to sleep on the floor. The couple also enslaved and raped another victim, Razvan, a 53-year-old Romanian man. After being severely beaten and seeing the way the couple treated Uta, Razvan escaped and reported the offenses to the police. When the police rescued Uta she was dressed in filthy clothes, had scabs covering her head, and her teeth were so rotten they had to be removed. She had never been to school and could not even count to ten in her own language. The Romanian couple was found guilty of trafficking and was sentenced to a maximum of 14 years in prison."* (USA, 2012, p. 17)

[96] *"Saeeda, a deaf Pakistani woman, was ten years old when she left Pakistan for Manchester, England for a job as a domestic worker. For nearly a decade, she was abused, raped, and beaten by her employers, a Pakistani couple. Now in her 20s, Saeeda told the courts that she was confines to a cellar and forced to work as a slave. Her abusers have been accused of human trafficking, sexual offenses imprisonment, violence, and fraud; they have both pleaded not guilty to the alleged charges. It remains unknown why the couple was permitted to recruit a girl of this age as a domestic worker."* (USA, 2012, p. 18)

diversos conflitos civis, é muito comum a prática de sequestro de crianças para trabalharem para as tropas. Para serem soldados, para transportarem as cargas, e as meninas também para cozinharem e serem as "esposas" dos soldados.[97] Este tipo de ação também já foi relatada tanto na Ásia como na América. Ainda, crianças e pessoas com deficiência são sequestradas ou compradas para a prática de mendicância ou de pequenos delitos como furto.

A utilização do engano é também feita para captar vítimas que não se encontram na situação de instabilidade econômica, mas nas quais os traficantes conseguem gerar uma vulnerabilidade psicoemocional. Jovens são enganadas por falsos namorados, os chamados 'lover boys', anúncios de casamento no exterior, bem como programas de intercâmbio[98] e possibilidades de estudo[99].

[97] *"The Lord's Resistance Army (LRA), an armed group that originated in northern Uganda 20 years ago, now operates in the border areas of the Democratic Republic of the Congo (DRC), South Sudan, and the Central African Republic. When the group attacked Josephine's village, she and her family had too little time to flee. A group of about 80 LRA men surrounded her house. They tied up the family and shot and killed Josephine's grandfather in front of her. They took Josephine and her three brothers into the bush. After an hour of walking, the men separated the children into pairs. Josephine and her 14-year-old brother Patrick never saw their other two brothers again. Josephine remained on the move with the LRA for eight months, never staying in one place for more than a week. She was forced to carry heavy loads, find food, and cook. She and other girls, some as young as 12, were forced to become LRA 'wives'. Josephine was assigned to a boy who had also been kidnapped and forced to be an LRA fighter. She watched as the men forced him to kill another boy by striking him on the back of the head with a machete. Josephine managed to run away one day when she was sent out to look for food. She walked 40 km and found safety in a village in Sudan. Her brother Patrick escaped two months later during a Ugandan army attack on the LRA."* (USA, 2011, p. 27)

[98] *"Katya, a student athlete in an Eastern European capital city, dreamed of learning English and visiting the United States. Her opportunity came in the form of a student visa program, through which international students can work temporarily in the United States. But when she got to America, rather than being taken to a job at a beach resort, the people who met her put her on a bus to Detroit, Michigan. They took her passport away, and forced her and her friends to dance in strip clubs for the traffickers' profit. They controlled the girls' movement and travel, kept keys to the girls' apartment, and listened in on phone calls the girls made to their parents. After a year of enslavement, Katya and her friend were able to reach federal authorities with the help of a patron of the strip club in whom they had confided. Due to their bravery, six other victims were identified and rescued. Katya now has immigration status under the U.S. trafficking law. She works in a health club and hopes to finish her degree in kinesiology. The traffickers are in federal prison."* (USA, 2010, p. 22)

[99] *"Ivoline was at the top of her class in nursing studies at her hometown university in Cameroon. A woman from her village offered to help Ivoline complete her university degree in Europe. Ivoline and her father thought the offer was genuine and Ivoline's father spent his entire savings to help her to get*

Os recrutadores apresentam propostas de estudo, trabalho ou até uma vida conjugal no exterior e as levam para a armadilha. Mesmo sendo pessoas que por vezes possuem um grau de instrução razoável (até ensino superior) [100], deixam-se levar pelas promessas destas pessoas que são profissionais em enganar (MORAWSKA, 2007).

Os meios utilizados, portanto, para a captação das vítimas são os mais diversos e se favorecem dos tipos de vulnerabilidades apresentadas pelas vítimas. Por outro lado, o propósito dos exploradores independe disto. Utilizarão as mulheres exploradas como for mais conveniente e lucrativo.[101] O propósito, então, é a intenção, o dolo do criminoso com a prática daquelas ações anteriores. O propósito, conforme está no Protocolo de Palermo (UN, 2000b), é a exploração. Segundo esta definição, esta exploração, entretanto, deve incluir: a

to Spain. The woman had Ivoline pose as her daughter, using false passports while they traveled together to Europe. Once in Spain, instead of being sent to school, Ivoline was forced into prostitution on the streets. Ivoline eventually escaped from the woman and was homeless for a few weeks before she built up enough courage to go to the police. Although her trafficker was not brought to justice, Ivoline's strength has given her new optimism and confidence; on her birthday this year, she toasted to hopes of finding work and creating a new life in Spain with her own family." (USA, 2012, p. 38)

100 *"Women (including underage girls) constitute over 90 per cent of East and South-East European persons trafficked into the western parts of the Continent; the remainder – thus far a terra incognita in terms of sociological research – are young boys trafficked into prostitution. Minors, or 13–17-year-old girls, account for on average 15 to 30 per cent of all trafficked women (but as many as 60–70 per cent are reported in some South-East European countries such as Albania or Moldova). Among the adults, the largest (50–60 per cent) and next largest (20–25 percent) age group are 18–23 and 24–25 years old women respectively, most of them unmarried and without children.*
The typical gender and age proportions of non-Europeans, mainly Asians, trafficked through Eastern Europe to the West are similar. Most of the adult trafficked women originating from Eastern and SouthEastern Europe have secondary education (partial or completed), and, interestingly, 15 to 20 per cent have some post-secondary schooling; in comparison, women trafficked to and through East Europe from Asia, especially from the regions with strong patriarchal systems where schooling of women is not mandatory, have much lower (if any) levels of education. The majority, more than 70 per cent, of trafficked women originating from East Central and East Eastern Europe come from middle-to-large urban centres; this proportion is considerably lower, 35–40 per cent, among migrants from SouthEast Europe, and higher – more than 80 per cent – among women trafficked from Asia." (MORAWSKA, 2007, p. 98-99)

101 *"Human trafficking, in contrast to smuggling or the drug trade, has no such ready supply Significant time and effort must be spent by the traffickers to recruit the individuals they will subsequently exploit."* (SHELLEY, 2007, p. 127)

exploração da prostituição[102] de outrem[103] ou outro tipo de exploração sexual, trabalhos e serviços forçados, escravidão ou práticas similares, servidão ou remoção de órgãos[104]. Portanto, não é qualquer exploração, em sentido amplo, que caracteriza o tráfico. Esta exploração deve, no mínimo, caracterizar uma das situações descritas, mas ela não precisa obrigatoriamente ocorrer. É possível a caracterização da tentativa, desde que verificado que o dolo dos perpetradores das ações anteriores era a exploração. Importante destacar que o tráfico de crianças para adoção, quando esta não visa a exploração, não se enquadra na noção de tráfico de pessoas abrangida pelo Protocolo de Palermo (UN, 2000b), sendo conduta proibida por outras normas internacionais.[105]

[102] Quanto à exploração da prostituição e outras formas de exploração sexual, nos trabalhos preparatórios consta nota interpretativa dando conta que se referem às situações no contexto do Tráfico de Pessoas, sem prejuízo de como os Estados partes se referem à prostituição em sua legislação nacional, não havendo definição da mesma no Protocolo (UN, 2006, p. 347). A questão da prostituição foi sempre ponto bastante delicado nos debates, tendo em vista as diferentes abordagens desta conduta pelos Estados. Assim, preferiu-se no Protocolo restringir a sua aplicação apenas aos casos de prostituição que tenham ocorrido em consequência de uma situação de tráfico. (GALLAGHER, 2010)

[103] Em 1949 foi aprovada pela Assembleia Geral das Nações Unidas a Convenção para Supressão do Tráfico de Pessoas e da Exploração da Prostituição de Outrem, que conta com 82 partes e trata basicamente da necessidade de criminalização, combate e punição da exploração da prostituição de outrem.

[104] A remoção de órgão se insere no escopo do Protocolo quando a pessoa é traficada especificamente para este fim. O tráfico do órgão em si, não se insere nas previsões do documento. Nas notas interpretativas dos trabalhos preparatórios, constam ainda as observações de que a remoção de órgãos de crianças com o consentimento de seus pais ou guardiões, para fins médicos ou terapêuticos legítimos, não são considerados exploração (UN, 2006). Sobre o tráfico de pessoas para extração de órgãos Shelley (2007, p. 128-129) explica que: *"Some cases of organ trafficking are motivated by the same sense of familial obligation. A trafficker will locate a potential provider of a kidney that will be extracted in an operation outside of the seller's home country. The money derived from that organ sale will be used to support a starving family, to provide medical care for an ill relative or provide investment for the family."*

[105] A adoção ilegal, só vai entrar no escopo de aplicação do Protocolo quando se enquadrar como prática similar à escravidão, nos termos do artigo 1º, (d), da Convenção Suplementar para Abolição da Escravatura, o Tráfico de Escravos, e Instituições e Práticas similares à Escravatura. (UN, 2006, p. 347-348). Há, entretanto, outros tratados internacionais sobre os direitos das crianças e sobre o tráfico destas, como a Convenção sobre os Direitos da Criança e seus protocolos facultativos relativos ao envolvimento de crianças em conflitos armados e à venda de crianças, à prostituição infantil e à pornografia Infantil, e a Convenção Interamericana sobre Tráfico Internacional de Menores.

Exploração sexual é uma das mais comuns formas de exploração das vítimas de tráfico[106]: segundo o UNODC (2020), em 2018, 50% de todo o tráfico de pessoas reportado no mundo correspondia ao tráfico para fins de exploração sexual. Nestes casos, as mulheres, crianças e, por vezes, homens, são obrigados a prostituir-se. Ficam enclausurados nos horários em que não estão 'trabalhando' e quando não se comportam são espancados e sofrem ameaças, a si e seus familiares.[107] Quando as mulheres engravidam são obrigadas a abortar e podem ter sérios problemas de saúde em decorrências desta prática. Ainda, ficam vulneráveis a contrair doenças, especialmente as venéreas, como a AIDS.[108]

[106] *"Trafficked women normally only learn they are in a situation of debt-bondage on arrival, when they are taken to a brothel or apartment, locked in or kept under guard, and deprived of their travel and identification documents. During a brutal 'breaking in' period, their objections may be met with threats against them and their families, and severe forms of violence, such as multiple rapes and beatings that are intended to subjugate them and impress upon them the sexual acts they can expect to perform and endure, including violent and unprotected sex."* (DOREVITCH; FOSTER, 2008, p. 10)

[107] *"Unless they have the courage or despair enough to escape into the unknown, women thus entrapped find themselves in a helpless situation. They do not have personal documents, and they usually do not speak the language of the host country in which they reside illegally. They do not have any money because whatever they might earn from their forced sexual services is taken away by the traffickers as reimbursement for their 'debts' for the cost of transportation and subsequent expenses of their upkeep. And their movements are tightly controlled by their 'managers' who frequently transfer them from place to place in order to diminish the risk of being caught by the receiver country authorities and losing their 'merchandise'. The physical violence and psychological suffering experienced by young East and South-East European women trafficked into sexual slavery in western parts of the Continent have been noted in all studies of this phenomenon some of which contain sporadic interviews with the victims. They tell harrowing stories of continued abuse ranging from the imposition of excessive working hours, verbal and physical violence, sexual harassment and rape, hunger, isolation, and fear for their own safety and that of their families at home against whom repeated threats are made by the traffickers and their helpers. In repeated threats are made by the traffickers and their helpers. In addition to this humiliation, they are often used as 'commodities' in the sex trade as the brothel or night club owners often sell them again and again to others when they acquire more attractive (usually meaning younger) victims. The reported prices for East and South-East European women in such transactions range between US $2,500 and $7,000. When they are no longer of use and constitute a burden for their 'employers', they are thrown out to the street."* (MORAWSKA, 2007, p. 102)

[108] As doenças, além de consequência do tráfico, são uma de suas causas: *"The search for younger victims exacerbates the spread of the disease and compounds the probability of youthful victimization. Young trafficked girls are particularly vulnerable to lesions during sexual relations, thereby making them more likely to contract venereal diseases and AIDS. As their symptoms become visible, they are no longer able to serve clients. Therefore, the brothel keepers need to continuously search for new girls to restock their brothels. As a consequence, in Asia trafficking is now extending into regions that previously had been*

A exploração sexual, tanto de vítimas oriundas de sociedades mais liberais, como principalmente das que vêm das mais tradicionais, torna, quando em liberdade, muito difícil a sua reintegração na sociedade de origem[109]. São por vezes 'ostracizadas' e estigmatizadas pelo que passaram[110]. Os traumas psicológicos sofridos ainda complicam a ressocialização destas pessoas, que passam a ter dificuldade na construção de relacionamentos[111]. Morawska (2007, p. 104) comenta que:

> Até o momento não houve estudos sistemáticos sobre o retorno das mulheres traficadas do Leste e Sudeste europeu. O pouco que se sabe indica que aquelas que são repatriadas ou deportadas encontram sérias dificuldades: elas geralmente não têm passaporte ou outros

untouched by the problem." (SHELLEY, 2010, p. 57) .*"The proliferation of HIV-AIDS has contributed in diverse ways to trafficking. Ironically, although the scourge of AIDS should have led to a decline in trafficking and use of prostitutes, the reverse has occurred. The large numbers of untreated AIDS victims in the developing world has produced many orphans or children with ill or single parents. The social stigma attached to AIDS has made many of these children pariahs within their communities. Children with no healthy family members to support them areostracized withn their communities, increasing their vulnerability to traffickers."* (SHELLEY, 2010, p. 57)

109 *"Today, few female victims of sexual trafficking are repatriated after being trafficked because of the limited chances of rescue and the significant costs for transport home. Those who do return may be an enormous burden to their communities. In Egypt, girls who were married to Middles East visitors and are returned to their villages cannot be supported or remarried. Many are retrafficked. Victims return to many locales with severe psychological and health problems that their home communities cannot afford to treat. In Asia, girls and women return to their rural villages addicted to alcohol and drugs after a fast--paced urban life. Without treatment programs at home for their addictions, the victims often spread the problem of drugs abuse to neighbors and family members."* (SHELLEY, 2010, p. 62)

110 *"Many victims of trafficking have illegally emigrated to the countries in which they live and work. Consequently, they risk being prosecuted or deported under domestic immigration laws. Restrictive domestic immigration laws often deter victims of trafficking from reporting the abuses they have suffered and may further victimize the women by requiring their deportation. For them, deportation to their homeland may subject them to further criminal liability under the emigration and prostitution laws of their native countries. In addition, the social stigma and shame that victims might suffer upon return to their home country could lead to their alienation and further victimization."* (TIEFENBRUN, 2002, p. 157)

111 *"Many victims who have been sexually trafficked, if they survive, are permanently psychologically damaged, suffering posttraumatic stress, painful flashbacks anxiety, fear, incapacitating insomnia, depression, sleep disorders, and panic attacks as a result of the conditions described above. For many others loss of appetite, uncontrolled aggression, self-blame, thoughts of suicide, self-harm, and constant crying are common symptoms. One woman articulately summed up her feelings 'I feel like they have taken my smile and I can never have it back.'"* (SHELLEY, 2010, p. 63)

documentos pessoais, muitas vezes são assediadas por guardas de fronteira, ficam relutantes em voltar para suas cidades de origem por causa do medo do ostracismo social, e porque acham que é impossível 'reconhecer-se em sua identidade anterior e estilo de vida'. A investigação psicológica e social sobre a readaptação destas repatriadas à vida de volta nos seus países de origem está, sem dúvida, a espera da iniciativa de especialistas em direitos humanos, sociólogos e psicoterapeutas. Não muito também se sabe sobre o fenômeno aparentemente crescente de 'retráfico', isto é, sobre a negociação repetida das mesmas mulheres para exploração sexual da e através da Europa de Leste para o Ocidente [...].[112]

O tráfico para exploração sexual é um dos mais comuns, mas as demais formas de exploração já mencionadas: para trabalho forçado, escravidão e práticas similares, servidão por dívida, para mendicância, como 'recrutamento' em 'exércitos revolucionários', etc., são igualmente violentas e traumatizantes. As violências e ameaças são da mesma forma constantes e contundentes. Conforme anteriormente exposto, o tráfico de pessoas é praticado, em geral, por grupos criminosos muito estruturados[113], o que eleva o grau de temor que

[112] Tradução livre. No original: *"Thus far there have been no systematic studies of the return of the East and South-East European trafficked women. What little is known indicates that those who are repatriated or deported encounter serious difficulties: they usually have no passport or other personal documents, they are often harassed by frontier guards, and they are reluctant to return to their hometowns because of fear of social ostracism, and because they find it impossible to 'recognize themselves in their previous identity and lifestyle' [...]. The investigation of these returnees' psychological and social re-adaptation to life back in their home countries in certainly awaiting the initiative of human rights specialists, sociologists, and psychotherapists. Not much, either, is known about the apparently growing phenomenon of 're-trafficking', that is, about repeated trading in the same women for sexual exploitation from and through Eastern Europe to the West [...]"*

[113] *"The operation of sex trafficking business – from location and recruitment of candidates in their home countries, transportation across borders, to their exploitation in the place of destination – requires an effective transnational organization. Most common in trafficking East and South-East European women are profession networks consisting of five to 15 people per international 'circuit': mostly, though not exclusively, men, including the boss in each (origin and destination) country, recruiters and/or managers of special travel agencies in the candidates' countries of origin, assistants responsible for security, transport, contacts (bribery) with the authorities, helpers along transit points during transport from the country of origin to that of destination, and, in the latter, collectors of money, managers and supervisors of trafficked women 'employment' (IOM 2001, 2000;Monzini 2005; Morawska, 2003)."* (MORAWSKA, 2007,

atinge as vítimas, uma vez que estas organizações têm membros em diferentes lugares e, mesmo que elas consigam fugir, seus familiares e amigos poderão sofrer alguma retaliação.

Além da dificuldade de resgate destas vítimas, existe ainda a dificuldade de caracterização do crime, pois as próprias vítimas não conseguem enxergar a situação em que se encontram para relatar às autoridades de forma a terem seus direitos garantidos. Nesse sentido:

> Como as pessoas traficadas muitas vezes não entendem que o que aconteceu com elas é um crime, a descrição de sua vitimização pode ser difícil de avaliar, especialmente quando um socorrista não foi treinado para identificar o tráfico humano. Muitos socorristas notam que, antes de ter aprendido mais sobre o tráfico de seres humanos, as histórias de vítimas podem parecem confusas e complexas. É essencial que os governos deem às vítimas de tráfico um período razoável de tempo para se recuperar do trauma imediato; não se pode esperar que os indivíduos se autoidentifiquem ou decidam cooperar com a aplicação da lei em apenas poucos dias, especialmente porque eles normalmente vão ainda estar em crise por algum tempo após a sua libertação. Em vez disso, deve ser dado um período de tempo para superar seu trauma imediato e serem capazes de tomar decisões sobre suas vidas. Vítimas estrangeiras não devem ser devolvidas aos países onde eles podem enfrentar represálias ou dificuldades. Com pessoal treinado e tempo suficiente para as vítimas processarem as suas experiências, torna-se mais fácil a aplicação da lei para obter o relato completo da experiência das vítimas, resultando em melhores evidências e acusações mais bem-sucedidas. (USA, 2012, p. 17)[114]

p. 103) Sobre o tema também: "*Probably the most renowned of all East European traffickers, the Russian network has been the most extensive and best organised. Its close connection to the established Russian mafia global commercial activities including money laundering, extortion, and trafficking of drugs and weapons, makes it more global in scope than other national networks, more efficient and, because of the mafia's well oiled rapport with Russian authorities, less vulnerable to harassment by authorities. Indeed, it has been the Russian sex trafficking networks (beside smaller-scale Chinese chains) that have been responsible for bringing into and through Eastern Europe thousands of women from Asia [...]*" (MORAWSKA, 2007, p. 103)

[114] Tradução livre. No original: "*Because trafficked people often do not understand that what happened to them is a crime, their description of their victimization can be difficult to assess, especially when a first*

Apesar desta ponderação do governo norte-americano demonstrar preocupação com o acolhimento e tratamento das vítimas, percebe-se que mais do que o caráter humanitário, a grande preocupação é com a punição dos agentes do crime. As vítimas, apesar de todas as atrocidades sofridas, a partir do momento da sua identificação, quando não deportadas antes, passam a ser vistas como testemunhas e, normalmente, é mais em razão desta condição do que da de vítima de graves violações de direitos humanos que são tratadas e protegidas pelos Estados, conforme será demonstrado na sequência.

2.3 A proteção às vítimas de tráfico de pessoas

O tráfico de pessoas é um crime que tem seres humanos tanto como objeto como como vítimas. Todavia, uma das grandes dificuldades de tratamento do tema é justamente a conscientização de que as pessoas são **vítimas** e não apenas parte – objeto – do crime.

Os Estados, em geral, encontram maior facilidade e apoio para promover políticas de criminalização de condutas e persecução de agentes do que de proteção de vítimas e pessoas em situação vulnerável. Conforme pode ser observado no Apêndice A, muito embora a Convenção contra o Crime Organizado Transnacional (UN, 2000a) e o Protocolo sobre Tráfico de Pessoas (UN, 2000b) sejam documentos muito mais recentes do que a Convenção e o Protocolo sobre refugiados, aqueles já contam com um número superior de assinaturas, ou seja, obtiveram uma aceitação muito mais ampla.

A Convenção contra o Crime Organizado Transnacional e Protocolo sobre o Tráfico de Pessoas ocupam-se, majoritariamente, de previsões sobre

responder has not been trained to identify human trafficking. Many first responders note that, before they have learned more about human trafficking, victim stories may seem confusing and complex. It is essential that governments give trafficking victims a reasonable length of time to recover from the immediate trauma; individuals cannot be expected to self-identify or decide to cooperate with law enforcement in only a few short days, especially because they will typically still be in crisis for some time after their release. Instead, they should be accorded a period of time to overcome their immediate trauma and be able to make decisions about their lives. Foreign victims should not be returned to countries where they may face retribution or hardship. With trained personnel and sufficient time for victims to process their experiences, it becomes easier for law enforcement to get the full account of what victims' experienced, resulting in better evidence and more successful prosecutions."

o combate e punição dos criminosos. Conforme já mencionado, as disposições sobre proteção às vítimas foram escritas em uma linguagem menos contundente, mantendo a discricionariedade dos Estados para legislar sobre a forma de tratamento destas, sempre dentro das suas possibilidades. Ou seja, há de se observar a vontade dos Estados em prol da construção de uma legislação robusta em termos de combate ao tráfico de pessoas e, igualmente, ao desenvolvimento de políticas públicas que possibilitem o seu enfrentamento.

Os Estados, tanto os que possuem legislação sobre o tema anterior ao Protocolo, como os que começaram a se adequar após a sua ratificação, mantêm este padrão mencionado: prioridade no combate e punição aos agentes em detrimento do tratamento e proteção das vítimas.

É de suma importância, obviamente, para a diminuição da ocorrência deste tipo de prática, o combate aos agentes. Todavia, as políticas de combate a este tipo de crime – como as de quase todas as modalidades de crime organizado – têm poucos resultados expressivos em curto prazo. De acordo com o UNODC, na publicação *The Globalization of Crime: A Transnational Organized Crime Assesment* (2010, p. 3), o crime organizado funciona como o mercado, por oferta e demanda, e, mesmo quando determinados grupos são identificados e punidos, sempre existem outros dispostos a assumir o risco do negócio, tendo em vista a alta lucratividade ainda atingida por estas práticas e a dificuldade de comprovação da configuração da conduta típica para um combate efetivo pelas forças policiais e pelo judiciário, na maioria dos países.

A demanda e os 'demandantes' dos 'produtos' e 'serviços' provenientes do tráfico de pessoas é que são os propulsores de todo este movimento. Entretanto, é a parte mais difícil de ser atingida por qualquer medida. É muito mais fácil prender e punir o *coyote* do que o empresário que se utiliza da mão de obra escrava, ou o cafetão, do que o cliente das casas de prostituição.[115] Conforme explicam Zaffaroni e Pierangeli (2015, p. 73-74),

[115] Na contramão desta lógica, a Suécia adotou uma legislação que pune os clientes de prostituição como medida para coibir a prática. Neste país, as prostitutas não são criminalizadas e, ainda, há políticas de apoio psicológico e financeiro para as que são vítimas de tráfico, para que retornem a suas casas, ou a possibilidade de que fiquem, com apoio de entidades sociais. (TRINDADE, 2013a; TRINDADE, 2013b)

> [...] o sistema penal seleciona pessoas ou ações, como também criminaliza certas pessoas segundo sua classe e posição social. [...] Há uma clara demonstração de que não somos todos igualmente "vulneráveis" ao sistema penal, que costuma orientar-se por "estereótipos" que recolhem os caracteres dos setores marginalizados e humildes, que a criminalização gera fenômeno de rejeição do etiquetado[116] como também daquele que se solidariza ou contata com ele, de forma que a segregação se mantém na sociedade livre. A posterior perseguição por parte das autoridades com rol de suspeitos permanentes, incrementa a *estigmatização* social do criminalizado.

Desta noção de seletividade penal é possível extrair também a extensão dos seus efeitos a aqueles que se solidarizam com a população estigmatizada. Não tem sido incomuns notícias dando conta das tentativas de criminalização, especialmente na Europa, das pessoas e organizações não-governamentais que dão auxílio aos migrantes irregulares[117-118], o que demonstra que a noção desenvolvida para o direito penal interno pode também ser aplicada ao direito penal transnacional e ao direito internacional.[119]

116 Expressão derivada da Teoria do Etiquetamento, ou *labelling approach*, que na criminologia explica como a estigmatização contribui para a perpetuação da criminalidade e da própria estigmatização, gerando uma cadeia viciosa que se retroalimenta. (SHECAIRA, 2014).

117 PARLAMENTO DA HUNGRIA aprova lei que criminaliza auxílio a imigrantes. **Opera Mundi.** Política e economia. São Paulo, 20 jun. 2018. Disponível em: https://operamundi.uol.com.br/politica-e-economia/49606/parlamento-da-hungria-aprova-lei-que-criminaliza--auxilio-a-imigrantes. Acesso em: 15 set. 2018.

118 FRANCO, Daniella. Delito de solidariedade: quando ajudar migrantes pode ser crime na França. **rfi.** França. [*s.l.*], 30 abr. 2018. Disponível em: http://br.rfi.fr/franca/20180430--atos-de-solidariedade-aos-migrantes-podem-ser-considerados-crime-na-franca. Acesso em: 15 set. 2018.

119 Boaventura de Sousa Santos, com sua metáfora da linha abissal que divide o mundo, a sociedade, explica, de certa forma, como isso se naturaliza. As pessoas estigmatizadas, como, em geral, as vítimas de tráfico oriundas de países do Sul, são vistas como sub-humanas. O direito, os direitos humanos, são direitos da humanidade. Para "eles" não há direito quando isto implicar em alterar qualquer coisa para a "humanidade". Ele diz: "Existe, portanto, uma cartografia moderna dual: a cartografia jurídica e a cartografia epistemológica. O outro lado da linha abissal é um universo que se estende para além da legalidade e ilegalidade, para além da verdade e da falsidade. Juntas, estas formas de negação radical produzem uma ausência radical, a ausência de humanidade, a sub-humanidade moderna. Assim, a exclusão torna-se simultaneamente radical e inexistente, uma vez que seres sub-humanos não são considerados

Nesse sentido, muito embora este não seja o enfoque do presente trabalho, é importante destacar, como já vem sendo feito há tempos na literatura sobre direito penal e criminologia, que não é a intensificação nas medidas de punição que promovem a diminuição de uma prática delituosa. São diversos fatores congregados, desde a qualidade de vida até a educação das populações. Ou seja, a preferência pela adoção de medidas de combate e punição dos agentes está pautada em um discurso ainda muito arraigado na maioria das sociedades, mas que não encontra reflexos efetivamente positivos quanto a estas práticas, como seria a diminuição da criminalidade com o aumento das prisões.

É mais fácil, e mais barato[120], para os Estados promoverem modificações na legislação penal do que promover campanhas de conscientização sobre as

sequer candidatos à inclusão social. A humanidade moderna não se concebe sem uma sub-humanidade moderna. A negação de uma parte da humanidade é sacrificial, na medida em que constitui a condição para a outra parte da humanidade se afirmar enquanto universal. [...] O meu argumento é que esta realidade é tão verdadeira hoje como era no período colonial. O pensamento moderno ocidental continua a operar mediante linhas abissais que dividem o mundo humano do sub-humano, de tal forma que princípios de humanidade não são postos em causa por práticas desumanas. As colónias representam um modelo de exclusão radical que permanece actualmente no pensamento e práticas modernas ocidentais como acontece no ciclo colonial. Hoje, como então, a criação e ao mesmo tempo a negação do outro lado da linha fazem parte integrante de princípios e práticas hegemónicos. Actualmente, Guantánamo representa uma das manifestações mais grotescas do pensamento jurídico abissal, da criação do outro lado da fractura enquanto um não território em termos jurídicos e políticos, um espaço impensável para o primado da lei, dos direitos humanos e da democracia. Porém, seria um erro considerá-lo uma excepção. Existem muitos Guantánamos, desde o Iraque à Palestina e a Darfur. Mais do que isso, existem milhões de Guantánomos nas discriminações sexuais e raciais quer na esfera pública, quer na privada, nas zonas selvagens das megacidades, nos guetos, nas *sweatshops*, nas prisões, nas novas formas de escravatura, no tráfico ilegal de órgãos humanos, no trabalho infantil e na exploração da prostituição." (SANTOS, 2009, p. 30-31)"

120 Corroborando com tal afirmação, destaca-se a seguinte passagem do documento do Ministério da Justiça (2008), sobre a Política Nacional de Enfrentamento ao Tráfico de Pessoas, em relação aos gastos referentes às políticas públicas brasileiras acerca do enfrentamento ao tráfico de pessoas (p. 26): "O Escritório das Nações Unidas contra Drogas e Crime (UNODC) apostou desde 2004 numa parceria com o governo federal para iniciar o processo de políticas de enfrentamento do tráfico de pessoas no Brasil, por meio de um projeto piloto que focou apenas quatro estados (Rio de Janeiro, São Paulo, Goiás e Ceará). Um levantamento sobre o tráfico nestas regiões, baseado em processos judiciais, capacitações através de seminários e oficinas e a instalação de Escritórios para Vítimas de Tráfico de Seres Humanos foram as principais estratégias. O orçamento total do projeto foi de 400 mil dólares, sendo 300 mil do

causas e consequências do tráfico e ações de proteção às vítimas deste crime. Assim, os países que ratificaram o Protocolo sobre o Tráfico de Pessoas (UN, 2000b) têm, normalmente, promovido modificações legislativas no sentido de tipificar este crime em suas várias modalidades e condicionado a proteção e tratamento das vítimas à colaboração com as investigações. Em outras palavras, a dignidade humana e o bem-estar das vítimas são considerados menos relevantes do que a punição dos agentes.

O Protocolo de Palermo (UN, 2000b) elenca como medidas a serem tomadas pelos Estados para proteção das vítimas: a proteção à privacidade, a intimidade e a confidencialidade dos procedimentos judiciais (art. 6º(1)), direito de acesso à informação sobre os processos judiciais e administrativos e assistência para se manifestar durante o trâmite destes (art. 6º(2)); assistência para a recuperação física, psicológica e social das vítimas, incluindo alojamento, aconselhamento e informação, assistência médica, psicológica e material, oportunidade de emprego, educação e formação (art. 6º(3)); cuidados especiais com as necessidades específicas das vítimas, especialmente crianças (art. 6º(4)); garantia da segurança enquanto estiverem no seu território (art. 6º(5)); possibilidade de obter indenização judicial (art.6º(6)); possibilidade de permanecer de forma temporária ou permanente no seu território, tomando em conta fatores humanitários e pessoais (art. 7º); facilitação do repatriamento, preferencialmente de forma voluntária, zelando pela segurança da vítima durante o processo (art. 8º).

Apesar do grande número de ratificações do Protocolo de Palermo (UN, 2000b), nas legislações nacionais da maioria dos países não foram acatadas completamente as 'sugestões' do documento, tendo sido elaboradas leis que, especialmente no que concerne a proteção e a manutenção das vítimas no território, foram extremamente conservadoras e interesseiras. Criaram-se critérios discriminatórios e categorias de vítimas que podem gozar destes benefícios, que, em geral, são apenas as que tiverem vontade e condições de depor e forem consideradas úteis para auxiliar nos procedimentos investigatórios e de persecução criminal.

Ministério da Justiça e 100 mil do UNODC, segundo o relatório de auditoria da Controladoria Geral da União, um valor que não assusta o mundo dos traficantes."

A título exemplificativo foram selecionados alguns países e regiões de diferentes continentes que possuem relevância no cenário do tráfico de pessoas, e aos quais se teve maior facilidade de acesso às informações, para fazer uma análise ilustrativa de como é tratada a questão da proteção às vítimas, em termos legais, nos mesmos. Assim, a partir daqui, serão apresentados os panoramas referentes aos EUA[121], União Europeia, África do Sul, sudeste asiático (Camboja, Laos, Malásia, Mianmar, Tailândia e Vietnã), Austrália e Brasil.

Os EUA, no ano 2000, antes mesmo da finalização do Protocolo sobre o Tráfico de Pessoas, aprovou a Lei de Proteção às Vítimas de Tráfico e Violência[122] (TVPA), a qual foi reautorizada em 2003, em 2005, em 2008, em 2013 como emenda à Lei sobre Violência contra a Mulher (USA, 2014) e novamente em 2017. Esta lei é bastante completa e, mesmo anterior ao documento, está em consonância com as diretrizes do Protocolo sobre o Tráfico de Pessoas que foi ratificado pelos EUA apenas em novembro de 2005.

A TVPA traz disposições não só de proteção às vítimas, mas também quanto à prevenção, combate e punição aos agentes[123], assim como promove políticas de elaboração de relatórios e estudos sobre o tema, tanto referentes aos EUA, como ao resto do mundo. A lei apresenta um programa específico de proteção às vítimas e às testemunhas, mas a principal inovação é o visto específico para as vítimas de tráfico, o chamado *T-Visa*[124], para as vítimas de formas severas de tráfico[125].

[121] De acordo com os 'Propósitos e Constatações' da TVPA, aproximadamente 50.000 mil pessoas são traficadas para os EUA todos os anos. (USA, 2000).

[122] *Victims of Trafficking and Violence Protection Act* (TVPA)

[123] A pena para tráfico para fins sexuais, nos EUA, passou de um mínimo de 10 anos, para um mínimo de 20 anos podendo chegar à prisão perpétua. (TIEFENBRAUN, 2002, p. 161)

[124] *"(3) Authority to permit continued presence in the United States. – Federal law enforcement officials may permit an alien individual's continued presence in the United States, if after an assessment, it is determined that such individual is a victim of a severe for of trafficking and a potential witness to such trafficking in order to effectuate prosecution of those responsible, and such officials in investigating and prosecuting traffickers shall protect the safety of trafficking victims, including taking measures to protect trafficked persons and their family members from intimidation threats of reprisals, and reprisals from traffickers and other associates."* (USA, 2000, sec. 107)

[125] *"(8) Severe forms of trafficking in persons. – The term 'severe forms of trafficking in persons' means – (A) sex trafficking in which a commercial sex act is induced by force, fraud, or coercion, or in which the person induced to perform such act has not attained 18 years of age; or (B) the recruitment, harboring, transportation, provision, or obtaining of a person for labor or services, through the use of force, fraud,*

Para ser elegível a este visto, que tem um número de concessões limitado, a pessoa precisa admitir ter sido vítima de tráfico e haver elementos que corroborem a alegação, bem como aceitar colaborar com a persecução de seu traficante. O visto pode ser estendido a parentes, bem como permite a concessão de autorização de trabalho. Pode valer por até três anos e depois ser transformado em um de *status* permanente por razões humanitárias, se necessário (TIEFENBRUN, 2002). Durante a validade do visto as vítimas recebem abrigo e assistência, sendo elegíveis para os mesmos benefícios que os estrangeiros admitidos como refugiados.[126]

O principal problema da lei é, mais uma vez, a prevalência do interesse do Estado em punir o criminoso em detrimento da proteção à vítima. A vítima que não possui condições física, psicológica e até probatória para depor, não é formalmente elegível para qualquer benefício, podendo ser criminalizada pela prática da prostituição na esmagadora maioria dos estados estadunidenses[127], ou por ser imigrante irregular, o que lhe renderá uma prisão e deportação, sem maior atenção a sua vulnerabilidade, quando isto for conveniente para o Estado.

A União Europeia é signatária do Protocolo sobre Tráfico de Pessoas, bem como possui documentos específicos sobre o tema no âmbito da região: a Convenção do Conselho da Europa relativa às medidas contra o Tráfico de Pessoas[128] e a Diretiva do Parlamento Europeu e do Conselho

or coercion for the purpose of subjection to involuntary servitude, peonage, debt bondage, or slavery." (USA, 2000, sec. 103)

126 *"(A) Eligibility for Benefits and Services. – Notwithstanding title IV of the Personal Responsibility and Work Opportunity Reconciliation Act of 1996, an alien Who is a victim of a severe form of trafficking in persons shall be eligible for benefits and services under any Federal or State program or activity funded or administered by any official or agency described in subparagraph (B) to the same extent as an alien who is admitted to the United States as a refugee under section 207 of the Immigration and Nationality Act."* (USA, 2000, sec. 107)

127 A exceção fica por conta de algumas cidades dos estados de Nevasca e de Nova Iorque.

128 *Council of Europe Convention on Action against Trafficking in Human Beings.* Países que haviam ratificado a Convenção em 05 de janeiro de 2014: Albânia, Alemanha, Andorra, Armênia, Áustria, Azerbaijão, Bélgica, Bielorrússia, Bósnia e Herzegovina, Bulgária, Croácia, Chipre, Dinamarca, Eslováquia, Eslovênia, Espanha, Finlândia, França, Geórgia, Hungria, Islândia, Irlanda, Itália, Letônia, Lituânia, Luxemburgo, Macedônia, Malta, Moldávia, Montenegro, Noruega, Países Baixos, Polônia, Portugal, Romênia, São Marinho, Reino Unido, Sérvia, Suécia, Suíça e Ucrânia. (Informação disponível em: http://conventions.coe.int/Treaty/Commun/ChercheSig.asp?NT=197&CM=8&DF=&CL=ENG.)

sobre o Combate ao Tráfico de Pessoas de 2011[129], que substituiu a anterior, de 2002[130].

Essa Convenção do Conselho da Europa prevê, quanto ao tratamento das vítimas, que a estas seja concedida assistência para sua recuperação física, psicológica e social, e que os Estados adotem medidas legislativas para assegurar que a assistência às vítimas não fique condicionada à vontade de testemunhar. Ainda, é previsto que, quando houver razões suficientes para acreditar que uma pessoa é vítima de tráfico, a ela deve ser concedido um período de reflexão de pelo menos 30 dias, para que possa se recuperar e tomar uma decisão sobre cooperar ou não com as autoridades. Por fim, está previsto que as Partes emitirão permissões de residência renováveis às vítimas quando a autoridade competente considerar que a sua estada é necessária devido à sua situação pessoal e/ou quando considerar que a sua estada é necessária para cooperação com as autoridades na investigação ou procedimentos criminais. Ressalta-se no mesmo dispositivo que a concessão desta permissão não deve prejudicar o direito da pessoa em procurar e gozar de asilo (COUNSIL, 2005).

Quanto às Diretivas, a de 2002, em relação ao Protocolo de Palermo (UN, 2000b), avançava especialmente em questões específicas sobre o combate e punição dos agentes. Todavia, quanto à proteção das vítimas, havia determinações específicas apenas em relação às crianças (GALLAGHER, 2010; EU, 2002).

A presente Diretiva[131] passou também a abranger os temas que estavam na Diretiva do Conselho sobre Permissões de Residência de Curto-Prazo[132] que adotava um 'padrão-mínimo', com base nos regimes nacionais que já haviam sido estabelecidos em alguns países europeus[133], para permitir que as vítimas de tráfico cooperassem com as autoridades judiciais provendo assistência e permissões de residência temporária. Antes da concessão da residência temporária, entretanto, estava prevista a possibilidade de um período de graça, um período

[129] *Directive 2011/36/EU of the European Parliament and of the Council of 5 April 2011 on preventing and combating trafficking in human beings and protecting its victims, and replacing Council Framework Decision 2002/629/JHA*

[130] *Council Framework Decision 2002/629/JHA of 19 July 2002 on combating trafficking in human beings.*

[131] Reino Unido e Dinamarca não estão vinculados a esta diretiva.

[132] *EU Council Directive on Short-Term Residency Permits*

[133] Bélgica (1994); Itália (1998); Países Baixos (2000); Espanha (2000); França (2000); e Grécia (2002). (GALLAGHER, 2010)

de reflexão, fixado pelos Estados membros, para que a vítima pudesse se recuperar da influência dos traficantes e refletir sobre seu interesse em colaborar ou não com as autoridades. Neste período, as vítimas identificadas não poderiam ser expulsas e deveriam receber atendimento médico e psicológico. O início e término deste período, bem como a possibilidade de extensão do mesmo são de competência de cada Estado membro (GALLAGHER, 2010). Tais previsões foram mantidas na nova Diretiva[134], na qual, entretanto, foram ampliadas as previsões sobre a proteção e assistências às vítimas, mas quase sempre de forma vinculada ao processo criminal. Entretanto, é relevante observar que foi incluída nesta Diretiva, no parágrafo 3 do Artigo 11, disposição que prevê que:

> Os Estados Membros devem tomar as medidas necessárias para assegurar que a assistência e suporte às vítimas não sejam condicionadas à vontade da vítima em cooperar com a investigação criminal, persecução ou julgamento, sem prejuízo da Diretiva 2004/81/EC[135] ou legislações nacionais similares (EU, 2011)[136].

[134] *"(18) It is necessary for victims of trafficking in human beings to be able to exercise their rights effectively. Therefore assistance and support should be available to them before, during and for an appropriate time after criminal proceedings. Member States should provide for resources to support victim assistance, support and protection. The assistance and support provided should include at least a minimum set of measures that are necessary to enable the victim to recover and escape from their traffickers. The practical implementation of such measures should, on the basis of an individual assessment carried out in accordance with national procedures, take into account the circumstances, cultural context and needs of the person concerned. A person should be provided with assistance and support as soon as there is a reasonable-grounds indication for believing that he or she might have been trafficked and irrespective of his or her willingness to act as a witness. In cases where the voctim does not reside lawfully in the Member State concerned, assistance and support should be provided unconditionally at least during the reflection period. If, after completion of the identification process or expiry of the reflection period, the victim is not considered eligible for a residence permit or does not otherwise have a lawful residence in that Member State, or if the victim has left the territory of that Member State, the Member State concerned is not obliged to continue providing assistance and support to that person on the basis of this Directive. Where necessary, assistance and support should continue for an appropriate period after the criminal proceedings have ended, for example if medical treatment is ongoing due to the severe physical or psychological consequences of the crime, or if the victim's safety is at risk due to the victim's statements in those criminal proceedings."* (EU, 2011)

[135] *Council Directive 2004/81/EC of 29 April 2004 on the residence permit issued to third-country nationals who are victims of trafficking in human beings or who have been the subject of an action to facilitate illegal immigration, who cooperate with the competent authorities*

[136] Tradução livre. No original: *"Member States shall take the necessary measures to ensure that assistance and support for a victim are not made conditional on the victim's willingness to cooperate in*

A União Europeia, portanto, combinando as disposições da Convenção do Conselho e as Diretivas do Parlamento, quando comparada a grande maioria das demais legislações vigentes sobre a temática, apresenta um arcabouço legal bastante completo sobre o tráfico de pessoas, abrangendo aspectos da prevenção, punição e o tratamento das vítimas. Apesar disso, quanto à proteção às vítimas, muito embora conte com determinações mais favoráveis, especialmente quanto aos cuidados iniciais das vítimas de tráfico, manteve-se a delegação aos Estados membros da palavra final no que concerne ao tratamento e possível permanência da vítima em seus territórios, sobretudo quando estas não tiverem condições de colaborar com as investigações.

Muitos países do continente rapidamente adequaram a sua legislação às diretrizes europeias, enquanto outros tiveram que ser compelidos a isto, como a Espanha e a Itália (EU, 2013), que estão entre os principais destinos do tráfico[137].

A África do Sul, um dos países de maior trânsito e recepção de vítimas do tráfico no continente africano, tornou-se signatária apenas em julho de 2013 da lei sobre prevenção e combate ao tráfico (SOUTH AFRICA, 2013)[138]. A nova legislação segue, em geral, os parâmetros delineados no Protocolo sobre o Tráfico de Pessoas (UN, 2000b), o qual foi ratificado pelo país em 2004. A lei sofreu algumas alterações nos anos de 2015[139] e 2017[140].

No que concerne à proteção às vítimas, é determinado que assim que estas forem identificadas, sejam providos assistência e tratamento médico, bem como que a pessoa seja conduzida a um abrigo. Após este tratamento inicial, porém, só há previsões de proteção para os casos de pessoas em que

the criminal investigation, prosecution or trial, without prejudice to Directive 2004/81/EC or similar national rules."

137 Em 2013, na Espanha a lei que regia a possibilidade de residência temporária às vítimas de tráfico era o *Real Decret 557/2011, de 20 de abril, por el que se aprueba el Reglamento de la Ley Orgánica 4/2000, sobre derechos y liberdade de lós extranjeros em España y su integración social, tras su reforma por la Ley Orgánica 2/2009*, nos artigos 140 à 146. Na Itália, por sua vez, a lei referente ao tema era a *Legge 11 agosto,n. 228, 'Misure ontro la tratta di persone'*, no seu artigo 13, que falava da assistência as vítimas e que, no caso de serem estrangeiras, determinava que deveriam ser observadas as disposições do artigo 18 do *Decreto Legislativo 25 luglio 1998, n. 286, 'Texto único delle disposizioni concernenti la disciplina dell'immigrazione e norme sulla condizione dello straniero'*, o qual se refere a estadia por razões de proteção social.

138 *Act No. 7 of 2013Prevention and Combating of Trafficking in Persons Act, 2013.*

139 *Act No. 24 of 2015: Judicial Matters Amendment Act, 2015.*

140 *Act No. 8 of 2017: Judicial Matters Amendment Act, 2017.*

há possibilidade de cooperação com as investigações e procedimentos criminais. O documento dispõe que é possível conceder um visto de visitante para um período de reflexão de até três meses para quem tiver sido descrito pelas autoridades como vítimas do tráfico e que o Comissário Nacional do Serviço de Polícia da África do Sul tenha, por escrito, confirmado que pode estar apta a auxiliar a investigação policial (2013, p. 22). Após um período de 30 dias da concessão do visto de visitante, se a pessoa não quiser ou não puder colaborar, deverá ser encaminhada ao Serviço de Desenvolvimento para determinar se é seguro repatriá-la para o país de origem ou para o país de onde foi vítima do tráfico. Se esta pessoa continuar sem querer ou poder colaborar, após a expiração de seu visto será repatriada, devendo, entretanto, ser observada a sua segurança durante o processo de repatriação, no local para o qual vai ser repatriada e o risco de ser lesionada ou morta, sendo dever da autoridade entrar em contato com a família ou instituições que tratem de vítimas do tráfico no país para o qual a vítima retornará. Há possibilidade de solicitação de residência permanente no país apenas para as pessoas que colaboraram com as investigações e que, em virtude da sua colaboração, possam ser lesionadas ou mortas se repatriadas (SOUTH AFRICA, 2013).

É bastante claro na lei sul-africana que a solicitação, manutenção ou extensão da validade do visto depende, portanto, da solicitação e interesse das autoridades policiais na manutenção da vítima no território do país para cooperar com as investigações. Assim, apesar de apresentar uma preocupação com a segurança das vítimas que não quiseram ou não puderam colaborar com as autoridades – por circunstâncias pessoais, ou por não ter sido considerada interessante – no processo de repatriamento, não é apresentada alternativa ou solução na lei para as situações em que se verificar não ser segura a volta. Além disso, a solicitação do visto de visita para o período de reflexão é de competência da autoridade policial. Entende-se que, no caso de identificação de uma vítima de tráfico, deveria ser compulsório tal pedido, mas pelo texto da lei, parece haver discricionariedade da autoridade nos casos, solicitando apenas para as pessoas que considerar aptas e úteis para as investigações. Assim, apesar de recente e bastante completa, a legislação sul-africana apresenta graves lacunas no que concerne à proteção às vítimas, especialmente àquelas que não querem ou não podem colaborar, para as quais o repatriamento é o destino previsto.

A região do Sudeste asiático é um dos principais polos de tráfico de pessoas no mundo – em termos comparativos, segundo o UNODC (2020, p. 32), em 2018, o número de vítimas documentadas do tráfico humano que se encontravam na região era de 7.644 (sete mil, seiscentos e quarenta e quatro) pessoas, enquanto na região da América do Sul, por exemplo, o número era de 3.421 (três mil, quatrocentos e vinte e uma) vítimas. A ONU possui um projeto específico sobre o tema na região, o *United Nations Inter-Agency Project on Human Trafficking* (UNIAP)[141]. Em relatório realizado por este projeto, foi verificado que dentre os países estudados – Camboja, China[142], Laos[143], Malásia, Mianmar, Tailândia e Vietnã[144] – apenas Camboja, Malásia, Mianmar e Tailândia possuíam legislação sobre o tema em 2010[145]. Segundo o relatório mencionado (UNIAP, [2013]), no que concerne à proteção às vítimas:

a) **Camboja** possui disposições legais que garantem apenas a privacidade da identidade das vítimas e direito à indenização, mas é silente quanto aos demais direitos previstos no Protocolo;
b) **Laos** possui previsões somente quando se trata de vítimas mulheres ou crianças quanto à privacidade, alojamento, alimentação, vestimenta, assistência médica, reabilitação para reintegração na sociedade,

[141] *United Nations Inter-Agency Project on Human Trafficking.*

[142] *"Trafficking in persons is not criminalized under law. Trafficking in women and children is criminalized under Article 240 of the Criminal Law of the People's Republic of China (1997)."* (UNIAP, [2013], p. 16)

[143] *"Whilst Article 134 of the Lao Penal Law (2005) criminalizes trafficking in persons, Lao PDR does not have a comprehensive standalone trafficking in persons law that applies to all victims. Although the provisions within the Lao Law on Development and Protection of Women (2004) criminalize the act of trafficking in women and children and provide more comprehensive rights and protections as specified in the Protocol, these provisions do not apply to men."* (UNIAP, [2013], p. 11)

[144] *"Trafficking in persons is not criminalized under Law. Trafficking in women and children is criminalized under Articles 119 and 120f the Vietnam Penal Code (1999)."* (UNIAP, [2013], p. 22)

[145] De acordo com novo relatório, em 2015 o Camboja desenvolveu ferramentas para implementar a Política e os Padrões Mínimos para Proteção dos Direitos das Vítimas de Tráfico Humano. A China aprovou uma emenda à sua Lei Criminal para fortalecer a cláusulas sobre tráfico de pessoas e modificou as políticas sobre adoção de crianças traficadas cujos pais biológicos não podem ser encontrados. O Laos aprovou a primeira lei anti-tráfico de pessoas. A Tailândia finalizou a terceira emenda à Lei Anti-Tráfico de Pessoas para incluir a servidão por dívida como fator caracterizador do tráfico. O Vietnã revisou o Código Penal para incluir o tráfico de homens como crime. (UM-ACT, [2013])

aconselhamento, treinamento para o trabalho, segurança, indenização, assistência para repatriação, bem como o direito de não ser criminalizada pelas condutas de tráfico, prostituição e imigração ilegal;

c) **Malásia** garante o direito à privacidade, bem como a um alojamento, mas em circunstâncias muito parecidas com as de uma prisão, pois deve ser determinada por um magistrado e no caso de fuga será recapturada e voltará para o alojamento por período estendido.[146] Há previsão sobre assistência médica, mas com base na opinião do responsável pela custódia da pessoa. O direito à permanência no país é por um período de três meses contados da data da Ordem de Proteção, a qual pode ser estendida apenas para completar a colheita de provas ou por alguma circunstância excepcional determinada pelo magistrado. Quando do término do período da Ordem de Proteção, a pessoa deve ser solta e, sendo estrangeira, entregue às autoridades de imigração que devem seguir os procedimentos da lei de imigração, bem como tomar as medidas necessárias para facilitar o retorno da pessoa ao seu país de origem sem demora e com os cuidados necessários para a sua segurança. Há proibição de criminalização somente da entrada ilegal e permanência ilegal das vítimas no país, bem como da posse de documentos fraudados obtidos para entrada no país, apenas quando estas condutas tiverem relação direta com o tráfico de pessoas;

d) **Mianmar** possui previsões sobre a privacidade das vítimas, alojamento adequado, aconselhamento, tratamento médico, educação para o trabalho, segurança, indenização, direito a residência temporária (apenas enquanto a vítima estrangeira for solicitada para depor no procedimento criminal), repatriação para o país de origem; direito a não ser processada criminalmente apenas com relação aos delitos previstos na lei contra o tráfico de pessoas;

e) **Tailândia** garante o direito à privacidade, e a um abrigo adequado, mas este sem ser ouvida a opinião da mesma, sendo mantida em 'custódia' mandatória por decisão da autoridade, aconselhamento,

[146] *"The use of the term 'unlawfully at large' and the fact that the trafficked person is then punished by extension of the custody period suggest that the person is a criminal in custody rather than a trafficked person placed in a refuge for care and protection. Therefore, the provisions in the law may not be fully consistent with the intention of the Protocol."* (UNIAP, [2013], p. 32)

> tratamento médico, reabilitação mental, física e psicológica, educação e treinamento, segurança da vítima e familiares, indenização, direito a residência temporária enquanto a pessoa estiver processando o seu ofensor com base na lei contra o tráfico, ou residência permanente, mas apenas em conformidade com a lei de imigrações ou com liberação pelo Ministro do Interior, assistência para a repatriação, não ser processados criminalmente por entrada e permanência ilegal no país, dar informação falsa, utilização de documentos fraudados, ou crimes previstos na legislação sobre prostituição.

Com base no exposto é possível perceber que, muito embora seja uma das regiões mais afetadas pelo tráfico de pessoas, as legislações dos países do sudeste asiático são bastante incompletas e apresentam várias ressalvas no que concerne aos direitos das vítimas. Quando se trata das vítimas estrangeiras, é previsto, em geral, o primeiro atendimento e assistência, mas se não quiserem ou não puderem colaborar, o destino será a repatriação. Em particular, no caso da Malásia e da Tailândia, o alojamento das vítimas é feito sem o seu consentimento, as quais ficam detidas, como um criminoso, enquanto durar os procedimentos de investigação.

Na Austrália não há uma legislação específica sobre o tráfico de pessoas, mas desde 2003 iniciativas mais contundentes e programas governamentais foram lançados para tratar do assunto, tendo sido emitido, em outubro de 2013, um Plano de Ação para Erradicar o Tráfico de Pessoas[147] (UNIVERSITY OF QUEENSLAND, 2012a). Este plano de ação traça um compromisso do país em cumprir com as previsões do Protocolo sobre o Tráfico de Pessoas. Ainda em 2004 foi implementada uma estrutura de vistos para vítimas de tráfico[148], especialmente para aquelas que possuem interesse ou possam auxiliar nas investigações e processos. Estes vistos permitem que o estrangeiro permaneça legalmente na Austrália por períodos variados; ao mesmo tempo, permite também acesso limitado a alguns serviços sociais providos pelo Programa do Governo de Apoio às Vítimas do Tráfico de Pessoas[149] (UNIVERSITY OF

[147] *Action Plan Eradicate Trafficking in Persons*

[148] *People Trafficking Visa Framework*

[149] *Government's Support for Victims of People Trafficking Program*

QUEENSLAND, 2012b), tais como: tratamento médico; aconselhamento legal e migratório; suporte social; treinamento para o desenvolvimento de habilidades, incluindo aulas de inglês; etc.

Em 2009, realizou-se uma alteração no regulamento e, desde então, observam-se três fases e categorias de visto: 1) *Bridging Visa F (Class WF)*: é um visto com o intuito de conceder proteção de curto-prazo para a suposta vítima de tráfico a fim de que fique regularmente no país enquanto recebe assistência inicial e decide se vai ou não cooperar com as investigações e processos criminais. Tem uma validade de 45 dias e pode ser concedido a qualquer pessoa que tenha sido identificada como possível vítima de tráfico; 2) *Criminal Justice Stay Visa (CJSV)*: este é um visto não apenas concedido para as vítimas de tráfico, mas para qualquer pessoa que deva ficar no território do país por interesse da administração da justiça. É um visto que substituiu outro que a pessoa eventualmente possuía e é mantido enquanto for de interesse da justiça. Com este visto a pessoa pode trabalhar e acessar benefícios oferecidos pelo governo; contudo, é proibida de solicitar outro enquanto estiver na Austrália. Assim, quando finalizado o procedimento criminal, a pessoa será deportada, a não ser que lhe seja concedido um visto de proteção ou visto de proteção à testemunha; 3) *Witness Protection (Trafficking) (Permanent) Visa (Class DH)*: é um visto concedido a vítimas do tráfico que tenham prestado contribuição a investigação ou processo criminal. Assim, toda a vítima de tráfico que se enquadre na proteção à testemunha é imediatamente elegível para um visto permanente na Austrália. A pessoa não necessita estar na Austrália para ser elegível ao visto, o qual pode ser concedido também para familiares, que estejam ou não no país. Este visto concede aos detentores todos os direitos trabalhistas, bem como programa de saúde e assistência do governo (UNIVERSITY OF QUEENSLAND, 2012b).

Em 2016 foi realizada nova alteração na regulamentação pertinente aos vistos para as vítimas de tráfico de pessoas na Austrália, com a entrada em vigor do novo *Human Trafficking Visa Framework [HTVF]*. Atualmente existem apenas dois tipos de vistos para essas pessoas. O *Bridging F Visa* que concede uma proteção de curto prazo para pessoas sobre as quais haja suspeita de que tenham sido vítimas de tráfico de pessoas. Este visto é válido inicialmente por 90 dias e será concedido a sujeitos identificados pelas autoridades como possíveis vítimas de tráfico, independentemente de poderem ou quererem colaborar com a investigação e persecução do crime. O visto, porém, poderá ser retirado a qualquer momento, após uma notificação da autoridade competente. O segundo tipo de visto é o *Referred Stay (Permanent) Visa* o qual, para ser concedido, necessita de um certificado do Procurador-Geral do *Commonwealth* confirmando que a pessoa é vítima de tráfico, estará em perigo se retornar para seu país, ter cooperado com a persecução e investigação da pessoa que alega tê-la traficado ou submetido a situação de exploração. Esse visto já está disponível mesmo antes da conclusão da persecução, mas a pessoa não pode ser sujeita a nenhuma investigação ou processo relativo à prática de tráfico de pessoas. Importante destacar que o CJSV é ainda um tipo de visto existente na Austrália, porém foi retirado do quadro de vistos a serem concedidos com base na legislação sobre tráfico de pessoas (UNIVERSITY OS QUEENSLAND, 2016).

Na Austrália, portanto, as vítimas de tráfico que podem e conseguem colaborar com as investigações são elegíveis para a concessão de visto para residência permanente no país, inclusive podendo ser estendido a familiares, quando preenchidos os requisitos previstos. Entretanto, aquelas que não quiserem, não puderem colaborar ou que não preencherem os requisitos para o visto permanente, mesmo que tenham colaborado com a investigação, poderão ser deportadas. Mesmo para as vítimas a quem foi concedido o CJSV a situação é precária, pois ele pode ser retirado a qualquer momento se as autoridades entenderem que a contribuição da pessoa para as investigações e processo não foi suficiente, não sendo possível solicitar o visto permanente, já que sua concessão, assim como a retirada do CJSV, é discricionariedade do governo (DOREVITCH; FOSTER, 2008)[150]. Tendo em vista que desde a implementação destes vistos, a concessão dos permanentes tem sido muito menor do que os provisórios, na análise de Dorevitch e Foster (2008, p. 14):

150 *"Although the regulations specify that the Attorney-General may certify that a person has made a significant contribution to a prosecution irrespective of whether the alleged offender was convicted, women have reportedly been removed from the CJSV program with very little notice because the evidence they gave was deemed insufficient for a successful prosecution."* (DOREVITCH; FOSTER, 2008, p. 13)

> Ao invés de proteger as vítimas e dissipar seus temores de represálias, o governo australiano está paradoxalmente imitando uma tática dos traficantes ao seduzir as mulheres a cooperar, usando-as para seus próprios fins e abandonando-as assim que seus serviços sejam prestados.[151]

De outro lado, no caso do Brasil, apesar do Protocolo sobre Tráfico de Pessoas ter sido ratificado pelo país em 2004, apenas em 2016 foi promulgada uma lei específica sobre o problema (Lei nº 13.334/16). Antes, o país não contava com uma legislação específica sobre o tema, sequer existia uma tipificação adequada do crime.[152] Contava-se, tão somente, com Planos Nacionais de Enfrentamento ao Tráfico de Pessoas e a Política Nacional contra o Tráfico de Pessoas[153]-[154].

[151] Tradução livre. No original: *"Rather than protecting victims and allaying their fears of reprisal, the Australian Government is paradoxically emulating a tactic of traffickers by enticing women to cooperate, using the women for their own ends and abandoning them once their services are spent."*

[152] Estavam tipificadas apenas as condutas específicas, que são consideradas modalidades de tráfico, como, por exemplo, o artigo 149 do Código Penal Brasileiro, com redação dada pela Lei 10.803/03, que trata da redução a condição análoga à de escravo, e os artigos 231 e 231-A do mesmo diploma legal, incluídos pela Lei n. 12.015/2009, que tratam do tráfico internacional e tráfico interno, respectivamente, de pessoa para exploração sexual. Ressalta-se, entretanto, que estes artigos não distinguem o fato prostituição voluntária de exploratória, não se enquadrando na definição de tráfico existente no Protocolo, que requer a presença dos elementos de ação, meio e finalidade para a caracterização da conduta, estando a legislação brasileira mais próxima de uma criminalização do contrabando de migrantes para exercício da prostituição.

[153] O primeiro Plano foi lançado em 2006, o segundo em 2013 e o terceiro em 2018. Em 2007 foi elaborada pelo Ministério da Justiça a Política Nacional de Enfrentamento ao Tráfico de Pessoas.

[154] Entre 1999 e 2003 funcionou o Programa Global de Prevenção e Combate ao Tráfico de Seres Humanos (GPAT), do Ministério da Justiça. Este programa objetivava a promoção de diversas ações, desde análise de dados, elaboração de relatórios, capacitação da sociedade civil, acompanhamento de inquéritos e processos, promoção de campanhas educacionais e preventivas, bem como propositura de revisão legislativa. Teve como fruto a formação de comitês interinstitucionais e centros de referência. Com o fim do programa, os comitês, em parceria com outras instituições, deram continuidade aos trabalhos sob a coordenação do Instituto Latino Americano de Promoção e Defesa dos Direitos Humanos – ILADH. (RIBEIRO, 2010)

A Lei nº 13.344/16 dispõe sobre a prevenção e repressão ao tráfico interno e internacional de pessoas e sobre as medidas de atenção às vítimas, além de promover alterações no Código Penal e Código de Processo Penal brasileiros. A lei prevê os cuidados e parâmetros que devem ser observados no tratamento das vítimas de tráfico de pessoas respeitando e até ampliando as previsões da Convenção (UN, 2000a) e Protocolo de Palermo (UN, 2000b)[155]. No que toca especificamente às vítimas estrangeiras, a nova lei modificou o Estatuto do Estrangeiro (ainda vigente à época) para prever a possibilidade de concessão de residência permanente às vítimas de tráfico de pessoas no território nacional, independentemente de sua situação migratória e de colaboração em procedimento administrativo, policial ou judicial. Esta previsão está em consonância com o defendido no presente trabalho, uma vez que o condicionamento de visto às vítimas de tráfico de pessoas à sua colaboração com as investigações fere a sua dignidade. Ocorre que, poucos meses depois da aprovação desta alteração, o Estatuto do Estrangeiro (Lei nº 6.815/80) foi revogado, entrando em vigor a chamada Lei de Migração (Lei nº 13.445/17), em maio de 2017. A nova lei não incorporou a previsão que havia sido incluída no Estatuto de Estrangeiro e dispõe, apenas que poderá ser concedida a autorização de residência a pessoa que "tenha sido vítima de tráfico de pessoas, de trabalho escravo ou de violação de direito agravada por sua condição migratória" (BRASIL, 2017).

155 Art. 6º A proteção e o atendimento à vítima direta ou indireta do tráfico de pessoas compreendem: I – assistência jurídica, social, de trabalho e emprego e de saúde; II – acolhimento e abrigo provisório; III – atenção às suas necessidades específicas, especialmente em relação a questões de gênero, orientação sexual, origem étnica ou social, procedência, nacionalidade, raça, religião, faixa etária, situação migratória, atuação profissional, diversidade cultural, linguagem, laços sociais e familiares ou outro status; IV – preservação da intimidade e da identidade; V – prevenção à revitimização no atendimento e nos procedimentos investigatórios e judiciais; VI – atendimento humanizado; VII – informação sobre procedimentos administrativos e judiciais. § 1º A atenção às vítimas dar-se-á com a interrupção da situação de exploração ou violência, a sua reinserção social, a garantia de facilitação do acesso à educação, à cultura, à formação profissional e ao trabalho e, no caso de crianças e adolescentes, a busca de sua reinserção familiar e comunitária. § 2º No exterior, a assistência imediata a vítimas brasileiras estará a cargo da rede consular brasileira e será prestada independentemente de sua situação migratória, ocupação ou outro status. § 3º A assistência à saúde prevista no inciso I deste artigo deve compreender os aspectos de recuperação física e psicológica da vítima. (BRASIL, 2016)

A previsão trazida pela Lei nº 13.344/16 para alteração do Estatuto do Estrangeiro havia sido regulamentada pela Resolução Normativa nº 122, de 3 de agosto de 2016, do Conselho Nacional de Imigração. A resolução, naturalmente, não previa qualquer requisito relativo à cooperação com as investigações para a concessão da residência. A única limitação prevista diz respeito à fixação do prazo de cinco anos de condicionamento à fixação no território nacional.

Porém, nova normativa administrativa foi expedida sobre o tema. Em 20 de março de 2020, foi expedida a Portaria nº 87 do Ministério da Justiça e Segurança Pública (BRASIL, 2020). No documento, em retrocesso ao que havia sido previsto anteriormente, dispõe-se que a autoridade migratória levará em consideração, além da apresentação dos documentos obrigatórios, sempre que possível, a efetiva colaboração do imigrante com as autoridades para elucidação do crime ao qual foi submetido. Ou seja, com a expedição desta lei, o Brasil junta-se aos demais países ao sobrepor o punitivismo à proteção da pessoa humana.

O Brasil é historicamente reconhecido como país de origem e trânsito de vítimas do tráfico. Todavia, nos últimos anos este cenário está mudando. Devido à melhoria das condições econômicas do país durante a primeira década do século XXI, imigrantes, especialmente dos países vizinhos, viam-se atraídos por oportunidades de trabalho no Estado brasileiro. Todavia, cada dia mais casos de exploração do trabalho escravo de imigrantes em fábricas e em fazendas são noticiados. Por mais que os contingentes de vítimas identificados até o momento não se aproximem aos de outros países, o Brasil teve evolução significativa na regulamentação e promoção de políticas sobre o tráfico de pessoas e proteção das vítimas, estando em consonância com os marcos regulatórios internacionais sobre o tema.

Verifica-se, então, que nas legislações que têm alguma previsão de proteção às vítimas, em especial nos países em que o fluxo de migrantes é mais significativo, esta é majoritariamente vinculada à sua colaboração com as investigações. Ou seja, nesse arranjo legal, coloca-se a punição do criminoso acima da proteção à vítima. Essa acaba sendo tratada apenas como mais um elemento de prova em uma investigação criminal e seu tratamento e proteção ocorrem na medida em que ela seja útil para esse fim. A vítima, que já passou por tanto sofrimento tem, mais uma vez, sua humanidade violada, exatamente no momento que mais precisa e por quem deveria garantir a sua dignidade.

Às que aceitam/podem testemunhar resta seguir todos os protocolos e determinações até que estejam realmente livres. Às que não querem/conseguem testemunhar restam, muitas vezes a prisão, o processo de extradição ou deportação, o desamparo, o abandono à própria sorte.[156]-[157]

[156] Gallagher (2010, p. 102) faz uma análise da Diretiva da União Europeia, mas que também serve para as demais legislações, tendo em vistas as semelhanças: *"However, the trade-off is most likely to be felt by victims of trafficking: those who, for one reason or another, are unable or not required to give testimony or otherwise cooperated, benefited from the regime, and are then repatriated against their Will. For the former category, likely to include the most vulnerable, including the deeply traumatized, the absence of substantive victim protection provisions in the 2002 Framework Decision on Trafficking ultimately means, at least under the EU regime, little or no entitlement to basic assistance and support and inevitable deportation. For the beneficiaries of the new visa regime, important protection concerns will remain. As some have pointed out, safety risks are not necessarily ameliorated by criminal proceedings, and trafficked persons who have cooperated in a prosecution are much more likely than others to compromise the safety of themselves and their families. The failure of the proposal to prohibit or at least warn against return in cases where the victim is likely to be subjected to serious human rights violations is another serious omission."*

[157] De acordo com o UNODC (2020), 49% (quarenta e nove porcento) das vítimas de tráfico repatriadas são da mesma região do globo de onde foram identificadas, 40% (quarenta porcento) são de regiões próximas e 11% (onze por cento) são de outras regiões.

3. PRINCÍPIOS FUNDAMENTAIS DO REGIME DE PROTEÇÃO INTERNACIONAL DE REFUGIADOS

O Direito Internacional dos Refugiados é uma das três vertentes da proteção humana, portanto, estreitamente vinculado ao Direito Internacional dos Direitos Humanos. O sistema internacional de proteção dos refugiados, com base na Convenção de 1951 e Protocolo de 1967, está consolidado em grande parte do globo. Além disso, o Alto Comissariado das Nações Unidas para os Refugiados (ACNUR) é um órgão com atuação constante e efetiva em todos os continentes. Convenções e declarações regionais também foram adotadas nas últimas décadas, o que demonstra a atualidade e relevância da questão dos refugiados, bem como colaboram para a evolução da tutela da pessoa refugiada. O reconhecimento do princípio do *non-refoulement,* que prevê a não-devolução de pessoas a territórios onde tenham a vida ou segurança ameaçadas, como norma de *jus cogens*[158] fortalece o caráter protetivo e humanitário

[158] *Jus cogens* são as normas peremptórias de direito internacional, as quais, segundo Cançado Trindade (*s. d.*, p. 10) não estão limitadas às normas convencionais, sendo estendidas a qualquer ato jurídico, abrangendo também o Direito Internacional geral. O mesmo autor destaca, ainda que: *"Jus cogens, identified with general principles of law of material order, serves the superior interests of the international community as a whole; such interests, in turn, find expression in the peremptory norms of International Law (jus cogens), emanating from the universal juridical conscience in each historical moment, and paving the way for the construction of a new jus gentium, the International Law for humankind. Jus cogens exists indeed for the benefit of human beings, and ultimately of humankind."* (TRINDADE, *s.d.*, p. 28)

– no sentido amplo do termo – da proteção aos refugiados e a aproxima ainda mais do Direito Internacional dos Direitos Humanos.

O Direito Internacional dos Direitos Humanos serve, de certa forma, como baliza norteadora das ações dos demais ramos de proteção internacional da pessoa humana. Desta forma, seus princípios podem e devem ser observados quando do estudo e aplicação de qualquer norma que envolva diretamente os indivíduos. Alguns deles, como a primazia da norma mais favorável ao indivíduo e o não retrocesso[159], são essenciais para a compreensão da possibilidade de aplicação do Direito Internacional dos Refugiados às vítimas de tráfico de pessoas, objeto deste trabalho.

Os refugiados são um grupo muito específico de migrantes. Eles saíram de seus países por temor de algum tipo de perseguição. Permanecendo naquele local estariam vulneráveis a ameaças à sua vida, integridade física e liberdade. Os fatos que dão origem à condição de refugiados são os mais variados e, como será adiante demonstrado, confundem-se muitas vezes com as causas que propiciam ou aumentam a ocorrência do tráfico de pessoas.

A partir da leitura da Convenção de 1951 (UN, 1951) pode-se inferir que o refúgio é um instituto que visa proteger temporariamente as pessoas que foram obrigadas a deixar seu país e que, devido às circunstâncias, não podem regressar em segurança. A própria condição de refugiado gera uma fragilidade, mas quando a pessoa é legalmente reconhecida como tal, o país de acolhimento passa a ter o dever de garantir sua segurança e dignidade.

Muito embora a maioria dos Estados tenha ratificado a Convenção de 1951 sobre o Estatuto dos Refugiados e/ou o Protocolo de 1967[160], a aplicação dela é desnaturada por políticas rígidas de controle migratório, especialmente

[159] O princípio do não retrocesso prevê que normas de proteção e garantias de direitos humanos não podem ser revogadas ou pioradas, enquanto o princípio da norma mais favorável é o que garante que em um conflito de normas sobre um mesmo caso de direitos humanos, deve sempre prevalecer a que for mais favorável ao indivíduo.

[160] Vide Apêndice para lista de países signatários da Convenção de 1951 e/ou Protocolo de 1967. Congo, Mônaco e Turquia mantiveram a limitação geográfica, para acontecimentos ocorridos apenas na Europa, muito embora também sejam parte do Protocolo de 1967. Cabo Verde, Estados Unidos e Venezuela, ratificaram apenas o Protocolo. Madagascar e São Cristóvão e Neves (*Saint Kitts and Nevis*), ratificaram apenas a Convenção, tendo o primeiro optado pela reserva geográfica. Dados de janeiro de 2019, disponíveis em http://treaties.un.org/pages/Treaties.aspx?id=5&subid=A&lang=en.

nos países mais desenvolvidos. Nesse contexto, o respeito ao princípio do *non-refoulement*, positivado na Convenção de 1951, torna-se de especial relevância, uma vez que garante ao migrante solicitante de refúgio a permanência, ao menos até que a sua situação seja verificada, em vez de uma deportação imediata que poderia ensejar na volta para a situação de risco ou vulnerabilidade, o que, nos casos das vítimas de tráfico de pessoas é uma das principais causas de retráfico.

Tendo esse quadro em mente, neste capítulo, então, busca-se traçar um panorama sobre a proteção internacional dos refugiados como uma das vertentes de proteção da pessoa humana e identificar seus princípios fundamentais. Para isto, primeiramente, é feita uma breve apresentação sobre a positivação internacional dos direitos humanos, bem como os princípios deste ramo aplicáveis ao tema em estudo. Na sequência discorre-se sobre a condição dos refugiados, o que os leva a esta condição, como se dá a sua identificação e sua proteção no país de acolhimento. Por fim, examina-se o princípio do *non-refoulement*, seu caráter de *jus cogens*, seu alcance e suas limitações na atualidade.

3.1 O direito internacional dos direitos humanos e os princípios aplicáveis

A proteção internacional aos refugiados surgiu ainda na primeira metade do século XX para a proteção de uma determinada população vulnerável. Por mais que não seja explícito, pode-se afirmar que o intuito dessa proteção é resguardar os direitos humanos das pessoas que foram forçadas a se deslocar para outro Estado por motivos de perseguição. Nesse sentido, o Direito Internacional dos Refugiados é considerado uma das vertentes da proteção internacional da pessoa humana (TRINDADE, 2003; JUBILUT, 2007)[161] e, assim sendo, a ele são aplicáveis, além dos princípios extraídos dos instrumentos internacionais sobre o tema, também os princípios gerais do Direito Internacional dos Direitos Humanos. No que toca ao tema deste texto, o princípio da

[161] As três vertentes seriam o Direito Internacional dos Direitos Humanos, o Direito Humanitário e o Direito Internacional dos Refugiados. Sobre isto, conferir: TRINDADE, A. A. Cançado. **Tratado de Direito Internacional dos Direitos Humanos.** Vol. I. 2a ed. rev. e atual. Porto Alegre: SAFE, 2003. Cap. VIII, p 270-352.; TRINDADE, A. A. Cançado. **A Humanização do Direito Internacional.** Belo Horizonte: Del Rey, 2006. Cap. XII, p. 281-352.

proibição do retrocesso em matéria de proteção dos direitos humanos, bem como o princípio da primazia da norma mais favorável às vítimas, seja esta de caráter nacional ou internacional, são de fundamental importância.

Os direitos humanos foram construídos historicamente através do reconhecimento das necessidades mais básicas para a sobrevivência digna de um ser humano[162]. Abarcam desde o mais fundamental direito, a vida, até, na atualidade, direitos genéticos e ambientais. Segundo Herrera Flores (2002, p. 26-27):

> Os direitos humanos são os meios discursivos, expressivos e normativos que pugnam por reinserir os seres humanos no circuito de reprodução e manutenção da vida, permitindo-lhes abrir espaços de luta e de reivindicação. São processos dinâmicos que permitem a abertura e a conseguinte consolidação e garantia de espaços de luta, pela particular manifestação da dignidade humana.

Assim sendo, percebe-se que os direitos humanos não são uma categoria estanque e delimitada de direitos positivados. São direitos que evoluem da mesma forma e em mesma medida que a sociedade se transforma e suas necessidades se alteram. Todavia, alguns deles são inerentes à condição humana e, desta forma, por mais que a sociedade se modifique, permanecem no cerne desta categoria, como um núcleo duro indivisível, como o direito à vida, à integridade física e à liberdade.

Os direitos humanos foram inicialmente positivados e se desenvolveram em diversos documentos[163], nos quais, muito embora houvesse uma pretensão de tratar o ser humano em termos universais[164], havia objetivos específicos e limitados a uma aplicação em âmbito estatal, o que, em certa medida, ainda

[162] Para Bobbio "direitos humanos são coisas desejáveis, isto é, fins que merecem ser perseguidos, e de que, apesar de sua desejabilidade, não foram ainda todos (por toda parte e em igual medida) reconhecidos" (2004, p. 15-16).

[163] Por exemplo: a Magna Carta (1215), a Declaração de Direitos (Bill of Rights, 1689), a Declaração de Independência e a Constituição dos Estados Unidos da América (1776), e as declarações da Revolução Francesa (1789).

[164] Nesse sentido pode-se citar o artigo 1º da Declaração dos Direitos do Homem e do Cidadão, elaborada durante da Revolução Francesa, em 1789: "Os homens nascem e são livres e iguais em direitos. As distinções sociais só podem fundamentar-se na utilidade comum.".

permanece na atualidade[165]. Desta forma, confundiam-se com os chamados direitos de cidadania – direitos civis, políticos e sociais[166] – até sua internacionalização com a Declaração Universal dos Direitos Humanos, de 1948. Passou-se, então, a diferenciar a expressão direitos humanos da expressão direitos fundamentais. Esta, normalmente, refere-se aos direitos positivados nas constituições dos Estados, enquanto aquela

> [e]m regra, guarda relação com o Direito Internacional, por referir-se às posições jurídicas que reconhecem o ser humano como sujeito de direitos, de direitos humanos, sem sua vinculação como o reconhecimento desses mesmos direitos pela ordem constitucional ou infraconstitucional de determinado Estado. Aspiram, pois, a uma validade universal, para todos os povos e tempos. (ANNONI, 2008, p. 36).

No final do século XIX e primeira metade do século XX já existiam tratados internacionais sobre temas relacionados aos direitos humanos, mas com enfoques delimitados, como as Convenções de Genebra[167] (1864, 1925 e 1929),

[165] Nesse sentido Boaventura de Sousa Santos (1989, p. 10-11) adverte que: "A luta pelos direitos humanos tem sido uma luta predominantemente nacional. Trata-se de obter do Estado nacional uma protecção, cada vez mais ampla, dos direitos humanos. Se é certo que o âmbito nacional garantiu no passado a eficácia da luta pelos direitos humanos, hoje corre o risco de se transformar num obstáculo. A internacionalização crescente da vida econômica e social e a consequente desterritorialização das dimensões políticas e éticas, sociais e culturais da condição humana permitem ver melhor que nunca que a consolidação dos direitos humanos nos países centrais será sempre precária enquanto os países periféricos, do terceiro mundo, afinal a esmagadora maioria da população mundial, continuarem privados de muitos desses direitos e, aliás, privados da própria garantia da sobrevivência imediata."

[166] A definição tradicional de cidadania é como sendo 'o direito a ter direitos'. Thomas H. Marshall ganhou destaque com o desenvolvimento de uma teoria sobre a cidadania baseada na realidade da sociedade inglesa. Dividiu o conceito de cidadania em três partes, cada um correspondente a um tipo de direito: direitos civis, direitos políticos e direitos sociais, os quais teriam emergido, respectivamente, nos séculos XVIII, XIX e XX. (MARSHALL, 1977)

[167] A Convenção de Genebra de 1864 foi elaborada no contexto da criação da Cruz Vermelha, idealizada por Henry Dunant e Gustave Moynier, e trata da neutralidade das ambulâncias, hospitais e médicos durante a guerra, bem como do tratamento dos doentes e feridos pelos beligerantes. "A comissão genebrina, que teve na origem da convenção de 1864 foi revista, a fim de se estenderem seus princípios aos conflitos marítimos (Convenção de Haia de 1907) e aos prisioneiros de guerra (Convenção de Genebra de 1929). Em 1925, outra Convenção, igualmente assinada em Genebra, proibiu a utilização, durante a guerra, de gases asfixiantes

sobre Direito Humanitário, e a Constituição da OIT[168] (1919), que tratava de questões laborais. Todavia, a Declaração Universal de 1948 foi um marco no reconhecimento dos direitos dos seres humanos, qualquer que fosse sua nacionalidade. Por mais que esta Declaração não tenha caráter formalmente vinculante[169], a concretização de valores em um documento firmado pela maior parte dos governos existentes na época, revelou a existência de um consenso em torno destes, pela primeira vez na história (BOBBIO, 2004)[170].

ou tóxicos, bem como de armas bacteriológicas. As convenções sobre soldados feridos e prisioneiros de guerra foram revistas e consolidadas em três convenções celebradas em Genebra em 1949, sob os auspícios da Comissão Internacional da Cruz Vermelha. Na mesma ocasião, foi celebrada uma Quarta convenção, tendo por objetivo a proteção da população civil em caso de guerra." (COMPARATO, [s. d.])

168 A OIT foi fundada em 1919 como parte do Tratado de Versalhes e visava refletir a ideia de que uma paz duradoura só seria possível acompanhada de justice social. Tem como objetivos promover a justice social e o os direitos humanos e laborais internacionalmente reconhecidos. (ILO, 2014)

169 "A Declaração Universal dos Direitos do Homem não é um tratado, e por isso seus dispositivos não constituem exatamente uma obrigação jurídica para cada um dos Estados representados na Assembléia Geral quando, sem qualquer voto contrário, adotou-se o respectivo texto sob a forma de uma resolução da Assembléia. Por mais de uma vez, ante gestões externas fundadas no zelo pelos direitos humanos, certos países reagiram lembrando a natureza não convencional da Declaração." (REZEK, 2010, p. 226) Nesse sentido, Luño (2005, p. 83-84) observa que: "*Ahora bien, la positividad de las reglas contenidas em la Declaración estimo que debe ser objeto de dos precisiones. La primera referida al contenido específico de sus principios, algunos de los cuales son, sin duda, puramente programáticos; otros, en cambio, se hallan dotados de la concreción formal exigida en la formulación de normas jurídicas. La segunda, que tal valor positivo, al no haber sido objeto de ratificación por parte de los Estados miembros, no puede considerar-se de naturaleza convencional, sino situarse en el plano de los principios generales del derecho internacional.*"

170 "Trata-se [o consenso], certamente, de um fundamento histórico e, como tal, não absoluto: mas esse fundamento histórico do consenso é o único que pode ser factualmente comprovado. A Declaração Universal dos Direitos do Homem pode ser acolhida como a maior prova histórica até hoje dada do consensus omnium gentium sobre um determinado sistema de valores. Os velhos jusnaturalistas desconfiavam – e não estavam inteiramente errados – do consenso geral como fundamento do direito, já que este consenso era difícil de comprovar. Seria necessário buscar sua expressão documental através da inquieta e obscura história das nações [...]. Mas agora esse documento existe: foi aprovado por 48 Estados, em 10 de dezembro de 1948, na Assembléia Geral das Nações Unidas; e, a partir de então, foi acolhido como inspiração e orientação no processo de crescimento de toda a comunidade internacional no sentido de uma comunidade não só de Estados, mas de indivíduos livres e iguais. Não sei se se tem consciência de até que ponto a Declaração Universal representa um fato novo na história, na medida em que, pela primeira vez, um sistema de princípios fundamentais da conduta humana foi livre e expressamente aceito, através de seus respectivos governos, pela

Depois disto, novos documentos sobre direitos humanos foram adotados pelos Estados: declarações[171] e tratados[172] versando sobre o tema tanto de forma genérica (*e. g.*, Convenção Americana de Direitos Humanos (OEA, 1969)) como também específica (*e. g.*, Convenção Interamericana para Prevenir e Punir a Tortura (OEA, 1985)). Criaram-se, ainda, cortes internacionais para julgar as violações aos tratados de direitos humanos firmados nos continentes europeu, americano e africano[173], enriquecendo a evolução da proteção internacional da pessoa humana com decisões judiciais e pareceres, além de fomentar estudos mais aprofundados sobre a temática. Nesse sentido pode-se dizer que foi a partir da internacionalização dos direitos humanos que o Direito Internacional deixou de ser apenas um direito entre os Estados,

maioria dos homens que vive na Terra. Com essa declaração, um sistema de valores é – pela primeira vez na história – universal, não em princípio, mas de fato,na medida em que o consenso sobre sua validade e sua capacidade para reger os destinos da comunidade futura de todos os homens foi explicitamente declarado." (BOBBIO, 2004, p. 27-28).

171 Como exemplos pode-se citar: Declaração Americana dos Direitos e Deveres do Homem (1948 (anterior à Declaração Universal)); Declaração Universal dos Direitos das Crianças (1959); Declaração dos Diretos das Pessoas Deficientes (1975); Declaração sobre a raça e os preconceitos raciais (1978); Declaração sobre o Direito ao Desenvolvimento (1986); Declaração e Programa de Ação de Viena (1993).

172 Por exemplo: Convenção Internacional sobre a Eliminação de Todas as Formas de Discriminação Racial (1966); Pacto Internacional sobre Direitos Civis e Políticos (1966); Pacto Internacional sobre Direitos Econômicos, Sociais e Culturais (1966); Convenção Americana sobre Direitos Humanos (1969); Convenção contra a Tortura e outros Tratamentos ou Penas Cruéis, Desumanos ou Degradantes (1984); Convenção Interamericana para Prevenir e Punir a Tortura (1985); Convenção sobre os Direitos da Criança (1989); Convenção Interamericana para Prevenir, Punir e Erradicar a Violência contra a Mulher (1994); Convenção sobre a Eliminação de Todas as Formas de Discriminação contra a Mulher (1999).

173 No continente europeu foi elaborada, logo após a aprovação da Declaração Universal, a Convenção Europeia de Direitos Humanos, na qual estavam previstos dois órgãos de supervisão, a Comissão e a Corte Europeia de Direitos Humanos. A convenção foi assinada em 1950 e entrou em vigor em 1953. Já no continente americano, muito embora antes mesmo da Declaração Universal a América já contasse com uma declaração de direitos humanos, foi apenas em 1969 adotada a Convenção Americana de Direitos Humanos, a qual entrou em vigor em 1978. Nela também estavam previstas uma Comissão e a Corte Interamericana de Direitos Humanos. Por último, então, foi aprovada no continente africano a Carta Africana dos Direitos Humanos e dos Povos, em 1981, tendo entrado em vigor em 1986, na qual estava prevista a criação da Comissão Africana dos Direitos Humanos e dos Povos. Foi com um protocolo, aprovado em 1998, que se criou a atual Corte Africana dos Direitos Humanos e dos Povos, a qual passou a funcionar a partir do ano de 2006.

para ser um direito, no que concerne a proteção de pessoa humana, contra o próprio Estado. O Direito Internacional dos Refugiados é um marco nesse sentido. Segundo Rossana Rocha Reis (2004, p. 151):

> No âmbito geral dos direitos humanos, apesar de suas limitações, as convenções relativas aos refugiados e apátridas representam um ponto de inflexão no direito internacional, pois pela primeira vez é reconhecida a existência do indivíduo no cenário internacional. Lentamente, direitos individuais universais independentes do Estado vão sendo reconhecidos, numa tendência que vinha se acentuando desde o fim da Segunda Guerra Mundial.

Estes documentos criaram para os Estados obrigações não mais com relação aos demais Estados, ou apenas aos seus cidadãos, mas deles para com a humanidade. O Estado que aceita um refugiado cria com ele e com a comunidade internacional um compromisso de proteção daquela pessoa enquanto esta não puder voltar ao seu país de origem. A própria comunidade internacional, através do ACNUR[174], por exemplo, auxilia e fiscaliza a atuação desta obrigação dos Estados.

O refúgio, instituto tipicamente do século XX, marcado pela necessidade de respeito à soberania estatal, ainda necessita que o indivíduo cruze a fronteira do seu país de origem para que possa ser outorgada a proteção internacional. Com o avanço na proteção dos direitos humanos, entretanto, já se reconhece a possibilidade de proteger refugiados que não conseguiram cruzar as fronteiras, apesar dos obstáculos criados pelos Estados.

Existem casos em que os Estados criam barreiras físicas, como muros, e burocráticas, exigência de documentação, que impedem a entrada de migrantes e refugiados. Quando tais barreira impedem a chegada de vítimas de graves

[174] O ACNUR é um órgão subsidiário da ONU e, segundo seu Estatuto, tem "a função de proporcionar proteção internacional, sob os auspícios das Nações Unidas, aos refugiados que se enquadrem nas condições previstas no presente Estatuto, e de encontrar soluções permanentes para o problema dos refugiados, prestando assistência aos governos e, com o consentimento de tais governos, prestando assistência também a organizações privadas, a fim de facilitar a repatriação voluntária de tais refugiados ou a sua integração no seio de novas comunidades nacionais."

violações de direitos humanos, pode-se falar em desrespeito ao princípio do *non-refoulement*, como será melhor abordado adiante. Por outro lado, se as populações vulneráveis permanecem no território do seu país, mas são deslocadas em razão dos fatores previstos nos documentos sobre refugiados, o ACNUR tem competência para prestar auxílio e proteção, mas essa atuação não é isenta de problemas, uma vez que em território do Estado onde ocorre a violação dos direitos dessa população.[175]

De acordo com Cançado Trindade (1999), o avanço na proteção do ser humano implica em reconhecer certos direitos humanos como normas de *jus cogens*,[176] uma norma imperativa de Direito Internacional.[177] Nesse sentido, Orakhelashvili (2008) e Cançado Trindade (1999) argumentam que estas normas criam obrigações *erga omnes*, ou seja, por mais que tais direitos estejam positivados em um tratado específico, uma violação aos direitos humanos cria obrigações de reparação até mesmo aos Estados não signatários. Assim, um terceiro Estado poderia reclamar contra atos de violação de norma de *jus cogens* ocorrendo em outro Estado e contra nacionais de outros ainda, mesmo que não tenha relação alguma com a situação, ou seja, parte do tratado. Nessa perspectiva, as normas de *jus cogens* visam proteger a comunidade internacional como um todo e, assim sendo, todos teriam legitimidade de defendê-las[178].

[175] "Contudo, os doutrinadores apontam inúmeros problemas na proteção assegurada pelo ACNUR aos deslocados internos, entre os quais se destacam: (1) a politização da ajuda internacional, contrariando o princípio de não-intervenção consagrado na Carta da ONU, uma vez que o ACNUR, ao auxiliar pessoas ainda sob a jurisdição de seu Estado, estaria indiretamente apontando violações de direitos por parte desse Estado, as quais ensejaram a necessidade de auxílio, e a comunidade internacional, por meio de um de seus órgãos, estaria interferindo em assuntos domésticos de modo inadequado e (2) a falta de recursos, principalmente financeiros, para assegurar proteção efetiva aos refugiados e aos deslocados internos." (JUBILUT, 2007, p. 166-167)

[176] Defende-se, atualmente, que o chamado "núcleo duro" dos direitos humanos, concernente, por exemplo, no direito à vida e à liberdade, são jus cogens internacional

[177] Conforme o artigo 53 da Convenção de Viena sobre Direito dos Tratados de 1969, "[...] uma norma imperativa de Direito Internacional geral é uma norma aceita e reconhecida pela comunidade internacional dos Estados como um todo, como norma da qual nenhuma derrogação é permitida e que só pode ser modificada por norma ulterior de Direito Internacional geral da mesma natureza." (BRASIL, 2009)

[178] Surgiu no seio da ONU, agora no século XXI, a doutrina internacional da Responsabilidade de Proteger, a qual permanece em construção e evolução, e segundo a qual se entende que, além da responsabilidade de cada Estado, a comunidade internacional tem a obrigação de

Além de outros Estados, esta natureza do *jus cogens* também justifica o acesso dos próprios indivíduos aos tribunais internacionais de direitos humanos, muito embora não sejam eles formalmente parte no tratado (ORAKHELASHVILI, 2008). Cançado Trindade (1999, p. 419) opina que:

> Sem a consolidação das normas *erga omnes* de proteção, em meio à incidência das normas de *jus cogens*, pouco avançaremos na luta contra o poder arbitrário e na proteção do ser humano contra os atos de barbárie e as atrocidades contemporâneas. [...] A consagração das obrigações *erga omnes* de proteção representa a superação de um padrão de conduta erigido sobre a pretensa autonomia da vontade de Estado, do qual o próprio direito dos tratados buscou gradualmente se liberar ao consagrar o conceito de *jus cogens*. Há que dar seguimento à evolução alentadora da *opinio juris* como manifestação da consciência jurídica universal, em benefício de todos os seres humanos.

Face a esse entendimento, os direitos humanos, então, caminham no sentido de um reconhecimento mais amplo e irrestrito. Sua aplicação a outros ramos do Direito torna-se imprescindível, especialmente em casos envolvendo pessoas em situação de vulnerabilidade, como as vítimas de tráfico de pessoas e os refugiados. Há, nesses casos, o dever da comunidade internacional de respeito aos direitos humanos, em especial no que tange às normas já reconhecidas como *jus cogens*, tendo em vista seu caráter *erga omnes*, como no caso do princípio do *non-refoulement*.

proteger as populações em situação de violação massiva de direitos humanos – especialmente genocídios, crimes de guerra, limpeza étnica e crimes contra a humanidade –, mesmo que estas se encontrem formalmente ainda sob a tutela de seu Estado de origem, quando estes falharem em promover tal proteção. Os três pilares da responsabilidade de proteger são: "*1. The State carries the primary responsibility for protecting populations from genocide, war crimes, crimes against humanity and ethnic cleansing, and their incitement; 2.The international community has a responsibility to use appropriate diplomatic, humanitarian and other means to protect populations from these crimes. If a State is manifestly failing to protect its populations, the international community must be prepared to take collective action to protect populations, in accordance with the Charter of the United Nations.*" (UN, [s.d.]). Para mais detalhes, conferir *Secretary-General's 2009 Report (A/63/677) on Implementing the Responsibility to Protect*, disponível em: http://www.un.org/en/ga/search/view_doc.asp?symbol=A/63/677. Acesso em: 22 set. 2013.

No que tange aos refugiados, os mesmos princípios são aplicáveis, uma vez que o Estado não lhes garante a fruição de seus direitos humanos mais fundamentais, como a vida, integridade física e liberdade. Desde a elaboração da Convenção de 1951 (UN, 1951) houve grande avanço tanto no âmbito do Direito Internacional dos Refugiados, como do Direito Internacional dos Direitos Humanos, inclusive no sentido de ser reconhecida a vinculação e a complementaridade[179] destes ramos do Direito Internacional Público. Nesse sentido, pode-se mencionar a Declaração de Cartagena sobre Direito dos Refugiados (1984), oriunda de debates entre especialistas sobre ambos os temas, na qual consta expressamente que as violações maciças de direitos humanos devem ser consideradas no reconhecimento da condição de refugiado[180].

A complementaridade destas vertentes, entretanto, não ocorre somente em relação aos fatos geradores dos fluxos de refugiados, mas também devem ser observados quando do processo de reconhecimento e no tratamento do refugiado no Estado de acolhimento[181]. Antônio Augusto Cançado Trindade

[179] "Uma corrente doutrinária mais recente admite a interação normativa acompanhada de uma diferença nos meios de implementação, supervisão ou controle em determinadas circunstâncias, mas sem com isto deixar de assinalar a *complementaridade* das três vertentes. Talvez a mais notória distinção resida no âmbito *pessoal* da aplicação – a *legitimatio ad causam*, – porquanto o Direito Internacional dos Direitos Humanos tem reconhecido o direito de petição individual, o qual não encontra paralelo no Direito Internacional Humanitário nem no Direito Internacional dos Refugiados. Mas isto não exclui a possibilidade, já concretizada na prática, da *aplicação simultânea* das três vertentes de proteção, ou de duas delas, precisamente porque são essencialmente complementares. E, ainda mais, se deixam guiar por uma identidade de propósito básico: a proteção da pessoa humana em todas e quaisquer circunstâncias. A prática internacional encontra-se repleta de casos de operação simultânea ou concomitante de órgãos que pertencem aos três sistemas de proteção." (TRINDADE, 2003a, p. 340-341, itálicos no original)

[180] *"En la época de su adopción, la Declaración de Cartagena sobre Refugiados de 1984, al concentrarse en el derecho aplicable, vino atender a nuevas necesidades de protección de la persona humana, mediante su definición ampliada de las personas a ser protegidas. En la época, en razón del conflicto armado centroamericano, se pasó a concebir el procedimiento colectivo de calificación, a efectos de protección, cuando la individualización ya se mostraba inviable o imposible. Se llenó, así, un aparente limbo jurídico, para establecer un régimen de tratamiento protector mínimo en situaciones de afluencia masiva, y se trasladó el énfasis de los requisitos formales para la concesión del asilo, para la condición existencial de la persona humana."* (TRINDADE, 2006, p. 291)

[181] *"El reconocimiento del carácter objetivo de las obligaciones de protección ha impulsad la interpretación convergente de los instrumentos internacionales de Derecho Internacional Humanitario, Derecho Internacional de los Refugiados, y Derecho Internacional de los Derechos Humanos."* (TRINDADE, 2006, p. 286-287)

(1994, p. 14-15), em evento realizado em memória aos 10 anos da Declaração de Cartagena, destacou que:

> Em lugar de categorizações subjetivas de pessoas (de acordo com as razões que as levaram a abandonar suas casas), próprias do passado, impõe-se hoje em dia a adoção do critério objetivo das necessidades de proteção, o que desse modo abarca um número consideravelmente maior de pessoas (inclusive os deslocados internos) tão vulneráveis como os refugiados, ou ainda mais que estes. Não há lugar para *vacatio legis*[182].

Portanto, além da identificação de requisitos formais, como os exigidos para o reconhecimento do *status* refugiado, sob a ótica do Direito Internacional dos Direitos Humanos, deve-se levar em consideração a necessidade de proteção do ser humano vulnerável. No caso das vítimas de tráfico de pessoas, a percepção da convergência e complementaridade entre o Direito Internacional dos Direitos Humanos e o Direito Internacional dos Refugiados é fundamental para coibir novas violações de direitos da vítima já fragilizada.

O Direito Internacional dos Direitos Humanos é um ramo autônomo do Direito Internacional, em razão disso possui peculiaridades na sua interpretação. Enquanto os tratados de Direito Internacional clássico são interpretados levando-se em consideração, em especial, a vontade das partes contratantes, no caso dos tratados de direitos humanos, segundo Trindade (2003a), esta visão deve ser substituída pela análise do objeto e do propósito do instrumento aplicado, bem como da necessidade de proteção das supostas vítimas[183]. Desta peculiaridade interpretativa extrai-se o princípio da primazia da norma

[182] Tradução livre. No original: *"En lugar categorizaciones subjetivas de personas (de acuerdo con las razones que las llevaron a abandonar sus hogares), propias del pasado, se impone hoy día la adopción del criterio objetivo de las necesidades de protección, lo que de ese modo abarca un número considerablemente mayor de personas (incluyendo los desplazados internos) tan vulnerables como los refugiados, o aún más que éstos. No hay lugar para vacatio legis."* (TRINDADE, 1994, p. 14-15)

[183] "No presente domínio deste *direito de proteção*, as normas jurídicas são interpretadas e aplicadas tendo sempre presentes as necessidades prementes de proteção das supostas vítimas. Trata-se de uma interpretação *pro homine*, orientada à condição das vítimas, e que reclama a humanização dos postulados tanto do direito internacional como do direito público interno." (TRINDADE, 2003a, p. 45, itálicos no original)

mais favorável ao indivíduo. Este é, pois, um dos principais pontos de convergência entre o Direito Internacional dos Diretos Humanos e o Direito Internacional dos Refugiados, especialmente no que concerne ao debate quanto ao reconhecimento deste *status* para as vítimas de tráfico de pessoas.

A posição das vítimas no âmbito do Direito Internacional dos Direitos Humanos é cada vez mais central. Isto contribuiu para a evolução desse ramo do Direito de forma a torná-lo mais coerente com seus princípios fundamentais[184]. Os mecanismos e instrumentos de Direito Internacional dos Direitos Humanos voltam-se não só para a punição das violações, mas também para a reparação dos danos às vítimas e, especialmente, à prevenção e combate às violações.

Nesse sentido, tendo a vítima como uma das figuras centrais nas questões relativas aos direitos humanos, quando da análise de casos concretos, seja pela justiça internacional, seja pelos tribunais ou órgãos administrativos nacionais, deve-se observar o princípio "da *escolha ou primazia do dispositivo mais favorável* aos indivíduos em questão, quando direitos idênticos ou equivalentes são garantidos por dois ou mais instrumentos" (TRINDADE, 2003a, p. 115, grifos no original)[185]. Segundo Ramos (2005, p. 107), "o princípio da primazia da norma mais favorável ao indivíduo contribui para reduzir ou

[184] "O Direito Internacional dos Direitos Humanos, ao orientar-se à condição das vítimas, tem em muito contribuído a restituir-lhes a posição central que hoje ocupam no mundo do Direito, – o que tem sua razão de ser. A centralidade das vítimas no universo conceitual do Direito Internacional dos Direitos Humanos, insuficientemente analisada pela doutrina jurídica contemporânea até o presente, é da maior relevância e acarreta consequências práticas. Na verdade, é da própria essência do Direito Internacional dos Direitos Humanos, porquanto é na proteção estendida às vítimas que este alcança sua plenitude. Mas o *rationale* de sua normativa de proteção não se esgota no amparo estendido a pessoas já vitimadas. O Direito Internacional dos Direitos Humanos, por sua própria existência, universalmente reconhecida em nossos dias, protege os seres humanos também por meio da prevenção da vitimização. O alcance de seu *corpus juris* deve ser, pois, apreciado também sob esse prisma." (TRINDADE, 2003b, p. 434-435)

[185] Conforme Ramos (2005, p. 106, itálicos no original): "De acordo com tal princípio [da aplicação da norma mais favorável ao indivíduo], nenhuma norma de direitos humanos pode ser invocada para limitar, de qualquer modo, o exercício de qualquer direito ou liberdade já reconhecida por outra norma internacional ou nacional. Assim, caso haja dúvida na interpretação de qual norma deve reger determinado caso, impõe-se que seja utilizada a norma *mais favorável* ao indivíduo, que seja tal norma de origem *internacional* ou mesmo *nacional*." (grifos no original)

minimizar os possíveis conflitos entre diplomas normativos internacionais e nacionais", não gerando conflito entre a norma interna e a internacional, mas complementaridade.

No caso das vítimas de tráfico, o Protocolo de Palermo (UN, 2000b) e a Convenção de 1951 (UN, 1951) trazem dispositivos sobre o tratamento, no primeiro caso, da vítima de tráfico, e no segundo, do refugiado. Todavia, caso o indivíduo em questão se enquadre nas duas condições, será necessário, conforme o princípio mencionado, extraído do Direito Internacional dos Direitos Humanos, analisar quais os dispositivos de cada tratado, bem como, sendo o caso, de legislação interna também, que são mais benéficos para a proteção da pessoa e dos seus direitos humanos reconhecidos internacionalmente.

Além da autonomia e das peculiaridades interpretativas do Direito Internacional dos Direitos Humanos, este ramo também apresenta outras características singulares. Destacam-se a universalidade, a indivisibilidade e a proibição do retrocesso (RAMOS, 2005; 2014; ANNONI, 2008) como as mais relevantes para o presente trabalho.

A visão universalista dos Direitos Humanos considera que existe um mínimo de direitos válidos universalmente, ou seja, independentes do local ou condições de nascimento e vida do indivíduo[186]. Por outro lado, na perspectiva do relativismo cultural, segundo Piovesan (2011, p. 45), "não há moral universal, já que a história do mundo é a história de uma pluralidade de culturas.", bem como questiona-se a predominância de valores descritos como ocidentais-cristãos impostos como universais ao restante do mundo. Felizmente, porém, tem predominado a aceitação internacional da universalidade conforme consignado na Declaração de Viena de 1993[187].

A indivisibilidade, a seu turno, "fundamenta-se do princípio da não-discriminação, conferindo aos direitos humanos igual importância e, portanto,

[186] "A universalidade é uma característica dos direitos Humanos, fundada primeiramente em seu caráter erga omnes, uma vez que seu titular é o ser humano, não importando qualquer distinção de raça, credo, sexo, nacionalidade, idade, profissão, formação intelectual, ou qualquer outro elemento que o distinga." (ANNONI, 2008, p. 44).

[187] Sobre a Conferência Mundial de Direitos Humanos de Viena de 1993 e sua relevância para os Direitos Humanos, conferir: TRINDADE, A. A. Cançado. **Tratado de Direito Internacional dos Direitos Humanos.** Vol. I. 2a ed. rev. e atual. Porto Alegre: Sérgio Antonio Fabris Editor, 2003a.

igualdade de tratamento jurídico." (ANNONI, 2008, p. 46).[188] Ou seja, a indivisibilidade dos direitos humanos visa garantir que a sua compartimentalização não seja usada como escusa para a não garantia de determinados direitos e em detrimento da dignidade humana, para a qual é imprescindível a indivisibilidade. Neste sentido, Ramos (2005, p. 200) destaca que

> a indivisibilidade possui duas facetas. A primeira implica em reconhecer que o direito protegido apresenta uma unidade incindível em si. A segunda faceta, [...] assegura que não é possível proteger apenas alguns dos direitos humanos reconhecidos".

Os direitos humanos, portanto, devem ser tratados como um conjunto interdependente em que a efetividade da proteção de um dos direitos é determinante para a efetividade da proteção de todos os demais.

A partir do seu reconhecimento, os direitos humanos deixam de fazer parte do escopo de normas disponíveis aos Estados para negociação. Segundo Orakhelashvili (2008, p. 53):

> Normas de direitos humanos não protegem os interesses individuais de um Estado, mas os interesses da humanidade como tal, e os interesses que protegem não estão à disposição dos Estados, nem estes interesses podem ser deteriorados por represálias ou não-cumprimento recíproco. Isso reflete o fato de que, ao contrário de direitos individuais puros e simples, os direitos humanos protegem o indivíduo como tal, independentemente da relação com direitos e interesses de qualquer Estado e, portanto, protegem os interesses da comunidade. Os direitos humanos não são apenas os direitos individuais; são direitos não disponíveis pelos Estados, individualmente ou em conjunto.[189]

[188] Annoni (2008, p. 47) ainda destaca que: "Lado a lado com a indivisibilidade caminha a característica da interdependência, por meio da qual estão os direitos humanos mutuamente conectados, não sendo possível efetivar, por exemplo, os direitos sociais, sem fazê-lo quanto aos direitos individuais."

[189] Tradução livre. No original: *"Human rights norms protect not the individual interests of a State but the interests of mankind as such and the interests they protect are not at the disposal of States, nor can these interests be damaged by reprisal or reciprocal non-compliance. This reflects the fact that, unlike individual rights pure and simple, human rights protect the individual as such, regardless of the link to the*

Portanto, muito embora existam alterações, devido às mudanças histórico-sociais, especialmente no âmbito estatal, as modificações em matérias de direitos humanos devem ser sempre no sentido de uma evolução, ou seja, "os direitos humanos devem sempre (e cada vez mais) agregar algo de novo e melhor ao ser humano, não podendo o Estado proteger *menos* do que já protegia anteriormente" (MAZZUOLI, 2011, p. 808). Nesse sentido, entende-se que, por exemplo, os Estados não podem denunciar tratados de direitos humanos depois que entraram em vigor[190], nem revogar leis benéficas em matéria de direitos humanos, sejam estas decorrentes de compromissos internacionais ou não.

Com relação à questão dos refugiados este princípio torna-se essencial. Compreendido o direito ao refúgio como um direito humano – pelo menos nos Estados Parte da Convenção de 1951, como se verá, – os Estados não podem deixar de analisar os pedidos de reconhecimento de tal condição, nem aplicar legislações restritivas aos migrantes que tenham solicitado refúgio. Muitos Estados, como EUA[191] e Reino Unido[192], por exemplo, sob o argumento de proteger o mercado de trabalho de seus nacionais, têm recrudescido suas leis migratórias, dificultando o ingresso de estrangeiros no país. Face aos dados e as considerações lançadas, apreende-se que é legítimo ao Estado modificar suas leis, todavia, aquelas que apontarem um retrocesso em matéria de direitos humanos garantidos, devem ser consideradas inválidas e/ou objeto de questionamento judicial, tanto em âmbito nacional, como, em sendo necessário, na esfera da jurisdição internacional de proteção aos direitos humanos.

rights and interests of any State, and hence protect the community interests. Human rights are not just individual rights; they are rights not disposable by States, individually or in concert."

190 Infelizmente, na prática, não existe mecanismo que garanta aos Estados permanecer como Parte em um Tratado quando este mesmo não prever a impossibilidade de denúncia. Em 2012, por exemplo, a Venezuela denunciou à Convenção Interamericana de Direitos Humanos, o que representa uma patente violação ao não-retrocesso em matéria de direitos humanos.

191 GOVERNO Biden volta atrás e mantém regra de Trump para expulsar imigrantes. O Globo. Mundo. Rio de Janeiro, 03 ago. 2021. Disponível em: https://oglobo.globo.com/mundo/governo-biden-volta-atras-mantem-regra-de-trump-para-expulsar-imigrantes-1-25138571. Acesso em: 22 jan. 2021.

192 PINTO, Ana Estela de Sousa. Reino Unido deve dificultar visto para imigrante sem qualificação. Folha de São Paulo. Mundo. São Paulo, 12 dez. 2019. Disponível em: https://www1.folha.uol.com.br/mundo/2019/12/reino-unido-deve-dificultar-visto-para-imigrante-sem-qualificacao.shtml Acesso em: 22 jan. 2022.

O princípio da vedação ao retrocesso deve ser também aplicado no que concerne às políticas públicas e aos entendimentos administrativos e judiciais. Assim, uma política de recepção e tratamento de migrantes mais favorável não deve ser substituída por um tratamento que viole os direitos humanos já reconhecidos por aquele Estado anteriormente[193].

Por seu turno, o tráfico de pessoas é um crime que, qualquer que seja a forma de sua prática, viola os direitos humanos. O Direito Internacional dos Refugiados, conforme apontado, é uma das vertentes da proteção da pessoa humana e, portanto, está estreitamente vinculado ao Direito Internacional dos Direitos Humanos. Fizeram-se necessárias essas considerações iniciais sobre a matéria, pois são essenciais para o desenvolvimento do trabalho, uma vez que não se pode tratar de questões relacionadas às vítimas de tráfico de pessoas e aos refugiados sem ter em mente que são relacionadas diretamente com violações do Direito Internacional dos Direitos Humanos. Por isso, ensejam a compreensão e aplicação das normas e princípios deste ramo do Direito.

3.2. A condição de refugiado

Segundo o Dicionário Aurélio da Língua Portuguesa: "Refúgio [Do lat. *refugiu.*] 1. Local para onde alguém foge a fim de estar em segurança; asilo, abrigo. 2. Apoio, amparo, proteção; socorro" (FERREIRA, 2010, p. 1803). Refúgio é o que buscam as populações que veem suas casas e lavouras serem destruídas

[193] O USA Patriot Act, editado nos Estados Unidos após os atentados de 11 de setembro de 2001 – bem como legislações semelhantes aprovadas em países europeus, como a Inglaterra – é um exemplo claro de retrocesso em matéria de Direitos Humanos que não deveria ser tolerado pela comunidade internacional. Com base na lei mencionada é permitido às autoridades norte-americanas, por exemplo, a detenção de pessoas suspeitas de terrorismo, sem que estes tenham garantidos os direitos concedidos as outras pessoas detidas por qualquer motivo, especialmente migrantes. Também nos EUA há outro exemplo, no qual, entretanto, restou reconhecida a primazia dos Direitos Humanos. Rossana Rocha Reis (2004, p. 154) narra que: "No início dos anos de 1980, nos Estados Unidos, um dos mais importantes acontecimentos nessa área envolveu a polêmica aprovação, num plebiscito na Califórnia, de uma medida que pretendia excluir do ensino público os filhos de imigrantes ilegais. A proposição 187, como ficou conhecida, foi revogada na Suprema Corte, que considerou não apenas que a educação é um direito inalienável de todo ser humano, mas também que as crianças não deveriam ser punidas pelos crimes de seus responsáveis."

por conflitos intermináveis; refúgio é o que querem as minorias étnicas e/ou religiosas perseguidas; refúgio é o que procuram os que são privados de suas terras por desastres naturais; refúgio é o desejo das vítimas de violência doméstica; refúgio é anseio de trabalhadores que não têm esperança de parar de trabalhar, devido a dívidas impossíveis de serem quitadas. Refúgio, neste sentido, é um lugar onde se pode encontrar segurança, tranquilidade, e voltar a viver, em paz.

O termo refúgio[194], entretanto, foi apropriado pelo Direito Internacional para designar um *status* jurídico aplicável apenas a um grupo determinado de pessoas. Refugiados, então, é o termo escolhido para designar um grupo específico e vulnerável de migrantes. De acordo com a construção histórica e jurídica do instituto, que será explicada na sequência, pode-se dizer que os refugiados são aqueles migrantes que se veem obrigados a deixar seu país,

[194] É importante destacar que em alguns momentos, especialmente em citações, aparece a palavra asilo, em vez de refúgio. Na maior parte do mundo, o asilo é considerado um gênero, do qual o refúgio é uma espécie, sendo aquele, portanto, mais amplo que este. Atualmente é usada a nomenclatura 'solicitante de asilo' em geral para designar as pessoas a quem ainda não foi reconhecido o status de refugiado, muito embora defensores de direitos humanos rechacem esta diferenciação. Entretanto, no âmbito da América Latina existe costumeira e convencionalmente prevista a concessão do chamado de asilo político, o qual possui diferenças significativas do refúgio, motivo pelo qual opta-se, no texto principal, pela utilização majoritária deste termo. Flávia Piovesan (2001, p. 64) esclarece as principais diferenças entre o asilo latino-americano e o refúgio: "Por fim, quanto aos institutos do asilo (na acepção regional latino-americana) e do refúgio (em sua acepção global), embora sejam institutos diferentes, buscam ambos a mesma finalidade – que é a proteção da pessoa humana. O refúgio é um instituto jurídico universal, tendo alcance universal e o asilo é um instituto jurídico regional, tendo alcance na região da América Latina. O refúgio é medida essencialmente humanitária, que abarca motivos religiosos, raciais, de nacionalidade, de grupo social e de opiniões políticas, enquanto o asilo é medida essencialmente política, abarcando apenas os crimes de natureza política. Para o refúgio basta o fundado temor de perseguição, já no asilo há a necessidade da efetiva perseguição. No refúgio a proteção como regra se opera fora do país, já no asilo a proteção pode se dar no próprio país ou na embaixada do país de destino (asilo diplomático). Outra distinção está na natureza do ato de concessão de refúgio e asilo – enquanto a concessão de refúgio apresenta efeito declaratório, a concessão de asilo apresenta efeito constitutivo, dependendo exclusivamente da decisão do país. Ambos os institutos, por sua vez, identificam-se por constituírem uma medida unilateral, destituída de reciprocidade e sobretudo por objetivarem fundamentalmente a proteção da pessoa humana. Daí a necessária harmonização e complementaridade dos dois institutos, que integram o sistema internacional de proteção dos direitos humanos, destinado a garantir a dignidade e os direitos de todos os seres humanos, em todas e quaisquer circunstâncias." (PIOVESAN, 2001, p. 64)

em geral por temor de perseguições em razão da sua raça, religião, nacionalidade ou opiniões políticas. Nos instrumentos atuais de proteção dos refugiados incluiu-se o temor de perseguição em razão do pertencimento a determinado grupo social, bem como em razão da ocorrência de conflitos armados, invasões estrangeiras e violações maciças de direitos humanos. Existem outros grupos de pessoas obrigadas a deixar seus países, os quais, entretanto, não são abrigados pela tutela jurídica internacional concedida aos refugiados.[195] Entre estes destacam-se os chamados "refugiados ambientais" e os "refugiados econômicos".[196]

Pessoas deslocadas de seus locais de origem por motivos de perseguições políticas, discriminação exacerbada, guerras, existem desde os primórdios da história da humanidade, como é possível inferir da história do Egito antigo[197] e até mesmo das narrativas bíblicas[198]. Elas perdem a proteção da

[195] *"The term 'refugee' is a term of art, that is, a term with a content verifiable according to the principles of general international law. In ordinary usage, it has a broader, looser meaning signifying someone in flight, who seeks to escape conditions or personal circumstances found to be intolerable. The destination is not relevant; the flight is to freedom, to safety. Likewise, the reasons for flight may be many; flight from oppression, from a threat to life or liberty, flight from prosecution; flight from deprivation, from gridding poverty; flight from war or civil strife; flight from natural disasters, earthquake, flood, drought, famine. Implicit in the ordinary meaning of the word 'refugee' lies an assumption that the person concerned is worthy of being, and ought to be, assisted, and, if necessary, protected from the causes and consequences of flight. The 'fugitive' from justice, the person fleeing criminal prosecution for breach of the law in its ordinary and non-political aspect, is therefore often excepted from this category of refugees."* (GOODWIN-GILL, 1996, p. 3)

[196] Os "refugiados ambientais" são aqueles obrigados a sair de sua terra em razão de desastres naturais, como furacões, enchentes, terremotos, ou de modificações ambientais que dificultem ou possibilitem a sua manutenção no local, como a desertificação, ou inundação da terra habitada. Por sua vez, "refugiados por motivos econômicos são os mais difíceis de serem definidos, confundindo-se em parte com os assim chamados migrantes (emigrantes e imigrantes). Em termos abstratos, poderíamos definir o refugiado econômico como aquele que se vê diante da impossibilidade total de satisfazer suas necessidades vitais no país do qual é nacional, enquanto o migrante, ao menos em tese, poderia subsistir em seu país natal, mas, insatisfeito com as condições locais, se desloca para outra região, em busca de melhores perspectivas." (CASELLA, 2001, p. 24)

[197] Zayed (2010) narra que a região do Delta do Rio Nilo foi espaço de inúmeros fluxos migratórios, como o êxodo dos hebreus. Ainda, ao tratar das relações dos Egito com a Núbia, Zayed (2010) reflete sobre a presença de um grupo que teve influência na região, que se refere como grupo C, sobre o qual pouco se sabe, e sobre o qual se questiona "se os povos desse grupo não teriam sido forçados, por alguma razão (seca, presença de forças egípcias na Núbia), a abandonar a Baixa Núbia, provavelmente durante a XII dinastia. Esses povos teriam

sua comunidade (a qual, na atualidade, pode ser representada pelo Estado). Perdem as referências sociais, culturais, políticas etc. Passam a uma situação de grande vulnerabilidade, uma vez que normalmente "aportam" em lugar estranho onde serão estrangeiros, forasteiros sem direito à reciprocidade[198]. Normalmente desprovidos de documentos, ou de documentos válidos, têm dificuldade para se apresentar às autoridades e não podem, ou não querem, solicitar auxílio aos representantes do local de onde saíram. Muito embora tenham sido identificados grupos de refugiados desde a antiguidade, mais especialmente a partir do século XV, foi somente no início do século XX, em razão das alterações políticas que ocorriam na época,[199] que estes ganharam algum tipo de proteção legal (JUBILUT, 2007).

O aumento alarmante de grupos de pessoas saindo de seus países de origem que aconteceu no início do século XX, especialmente depois da Revolução Bolchevique na Rússia e com o advento e fim das duas Guerras Mundiais, gerou preocupação na comunidade internacional[200]. Além disso,

então deixado suas habitações no vale do Uadi el-Aaki, rumando para as montanhas do mar Vermelho, onde vivem hoje as tribos Beja." (ZAYED, 2010, p. 106)

198 O Direito dos estrangeiros é tradicionalmente regido pelo ordenamento jurídico de cada Estado. Os benefícios e direitos concedidos a estes são, na maioria das vezes, decorrentes de tratados bilaterais que se pautam na reciprocidade.

199 Acontecimentos como a Revolução Russa (1917) a ascensão do Nazismo na Alemanha (1933), bem como as duas Guerras Mundiais (1914-1919 e 1939-1945), foram os principais acontecimentos que geraram grandes fluxos de refugiados.

200 Hobsbawm (2008, p. 57-58) descreve que: "A Primeira Guerra Mundial e a Revolução Russa forçaram milhões de pessoas a se deslocarem como refugiados, ou por compulsórias 'trocas de população' entre Estados, que equivaliam à mesma coisa. Um total de 1,3 milhão de gregos foi repatriado para a Grécia, sobretudo da Turquia; 400 mil turcos foram decantados no Estado que os reclamava; cerca de 200 mil búlgaros passaram para o diminuído território que tinha o seu nome nacional; enquanto 1,5 ou talvez 2 milhões de nacionais russos, fugindo da Revolução Russa ou no lado perdedor da Guerra Civil russa, se viram sem pátria. Foi sobretudo para estes, mais do que para os 300 mil armênios que fugiam do genocídio, que se inventou um novo documento para aqueles que, num mundo cada vez mais burocratizado, não tinham existência burocrática em qualquer Estado: o chamado passaporte Nansen da Liga das Nações, com o nome do grande explorador ártico que fez uma segunda carreira como amigo dos sem-amigos. Numa estimativa por cima, os anos 1914-22 geraram entre 4 e 5 milhões de refugiados." E continua: "A primeira enxurrada de destroços humanos foi o mesmo que nada diante do que se seguiu à Segunda Guerra Mundial, ou da desumanidade com que foram tratados. Estimou-se que em maio de 1945 havia talvez 40,5 milhões de pessoas desenraizadas na Europa, excluindo-se trabalhadores forçados dos alemães e alemães que fugiam diante dos exércitos soviéticos [...]. Não haviam refugiados apenas na Europa. A descolonização da

houve no período entre guerras graves crises econômicas que contribuíram para a geração de grandes contingentes de migrantes concomitantemente a um nacionalismo exacerbado e, consequentemente, uma xenofobia violenta, especialmente contra judeus e outras minorias sem Estados que correspondessem a suas etnias. Estas pessoas que não podiam mais contar com a proteção de um Estado, "o refugo da terra", nas palavras de Hannah Arendt (2012), perdiam qualquer garantia de gozo dos seus direitos humanos, uma vez que nesta época esta estava ainda estreitamente vinculada à cidadania e à nacionalidade[201].

As guerras, os conflitos internos, as revoluções e golpes, manifestações da constante busca humana pelo poder, são as principais causas de fluxos de refugiados. De acordo com o ACNUR (UNHCR, 2020), até o final do ano de 2020, o número de refugiados chegou a 82,4 milhões, somente em razão do conflito na Síria são 13,5 milhões de pessoas fora do país e mais 6,7 milhões descoladas internamente.[202] Os motivos pelos quais eles são obrigados a fugir são muitos: terem sido desapropriados das suas terras pelos invasores ou

Índia em 1947 criou 15 milhões deles, obrigados a cruzar as novas fronteiras entre a Índia e o Paquistão [...]. A Guerra da Coréia, outro subproduto da Segunda Guerra Mundial, produziu talvez 5 milhões de coreanos deslocados. [...]"

201 "A Primeira Guerra Mundial foi uma explosão que dilacerou irremediavelmente a comunidade dos países europeus, como nenhuma outra guerra havia feito antes. A inflação destruiu toda a classe de pequenos proprietários a ponto de não lhes deixar esperança de recuperação, o que nenhuma crise financeira havia feito antes de modo tão radical. O desemprego, quando veio, atingiu proporções fabulosas, sem se limitar às classes trabalhadoras mas alcançando nações inteiras, com poucas exceções. As guerras civis que sobrevieram e se alastraram durante os vinte anos de paz agitada não foram apenas mais cruéis e mais sangrentas do que as anteriores: foram seguidas pela migração de compactos grupos humanos que, ao contrário de seus predecessores mais felizes, não eram bem-vindos e não podiam ser assimilados em parte alguma. Uma vez fora do país de origem, permaneciam sem lar; quando deixavam o seu Estado, tornavam-se apátridas; quando perdiam os seus direitos humanos, perdiam todos os direitos: eram o refugo da terra. Nada do que estava sendo feito, por mais incrível que fosse e por mais numerosos que fossem os homens que conheciam e previam as consequências, podia ser desfeito ou evitado. Cada evento era definitivo como um julgamento final, um julgamento que não era passado nem por Deus nem pelo Diabo, mas que parecia a expressão de alguma fatalidade irremediavelmente absurda." (ARENDT, 2012, p. 300)

202 De acordo com as estimativas do ACNUR, em meados de 2021 a população refugiada deve ter ultrapassado 84 milhões de pessoas. Destas, 68% são originárias de apenas cinco países: Síria (6,8 milhoes), Venezuela (4,1 milhões), Afeganistão (2,6 milhões), Sudão do Sul (2,2 milhões) e Myanmar (1,1 milhões) (UNHCR, 2022)

novos governantes; discordarem das ideologias dos grupos que assumem o poder; pertencerem a minorias que não são toleradas pelo novo governo; não aceitarem colaborar com o governo ou com os grupos armados que dominam determinadas regiões; serem discriminados ou desprovidos da sua nacionalidade pela legislação instituída; dentre vários outros. Esse era o quadro geral no período das guerras mundiais.[203]

As primeiras ações concretas com relação aos refugiados tinham basicamente o intuito de lhes prestar assistência jurídica, uma vez que eles estavam desprovidos de qualquer proteção por parte dos Estados aos quais pertenciam. Com o tempo e a institucionalização jurídica e material da proteção aos refugiados, foram-se ampliando os objetivos para além da questão jurídica, incluindo assistência para o assentamento, reassentamento, reunião familiar, repatriação (HATHAWAY, 2005).

Foi no âmbito da Liga das Nações[204] que se desenvolveram os primeiros esforços de proteção aos refugiados. Não havia disposição expressa sobre este mandato da Liga, todavia, devido ao comprometimento em cooperar com a Cruz Vermelha[205], a organização foi chamada a atuar em prol dos refugiados, já no início da década de 1920 (ANDRADE, 2006, p. 43). Foi criado, em 1921, o Alto Comissariado para Refugiados Russos[206] (ANDRADE, 2006, p. 44), que tinha como funções principais emitir documentos substitutivos, que deveriam ser aceitos pelos Estados Partes como passaportes, e prestar assistência consular aos refugiados – atividade normalmente privativa dos Estados (HATHAWAY, 2005). Nesse momento histórico, a Ligas das Nações adotou um enfoque coletivo para a definição de refugiado, bastando que

[203] Conferir nota de rodapé 200.

[204] A Liga das Nações, também chamada de Sociedade das Nações, foi a organização internacional de caráter universal criada através do Tratado de Versalhes ao final da primeira Guerra Mundial, em 1919, com o intuito de promover a manutenção da paz e garantir a segurança internacionais, e que funcionou formalmente até 1946, com o fim da Segunda Guerra Mundial e criação da Organização das Nações Unidas.

[205] A Cruz Vermelha é uma organização fundada pelos suíços Henry Dunant e Gustava Moynier no século de XIX com intuito de proteger e atender vítima de guerra, especialmente civis, e goza de um status sui generis na esfera internacional.

[206] Em razão da Revolução Bolchevique, de 1917, muitos russos e pessoas de outros países do leste europeu, foram forçados a deixar seus lares, especialmente por questões políticas, tendo sido muitos deles "desnacionalizados", tornando-se, então, refugiados. (HATHAWAY, 2005)

estivesse fora do país e sem a proteção do governo do seu Estado (ANDRADE, 2006, p. 44). A questão ainda era vista como algo passageiro, entretanto, devido à constância dos fluxos de refugiados e à diminuição do acolhimento por muitos países, foram elaboradas, no âmbito da Liga das Nações, recomendações sobre o tratamento dos refugiados[207] e, posteriormente, uma Convenção sobre o *status* Internacional dos Refugiados[208], em 1933 (HATHAWAY, 2005), a qual foi ratificada por apenas oito Estados (ANDRADE, 2006, p. 46)[209].

Ainda antes da eclosão da segunda Guerra Mundial, foram criados outros organismos, tanto vinculados à Liga das Nações, como o Alto Comissariado para Refugiados Russos, como independentes, como o Comitê Intergovernamental para Refugiados (CIR), para cuidar da questão dos refugiados, especialmente daqueles oriundos da Alemanha e da Áustria, bem como da União Soviética (BARBOSA; HORA, 2007; ANDRADE, 2006; GOODWIN-GILL, 1996). O final da segunda Guerra Mundial deixou um contingente imenso de refugiados. Percebeu-se, então, que a questão não poderia ser resolvida pela UNRRA[210] (ANDRADE, 2006, p. 50). Em 1947 foi então criada a Organização Internacional para os Refugiados (OIR), "com um mandato provisório de um ano e meio de duração" (BARBOSA; HORA, 2007, p. 17), e extintas

207 As recomendações estabelecidas incluíam a extensão de determinados aos estrangeiros, como o acesso à justiça, trabalho, igualdade tributária. (HATHAWAY, 2005)

208 "The [...] 1933 Convention relating to the International Status of Refugee is one of the earliest examples of states agreeing to codify human rights as matters of binding international law." (HATHAWAY, 2005, p. 87)

209 Apesar desta pequena aceitação, este instrumento introduziu importantes mudanças no regime de direitos dos refugiados. Uma delas foi a introdução da ideia de aceitação da livre supervisão internacional da observância dos direitos humanos, e a outra foi a reformulação dos direitos humanos dos estrangeiros, pois, em vez de simplesmente incluir os refugiados no sistema tradicional do direito dos estrangeiros, os Estados adaptaram e ampliaram os princípios gerais deste direito para se adequar as reais necessidades dos refugiados, dentre as quais se encontra a renúncia à reciprocidade. (HATHAWAY, 2005)

210 Em 1943 foi estabelecida a Administração das Nações Unidas para o Socorro e a Reconstrução (UNRRA). Esta agência tinha como objetivo atuar nas áreas devastadas pela guerra, mas que já haviam sido liberadas, de forma a prover aos refugiados e deslocados de guerra condições mínimas, além de garantir a sua repatriação. (ANDRADE, 2006, p. 49). "Sua operação, que se estendeu até o ano de 1947, repatriou mais de sete milhões de pessoas." (BARBOSA; HORA, 2007, p. 16).

a UNRRA e o CIR[211].[212] Segundo Barbosa e Hora (2007, p. 17) "sua atuação foi bastante razoável, reassentando aproximadamente um milhão de pessoas, repatriando 63 mil e fixando outras 410 mil nos países onde lograram chegar e desejavam viver."

Nesse momento, já havia sido criada a Organização das Nações Unidas, em 1945, e extinta a Liga das Nações, em 1946. Foi no âmbito da ONU que se começou a pensar em uma organização que viesse a substituir a OIR e a buscarem-se critérios que fossem universalmente acatados (BARBOSA; HORA, 2007, p. 17). Em dezembro de 1950 foi então criado o Alto Comissariado das Nações Unidas para os Refugiados (ACNUR).[213] "O mandato primordial do ACNUR se restringia a garantir a proteção internacional dos refugiados e a

[211] Em 1938 foi criada uma organização internacional independente para tratar da situação dos refugiados da Alemanha e da Áustria. O Comitê Intergovernamental para Refugiados (CIR) foi criado por iniciativa dos EUA e tinha como propósito negociar com os governos da Alemanha e Áustria uma forma de organizar a emigração dos refugiados destes países. Em um primeiro momento teve uma atuação limitada, pois muitos países, entendendo que o fenômeno do nazismo era algo passageiro, não se comprometeram financeiramente e nem de outras formas para viabilizar uma melhor atuação da instituição. Porém, já no período final da Guerra, em 1943, novos países tornaram-se membros e o mandato da instituição foi ampliado para abarcar todos os refugiados europeus que fugiam de seus países em razão de perseguições. A grande contribuição do CIR foi a inclusão da necessidade de existência de algum tipo de perseguição para a caracterização da condição de refugiado. (ANDRADE, 2006; GOODWIN-GILL, 1996)

[212] "A OIR responsabilizou-se pelo lado operacional dos programas dessas duas organizações, no que respeita tanto à repatriação dos deslocados de guerra que desejavam retornar aos seus lares, quanto ao reassentamento dos refugiados que optaram por não ser repatriados." (ANDRADE, 2006, p. 50)

[213] No Estatuto do ACNUR constam suas atribuições, diretrizes para atuação e administração, e especialmente a definição de quem deve ser protegido pela organização. É dada competência para atuar com relação aos refugiados reconhecidos nos termos dos diversos tratados precedentes; aos que estivessem fora de seu país em razão dos eventos ocorridos antes de 1º de janeiro de 1951, por razões de conveniência pessoal ou pelos mesmos posteriormente elencados na Convenção de 1951, excetuando-se o motivo de pertencimento a um determinado grupo social; e ainda aos estejam fora do seu país de nacionalidade, ou não tenham nacionalidade, do país de sua residência habitual, por ter ou ter tido um fundado temor de perseguição em razão de sua ração, religião, nacionalidade ou opinião política e está incapacitado ou, em razão de tal temor, não pode valer-se da proteção do governo de sua nacionalidade, ou, se não possui nacionalidade, retornar ao seu país de residência habitual anterior. Esta última competência é de aplicação universal, não contendo nem limitações temporais ou geográficas, apenas a limitação substantiva ou ideológica. (GOODWIN-GILL, 1996, p. 7-8)

buscar em seu favor soluções permanentes" (ANDRADE, 2006, p. 51). Mesmo neste momento, a questão dos refugiados continuava sendo vista como temporária. Nesse sentido, o ACNUR também foi criado com prazo para sua atuação, o qual era de três anos. Entretanto, passado este período, a Assembleia Geral decidiu prolongar o seu mandado a cada cinco anos. (ANDRADE, 2006, p. 52). No ano seguinte à criação do ACNUR, também sob os auspícios da ONU foi elaborada a Convenção de 1951 sobre o Estatuto dos Refugiados[214], a qual permanece como principal marco jurídico quanto à definição e proteção dos refugiados até a atualidade.

A Convenção de 1951, portanto, foi marcada por influência quase que exclusivamente europeia e norte-americana, tomando por base a situação dos refugiados europeus das Guerras Mundiais. Com o tempo, entretanto, novos contingentes de refugiados surgiram em outros continentes, os quais não eram abarcados pelas definições da Convenção. Sentiu-se a necessidade da elaboração de documentos regionais, o que foi feito no âmbito da antiga Organização da Unidade Africana [OUA][215] com a Convenção Africana sobre Refugiados (AU, 1969). Na América, em especial em razão dos acontecimentos da década de 1970 na América Central, foi elaborada uma Declaração sobre o Direito dos Refugiados, em 1984, em Cartagena, Colômbia. Tanto o documento africano quanto o americano apresentam uma definição ampliada de refugiados, adaptada à realidade de cada continente.

A Convenção Africana sobre Refugiados foi elaborada em 1969, e entrou em vigor em 1974. Nessa Convenção, além da definição existente na de 1951, no artigo I (2) há previsão de que são refugiados também as pessoas que deixam seu país em razão de agressão ou ocupação externa, dominação estrangeira, acontecimentos que perturbem gravemente a ordem pública na

[214] Sobre a tradução do nome da Convenção de 1951 para o português, Jubilut (2007, p. 43) apresenta a sua crítica: "A denominação inglesa desse diploma legal é *Convention on the Status of Refugees*, tendo sido traduzida para o português como 'Convenção sobre o Estatuto de Refugiado'. Ocorre que *status* não significa estatuto, *status* visa designar uma posição pessoal, uma condição e 'no direito, atributos da personalidade legal, particularmente da personalidade de uma pessoa natural, isto é, do ser humano. Status vem a ser a posição de uma pessoa em face da lei, que determina seus direitos e deveres em contextos particulares. Ou seja, o *status* de uma pessoa pode ser alterado caso o contexto do qual aquele decorre seja modificado, mesmo que o estatuto que regula permaneça o mesmo."

[215] Em 2002 a Organização da Unidade Africana foi sucedida pela União Africana.

totalidade ou parte do seu país de origem ou de nacionalidade[216]. Tal ampliação das condições para reconhecimento de refugiados se justifica no continente africano, tendo em vista os inúmeros conflitos internos e internacionais que assolaram a região depois do período de descolonização.[217] Além das disputas entre países por territórios que haviam sido artificialmente marcados pelos europeus, a dominação, também artificialmente imposta, por determinados grupos étnicos – geralmente minoritários –, foi o fundamento de criação de grupos rebeldes que reivindicam o poder ou a independência de regiões, por não aceitar submeter-se ao poder estabelecido, mas não reconhecido ou legitimado por boa parte da população (MAZRUI; WONDJI, 2010). Nesse cenário, além de toda a violência inerente às guerras e aos conflitos internos, as disputas étnicas, pautadas em rivalidades antigas ou novas, deram ensejo a perseguições e massacres em larga escala[218].

[216] *"Article 1 – Definition of the term 'Refugee' – [...] 2. The term "refugee" shall also apply to every person who, owing to external aggression, occupation, foreign domination or events seriously disturbing public order in either part or the whole of his country of origin or nationality, is compelled to leave his place of habitual residence in order to seek refuge in another place outside his country of origin or nationality."* (AU, 1969)

[217] Pode-se citar como exemplos a guerra na Argélia, onde estima-se que morreram mais de 1 milhão de argelinos (HRBEK, 2010), a guerra do Congo, e posteriormente as guerras pela independência de Angola e Moçambique. Em Angola a repressão portuguesa contra o movimento independentista resultou em mais de 30 mil mortos e mais de 150 mil exilados (M'BOKOLO, 2010). Mesmo após a independência formal das antigas colônias, o continente permaneceu permeado por conflitos que culminaram em graves crises humanitárias e, inclusive, genocídios, como nas regiões de Biafra (Nigéria), em Ruanda, e em Darfur (Sudão do Sul). Na guerra civil nigeriana, decorrente da declaração de independência da região de Biafra, no final da década de 1960, foram perdidas aproximadamente 1 milhão de vidas (MEREDITH, 2017), já em Ruanda, na década de 1990, houve um massacre sem precedentes, "em cem dias, cerca de 800 mil pessoas foram massacradas" (MEREDITH, 2017, p. 642), por fim, em Darfur, já nos anos 2000, de acordo com Meredith (2017, p. 658) "em 2010, estimava-se que 300 mil haviam morrido e 3 milhões tinha ficado desabrigados."

[218] Muitas das disputas entre grupos étnicos na África foram direita ou indiretamente provocadas pela colonização/descolonização. Os colonizadores, em geral, aproximavam-se de determinado grupo, muitas vezes minoritário, ao qual eram concedidos privilégios e, quando da descolonização, ficaram no poder, gerando a revolta dos demais. O genocídio em Ruanda é exemplo de uma das muitas consequências para o continente deste tipo de política praticada pelos colonizadores.

Na América, por sua vez, foi elaborada uma Declaração, que passou a ser referida como Declaração de Cartagena[219]. Este tipo de documento não é formalmente vinculante para os Estados, todavia, nas palavras de Liliana Jubilut (2007, p. 105):

> Tal documento, e a adoção da definição ampliada por ele propugnada, inspiraram a prática do refúgio em vários Estados da América, entre eles o Brasil[220], razão por que apesar de ser uma fonte subsidiária apresenta enorme relevância, sendo que alguns a veem como dotada da mesma força de um costume, ou até, de um tratado internacional.

A temática dos refugiados e as peculiaridades do fenômeno na América Latina ganharam relevo naquele momento histórico. Os deslocamentos de refugiados da América do Sul nas décadas de 1960 e início dos anos de 1970, em sua grande maioria perseguidos por questões políticas, decorrentes dos regimes ditatoriais, enquadravam-se nos moldes da Convenção de 1951 e Protocolo de 1967. Por outro lado, ainda na década de 1970, eclodiram na América Central movimentos revolucionários e guerras civis que geraram um significativo número de pessoas deslocadas que não preenchiam os requisitos para o reconhecimento da condição de refugiados, especialmente oriundos de países como a Nicarágua, El Salvador e Guatemala[221], gerando um problema no continente (FRANCO, 1994). De acordo com Mejía Ortiz (1995), apesar

[219] Esta Declaração foi resultado de um colóquio realizado em 1984, em Cartagena, na Colômbia, promovido pela Universidade de Cartagena, pelo Centro Regional de Estudos do Terceiro Mundo e o ACNUR, além de contar com o apoio do Governo da Colômbia. (FRANCO, 1994).

[220] Na lei nº 9.474, que define os mecanismos para a implementação da Convenção de 1951 no Brasil, consta que também é considerado refugiado aquele que "devido a grave e generalizada violação de direitos humanos, é obrigado a deixar seu país de nacionalidade para buscar refúgio em outro país", conforme proposto na Declaração de Cartagena.

[221] Em 1979 na Nicarágua, através da Revolução Sandinista, tirou-se do poder a família Somoza, ditadura apoiada pelos EUA, assumindo o poder os sandinistas, grupo que tinham apoio do bloco socialista. Em El Salvador o poder era controlado por militares de direita durante o período da década de 1970, os quais, sob a justificativa de combate a guerrilhas de esquerda tomaram diversas medidas repressivas e praticaram inúmeras violações aos direitos humanos. Já na Guatemala, o exército exercia grande influência no governo, e a partir da década de 1970, o país contou com vários presidentes militares, e em razão do combate pelo governo a diversos grupos insurgente, passou por um longo período de guerra civil.

de se contar apenas com fontes estatísticas pouco confiáveis, estima-se que no período o número de refugiados da América Central tenha aumentado para mais de 150 mil, além de a região contar com mais de 1,8 milhões de deslocados internos.

Na Declaração foram reafirmadas a necessidade de reconhecimento e aplicação da Convenção de 1951 e do Protocolo de 1967 pelos países da região, bem como é apontada a necessidade de se expandir a definição de refugiado[222], assim como havia sido feito no âmbito da OUA[223]. Importante destacar que a Declaração reconhece o princípio do *non-refoulement* como *jus cogens*, bem como formula um apelo aos países signatários da Convenção Americana de Direitos Humanos[224], de 1969, para que apliquem as disposições ali contidas também aos refugiados.

Desta forma, portanto, muito embora existam indivíduos e populações inteiras em busca de refúgios contra as guerras, a violência urbana, os desastres naturais, a discriminação, a pobreza, somente são reconhecidos como refugiados aqueles que preenchem os requisitos da Convenção de 1951 e/ou Protocolo de 1967, ou ainda, no âmbito africano e americano (nos países que internalizaram a definição de refugiado elaborada na Declaração de

[222] *"This expanded definition, which clearly matches the developments within the UN, has also been proposed as the criterion generally applicable in situations of mass influx, although care is required in calculating the precise legal implications."* (GOODWIN-GILL, 1996, p. 21)

[223] O Colóquio adotou, deste modo, as seguintes conclusões: [...] **Terceira** – Reiterar que, face à experiência adquirida pela afluência em massa de refugiados na América Central, se toma necessário encarar a extensão do conceito de refugiado tendo em conta, no que é pertinente, e de acordo com as características da situação existente na região, o previsto na Convenção da OUA (artigo 1., parágrafo 2) e a doutrina utilizada nos relatórios da Comissão Interamericana dos Direitos Humanos. Deste modo, a definição ou o conceito de refugiado recomendável para sua utilização na região é o que, além de conter os elementos da Convenção de 1951 e do Protocolo de 1967, considere também como refugiados as pessoas que tenham fugido dos seus países porque a sua **vida**, segurança ou liberdade tenham sido ameaçadas pela violência generalizada, a agressão estrangeira, os conflitos internos, a violação maciça dos direitos humanos ou outras circunstâncias que tenham perturbado gravemente a ordem pública. (DECLARAÇÃO, 1984. Grifos no original.)

[224] Eram partes da Convenção Americana de Direitos Humanos, em janeiro de 2019: Argentina, Barbados, Bolívia, Brasil, Chile, Colômbia, Costa Rica, Dominica, Equador, El Salvador, Granada, Guatemala, Haiti, Honduras, Jamaica, México, Nicarágua, Panamá, Paraguai, Peru, República Dominicana, Suriname e Uruguai. Dados disponíveis em: http://www.oas.org/dil/esp/tratados_B-32_Convencion_Americana_sobre_Derechos_Humanos_firmas.htm. Acesso em: 6 jan. 2019.

Cartagena, como o Brasil[225]), as definições expandidas formuladas em seus respectivos documentos sobre o tema.

Durante o período de construção da tutela jurídica internacional para os refugiados, passou-se por diferentes formas de abordagem da questão. Devido aos fluxos massivos do início do século, segundo Jubilut (2007, p. 27) a abordagem inicial se dava "a partir de critérios coletivos, ou seja, concedia-se a proteção para indivíduos que provassem ser membros de um determinado grupo perseguido". Este reconhecimento com base nos critérios coletivos, ou *prima facie*, continua a ser utilizado nos casos de grandes fluxos gerados por guerras ou conflitos civis, como os casos mais atuais do Sudão e da Síria. Ainda segundo a autora mencionada (2007, p. 27), especialmente a partir da institucionalização do ACNUR, "passou-se a efetivar também tal qualificação a partir de dados de perseguições individuais."

A análise dos casos individualmente se deu "tanto em função dos poucos recursos existentes para acomodar a multidão de refugiados produzidos pela Segunda Guerra Mundial como por ampliar a discricionariedade dos Estados na proteção aos refugiados." (HATHAWAY, 1990 *apud* JUBILUT, 2008, p. 27). Assim sendo, os casos passaram a ser analisados de forma a verificar a plausibilidade da solicitação do refúgio em cada situação específica. Se por um lado tal fato restringiu a possibilidade de reconhecimento de refúgio para muitas pessoas que seriam enquadradas em tal proteção com base no critério coletivo, ela também permitiu que novas situações pudessem ser reconhecidas como geradoras da condição de refugiado, as quais, por não terem uma repercussão ou reconhecimento mais amplo, pelo critério coletivo, não permitiriam a concessão da proteção.[226] A situação das vítimas de tráfico de pessoas é beneficiada por este enfoque, uma vez que a situação individual de cada vítima solicitante de refúgio poderá ser analisada levando-se em consideração a sua condição pessoal e a conjuntura no seu país de origem.

[225] O Brasil reconhece pela lei n. 9.474/97 o conceito expandido de refugiados, ainda assim foi refratário no caso dos haitianos que vieram para o país após o grave terremoto ocorrido em 2010. No início de 2012 foi expedida normativa que concedia vistos humanitários aos que já estavam no território brasileiro, mas fechava as fronteiras para os novos deslocados que viessem ilegalmente. (ALENCAR, 2013)

[226] De acordo com o ACNUR (UNHCR, 2022) entre 2016 e 2020 foram tomadas 1.425.098 decisões sobre pedidos de refúgio. Destas, 350.825 (12%) foram de reconhecimento, 542.972 (19%) de rejeição, 423;056 (15%) de encerramento e 108.794 (4%) foram outras decisões.

Essas análises, entretanto, na maioria das vezes estão vinculadas à definição de refugiado que foi estabelecida na Convenção de 1951 (UN, 1951). Como já mencionado, a Convenção foi criada com intuito de resolver o problema dos refugiados europeus da Segunda Guerra Mundial. Naquele momento, passada a depressão econômica, as discussões sobre a concessão de direitos aos refugiados foram retomadas de onde tinham parado, pois os Estados entendiam que os refugiados não deveriam ser um problema social. Percebeu-se a importância de conceder-lhes direitos econômicos e sociais, integrando--os à sociedade e favorecendo o seu próprio sustento e de seus familiares (HATHAWAY, 2005). Foi baseada em grande parte nos direitos concedidos aos refugiados na Convenção de 1933 (LN, 1933)[227], tendo como fonte secundária de inspiração a Declaração Universal dos Direitos Humanos, de 1948. Foi dada especial atenção "à definição de uma esfera de liberdade individual dos refugiados que não havia em nenhum dos acordos anteriores" (HATHAWAY, 2005, p. 94)[228], sendo inviabilizado aos Estados fazerem qualquer reserva quanto às obrigações relativas à garantia contra a discriminação, a liberdade de religião, o acesso à justiça e proteção contra o *refoulement* dos refugiados[229] (HATHAWAY, 2005).

A Convenção de 1951 (UN, 1951) conta com uma definição que delimita as condições para alguém ser reconhecido como refugiado.[230] Em síntese, seriam pessoas que, em razão dos acontecimentos anteriores a 1º de janeiro de

[227] Na Convenção de 1933, por exemplo, já constava a proibição do refoulement, e apareciam direitos socioeconômicos como a liberação de restrições ao trabalho de estrangeiros, acesso a benefícios concedidos pelo governo, acesso a educação, entre outros. (HATHAWAY, 2005)

[228] Tradução livre. No original: "to the definition of a sphere of personal freedom for refugees than did any of the earlier refugee agreements."

[229] Artigo 42 – Reservas: "1. No momento da assinatura, da ratificação ou da adesão, qualquer Estado poderá formular reserva aos artigos da Convenção, que não os artigos 1, 3, 4, 16(1), 33 e 36 a 46 inclusive. [...]" (BRASIL, 1961)

[230] "Artigo 1º Definição do termo 'refugiado': A. Para fins da presente Convenção, o termo 'refugiado' se aplicará a qualquer pessoa: 1) Que foi considerada refugiada nos termos dos Ajustes de 12 de maio de 1926 e de 30 de junho de 1928, ou das Convenções de 28 de outubro de 1933 e de 10 de fevereiro de 1938 e do Protocolo de 14 de setembro de 1939, ou ainda da Constituição da Organização Internacional dos Refugiados; [...] 2) Que, em consequência dos acontecimentos ocorridos antes de 1º de janeiro de 1951 e temendo ser perseguida por motivos de raça, religião, nacionalidade, grupo social ou opiniões políticas, encontra-se fora do país de sua nacionalidade e que não pode ou, em virtude desse temor, não quer valer-se da proteção desse país, ou que, se não tem nacionalidade encontra-se fora do país no qual

1951 na Europa, estivessem fora do país de origem por um fundado temor de perseguição em razão de sua raça, religião, nacionalidade, opiniões políticas ou por pertencer a um determinado grupo social[231], bem como não poder, ou não querer valer-se da proteção do seu Estado de nacionalidade, ou de residência habitual, no caso dos apátridas[232]. Era possível, ainda, optar por estender os efeitos para acontecimentos fora da Europa, mas a delimitação temporal permanecia. No entanto, devido ao constante surgimento de novos grupos de refugiados em razão, por exemplo, dos processos de descolonização seus desdobramentos em África[233] e Ásia[234], bem como da implementação de governos autoritários na América Latina[235], em 1967 foi elaborado um Protocolo que, para os Estados que o ratificaram, eliminou o requisito temporal[236],

tinha sua residência habitual em consequência de tais acontecimentos, não pode ou, devido ao referido temor, não quer voltar a ele. [...]" (UN, 1951)

[231] Segundo o Manual de Procedimentos e Critérios para a Determinação da Condição de Refugiado do ACNUR (2011): raça deve ser entendida em seu sentido amplo, abarcando todas as etnias, bem como "membros de grupos sociais específicos de origem comum, formando uma minoria no seio de uma vasta população" (p. 17). Quanto à religião, a perseguição "pode assumir várias formas, tais como a proibição de fazer parte de uma comunidade religiosa, de praticar o culto em privado ou em público, da educação religiosa ou a imposição de graves medidas discriminatórias sobre pessoas por praticarem a sua religião u pertencerem a uma comunidade religiosa específica." (p. 18). No que concerne à nacionalidade, esta não se refere apenas à cidadania, mas também ao pertencimento a um grupo étnico e/ou linguístico, podendo se confundir também com a raça. No que diz respeito ao pertencimento a determinado grupo social, o Manual aponta que "um 'determinado grupo social' abrange pessoas cuja origem, estilo de vida e condição social são similares" (p. 18). Por fim, o Manual define que a perseguição por opiniões políticas acontece quando o perseguido não é tolerado pelas autoridades em razão de suas opiniões.

[232] Apátridas são pessoas que não são consideradas nacionais de nenhum Estado.

[233] Conferir nota de rodapé 217.

[234] Durante o processo de independência da Índia, a antiga colônia britânica foi dividida em dois Estados: a Índia, com população majoritariamente hindu, e o Paquistão, de população majoritariamente muçulmana. Logo após a independência ser proclamada, eclodiu conflito entre os dois Estados. Em razão tanto da divisão realizada como do conflito, mais de 6 milhões de refugiados saíram do Paquistão em direção à Índia. (CRUMPTON, 2005).

[235] Golpes militares ocorreram em toda a América Latina nas décadas de 1960 e 1970, fazendo com que políticos, artistas e ativistas tivessem que buscar asilo no exterior. No Brasil e Bolívia em 1964, na Argentina em 1966 e 1976, no Uruguai e Chile em 1973.

[236] O Protocolo é um instrumento independente da Convenção de 1951, apesar e fazer remissão expressa ao seu conteúdo. Não é necessária a prévia aceitação desta para ratificação daquele.

mas manteve as demais delimitações para o reconhecimento da condição de refugiado, conforme consta no artigo 1º (2) da Convenção de 1951 (UN, 1951)[237].

Satisfeitas as condições elencadas no artigo 1(2) da Convenção de 1951 (UN, 1951) a pessoa já pode ser considerada refugiada. Não há necessidade do reconhecimento formal para que alguém seja refugiado. O reconhecimento tem caráter declaratório, e não constitutivo. Ou seja, a condição de refugiado não é adquirida através do reconhecimento documental, ela é reconhecida pelo fato de ser reconhecida como refugiada (ACNUR, 2011). Contudo, muito embora este direito exista, ainda assim pode ser que o seu reconhecimento seja negado pelo Estado. Infelizmente os países não possuem estrutura e planejamento adequado para o recebimento e reconhecimento de refugiados, especialmente nos casos de pequenos grupos ou indivíduos sozinhos, quando são normalmente tratados como um migrante tradicional.

Uma pessoa pode, apesar de preencher os requisitos acima apresentados, não ser um refugiado. A Convenção de 1951 (UN, 1951), além de elencar as características que a pessoa deve ter para ser um refugiado, elenca ainda, nos termos do art. 1 – D, E e F, as chamadas causas de exclusão da condição de refugiado. São elas: pessoas que já se beneficiam de alguma proteção de instituições da ONU que não o ACNUR; quando for considerada pelo país onde se instalou como detentora de direitos e obrigações relacionadas com a posse da nacionalidade; quando houver razão para acreditar que cometeu crimes contra a paz, de guerra ou contra a humanidade, crimes graves de direito comum fora do país de refúgio, ou tornaram-se culpadas por atos contrários aos fins e princípios das Nações Unidas. No primeiro caso, ela já estará contemplada com a ajuda internacional necessária para garantir seus direitos fundamentais. No segundo, as pessoas não são consideradas necessitadas da proteção do refúgio, uma vez que podem valer-se da proteção do país onde estão sem o reconhecimento deste *status* especial. No terceiro caso, a pessoa não é considerada merecedora dessa proteção internacional, visto que ela mesma é uma violadora de direitos humanos, devendo-se levar em

[237] *"Time has shown its provisions [the 1951 Convention] to be inadequate to deal with certain aspects of today's refugee problems, but its principal objective was always the regulation of issues of legal status and of universally acceptable solutions."* (GOODWIN-GILL, 1996, p. 296).

consideração que no caso do cometimento de delitos comuns, estes devem ser considerados graves e ter previsão de punição severa, conforme o Manual do ACNUR (ACNUR, 2011).

As vítimas de tráfico de pessoas, por vezes, acabam também sendo privadas da possibilidade do reconhecimento de refúgio em razão da prática de delitos no curso do processo de tráfico (documentação falsa, imigração ilegal, prostituição, aborto, tráfico de drogas etc.). Entretanto, tendo em vista serem práticas ocorridas no curso do tráfico e, portanto, em geral de forma involuntária, não devem ser consideradas para fins de exclusão da condição de refugiado.

Os refugiados, para chegar a um país onde esperam estar livres das perseguições sofridas no seu local de origem, muitas vezes não possuem a documentação adequada para a viagem, como passaportes ou vistos e, a depender da gravidade da situação, sequer documentos de identificação[238]. Nesse escopo, esses sujeitos recorrem, invariavelmente, a subterfúgios para entrar ilegalmente no país. São utilizados documentos falsos, intermediação por *coyotes*,[239] ou, ainda, são feitas tentativas desesperadas, sem qualquer planejamento mais elaborado[240]. Apesar de muitos terem consciência deste direito, outros tantos não o conhecem e fogem apenas porque sentem que devem fugir. Vão com a esperança de conseguirem uma vida melhor noutro lugar, em meio a turistas, aventureiros, criminosos. Em razão disso, grande parte dos refugiados é abordada e tratada como imigrantes irregulares comuns, sendo por vezes presos, processados criminalmente, expulsos ou deportados, sem a oportunidade de solicitar o refúgio, ou enquadrados em alguma das situações de exclusão da

[238] No caso das vítimas de tráfico de pessoas, por exemplo, como já explicado, as vítimas costumam ter seus documentos tomados pelos traficantes.

[239] Nestes casos, o caminho do refugiado se cruza muitas vezes com os de traficantes de pessoas. Os grupos de pessoas que buscam refúgio são um dos grupos vulneráveis mais visados pelos criminosos, uma vez que normalmente, devido a situação de desespero em razão das perseguições que temem sofrer, aceitam fazer quase qualquer coisas para chegar a um 'porto-seguro', caindo assim, nas armadilhas dos traficantes que os levam a casas de prostituição, fábricas, navios, a fim que trabalhem incessantemente para pagar uma dívida que nunca conseguirão pagar, sofrendo violência e ameaças constantes.

[240] São correntes as notícias de grupos de refugiados que se lançam ao mar em embarcações precárias, que atravessam desertos caminhando por dias, ou que tentam atravessar fronteiras vigiadas, expondo-se às mais diversas intempéries para chegar a um 'refúgio'.

condição de refugiado, como acima explicado[241]. O ACNUR (2007, p. 1), em documento sobre a migração mista, ressalta que:

> Apesar de os refugiados e solicitantes de refúgio formarem uma porção relativamente pequena dos movimentos mundiais de pessoas, eles transitam cada vez mais de um país ou de um continente a outro ao lado de pessoas que se deslocam por outras razões não relacionadas com a proteção.
> Em geral, tais movimentos são irregulares, ou seja, acontecem sem a documentação necessária e frequentemente envolvem o tráfico de seres humanos. As pessoas que viajam desta forma muitas vezes colocam suas vidas em risco, são obrigadas a viajar em condições desumanas e podem se tornar objetos de exploração e abuso. Os Estados veem estes movimentos como uma ameaça à sua soberania e segurança.

Entretanto, mesmo quando as autoridades conhecem e são treinadas para lidar com os refugiados, não significa que estes sejam imediatamente bem recebidos. A Convenção de 1951 (UN, 1951) é, como já mencionado, um documento que apesar de ser um grande passo para a proteção do indivíduo, mantém nas mãos dos Estados o poder de dar a palavra final quanto ao reconhecimento da condição de refugiado. Os Estados, especialmente os desenvolvidos que possuem muitos migrantes e solicitações de refúgio, fazem suas próprias interpretações do documento, de maneira bastante restritiva – por

241 Para ilustrar a dificuldade para o reconhecimento da condição de refugiado, Gorlick (2005, p. 3), menciona que: *"For example, in the case of asylum-seekers from Iraq, 2003 figures show that an Iraqi asylum-seeker would have a negligible chance of being recognised as a Convention refugee in Western Europe, but would have a 50-80% chance in North America. Similarly, Iranian asylum-seekers would have between 1-25% chance of being recognised in Europe, and approx. 50-70% chance in North America. Asylum-seekers from Sudan, Afghanistan, China and Eritrea tell a similar story. UNHCR's mandate recognition rates for certain nationalities of asylum-seekers, for example Afghans in India, Sudanese in Kenya and Iranians in Turkey, is clearly on the liberal side of the spectrum with positive decisions between 65-90%. Of course these figures change over time, but one can map out particular trends whereby asylum countries over a period of years have more, or less, generous grants of refugee recognition status."* No mesmo sentido, menciona que na década de 1980 as solicitações de refúgio de pessoas de El Salvador eram deferidas em 80% dos casos no Canadá, enquanto apenas em 10-14% dos casos nos EUA (GORLICK, 2005).

vezes, inclusive ferindo frontalmente princípios elementares do instituto, como o *non-refoulement*, que será abordado adiante.

A caracterização do elemento perseguição é um dos fatores utilizados pelas autoridades estatais para negar os pedidos de refúgio. Guy Goodwin-Gill (1996) afirma que a inexistência de uma definição formal do que é perseguição, deixa uma margem de discricionariedade grande para os Estados e destaca que na prática não existe coerência nas decisões sobre a questão. O ACNUR (2011, p. 14) sugere a interpretação no sentido que:

> a ameaça à vida ou à liberdade em virtude da raça, religião, nacionalidade, opiniões políticas ou pertencimento a um grupo social específico é sempre caracterizada como perseguição. Outras violações graves aos direitos humanos – pelas mesmas razões – também poderiam caracterizar perseguição.

Ou seja, quando estão em risco os direitos humanos mais elementares, pode-se considerar que existe perseguição. Nas palavras de Jubilut (2007, p. 46):

> pode-se dizer que há perseguição quando houver uma falha sistemática e duradoura na proteção de direitos do núcleo duro de direitos humanos, violação de direitos essenciais sem ameaça à vida do Estado, e a falta de realização de direitos programáticos havendo recursos disponíveis para tal.[242]

[242] No mesmo sentido Guy Goodwin-Gill (1996, p. 77) vai afirmar que: "*Persecution results where the measure in question harm those interests and the integrity and inherent dignity of the human being to a degree considered unacceptable under prevailing international Standards or under higher standards prevailing in the State faced with determining a claim to asylum or refugee status.*". O mesmo autor (1996, p. 68) destaca que: "*The core meaning of persecution readily includes the threat of deprivation of life or physical freedom. In its broader sense, however, it remains very much a question of degree and proportion; less overt measures may suffice, such as the imposition of serious economic disadvantage, denial of access to employment, to the profession, or to education, or other restrictions on the freedoms traditionally guaranteed in a democratic society, such as speech, assembly, worship, or freedom of movement. Whether such restrictions amount to persecution within the 1951 Convention will again turn on an assessment of a complex of factors, including (1) the nature of the freedom threatened, (2) the nature and severity of the restriction, and (3) the likelihood of the restriction eventuating in the individual case.*"

A perseguição pode ser realizada tanto pelo Estado, quanto por agentes não estatais, pois, conforme Jubilut (2007, p. 46) os documentos internacionais sobre refugiados

> não adjetivam o termo 'perseguição', possibilitando, desta feita, o entendimento de que a perseguição pode ser efetivada por agentes não estatais, fato que ocorre em inúmeras situações, tais como no caso de guerra de guerrilhas e guerras civis.

Apesar disto, a mesma autora (2007, p. 46) destaca que muitos países, especialmente na Europa, ainda só reconhecem a perseguição quando esta é praticada pelo Estado. Em sentido contrário a este entendimento também se põe o ACNUR (2011, p. 17):

> Quando atos discriminatórios graves ou outros atos ofensivos são cometidos pela própria sociedade, podem ser considerados como perseguição se forem conhecidos e tolerados pelas autoridades, ou quando as autoridades se recusam a ou são incapazes de oferecer uma proteção eficaz.

Na esteira dessa apreensão, atividades de grupos privados que são tolerados ou não conseguem ser combatidos pelo Estado, podem equivaler à perseguição nos termos da Convenção (UN, 1951). No caso do tráfico de pessoas, por exemplo, a atuação de grupos criminosos organizados de forma impune e, por vezes, com a colaboração de autoridades estatais, especialmente quando direcionados a populações já discriminadas, pode ser caracterizado como perseguição nos termos da Convenção de 1951 (UN, 1951), assim como a ostracização e discriminação praticadas, quando o Estado não promover medidas de proteção da vítima.

Aos refugiados que conseguem o reconhecimento da condição e o abrigo em um país estrangeiro são aplicáveis os direitos elencados na Convenção de 1951, sem prejuízo de outros mais benéficos que eventualmente estejam garantidos em legislações nacionais ou internacionais. Nos termos deste documento, os refugiados têm direito a não sofrer discriminação pelo país onde são recebidos (art. 3º), de ter um tratamento como o do nacional no que concerne ao direito à liberdade de religião (art. 4º), de associação (art. 15), de acesso ao judiciário (art. 16), à educação básica (art. 22) e ao acesso à assistência pública (art. 23); bem como de ter um tratamento, o mais favorável, ou ao menos equivalente ao de outros estrangeiros quanto ao exercício de profissões assalariadas (art. 17), não assalariadas (art. 18) e por profissionais liberais (art. 19), além do direito à liberdade de movimento (art. 26), ao recebimento de documentos de identidade e de viagem (arts. 27 e 28), à facilitação para a naturalização (art. 34), dentre outros.

A Convenção de 1951 (UN, 1951) também prevê, no artigo 31, que os Estados contratantes não poderão aplicar sanções aos refugiados que chegarem e estiverem em seu território em situação irregular. Ainda, os Estados contratantes só poderão expulsar o refugiado que estiver regularmente em seu território, de acordo com o artigo 32, por motivos de segurança nacional ou ordem pública, devendo fazê-lo por meio de decisão judicial proferida em processo legal – no qual, a não ser que haja imperiosas razões de segurança, deve-se permitir que o refugiado apresente provas a seu favor, bem como recorrer da decisão. Convém destacar, entretanto, que estes direitos, excetuando-se os elencados no artigo 42[243], são cláusulas que permitem a reserva pelos Estados.

As reservas mais significativas à Convenção, em geral, foram feitas pelos Estados menos desenvolvidos e, normalmente, pelos mais sujeitos à recepção de grandes fluxos de refugiados[244]. Em geral as reservas são feitas de forma a delimitar a interpretação dos dispositivos da Convenção. Nota-se, porém, que a maior parte dos Estados não fizeram reservas significativas aos direitos dos refugiados, especialmente nos países mais desenvolvidos, onde, sendo reconhecidos como tais, terão ao menos os direitos equivalentes aos demais estrangeiros naquele território[245]. O Brasil, em 1989, levantou a reserva

[243] Artigo 42 – Reservas: 1. No momento da assinatura, da ratificação ou da adesão, qualquer Estado poderá formular reservas aos artigos da Convenção, que não os artigos 1, 3, 4, 16 (1), 33 e 36 a 46 inclusive. [...]

[244] Dentre os países que, por exemplo, fizeram reservas totais ou significativas quanto a interpretação dos artigos 17 e 26, referentes respectivamente ao direito ao trabalho assalariado e ao de livre movimento, estão: Botswana, Irã, Malawi, Moçambique e Papua Nova Guiné. Dados disponíveis em: http://treaties.un.org/pages/ViewDetails.aspx?src=TREATY&mtdsg_no=V-5&chapter=5&lang=en#EndDec. Acessado em 23 de setembro de 2013.

[245] A Convenção de 1951 (UN, 1951) conta com 146 Estados-parte. Destes, 52 fizeram e ainda mantém algum tipo de reserva aos direitos previstos no tratado. (UN, 2022) A maior parte

geográfica feita à Convenção, e em 1990 as reservas aos artigos 15 e 17[246] (JUBILUT, 2007).

Verifica-se que, muito embora em um sentido amplo do termo, existam no mundo diversos tipos de refugiados, para o Direito Internacional esta é uma categoria de pessoas que preenche os requisitos elencados nos diplomas internacionais sobre a matéria. Estas pessoas fogem de perseguições, ou possíveis perseguições, em razão da sua raça, religião, nacionalidade, pertencimento a determinado grupo social ou opiniões políticas ou pela ocorrência de conflitos internos e internacionais, violência generalizada e violações maciças de direitos humanos. Ademais da ocorrência destas perseguições, é necessário que o refugiado não queira ou não possa socorrer-se na jurisdição do seu próprio Estado, por não ter este Estado condições de prestar assistência necessária ou ser o próprio agente de perseguição. Assim, preenchidos os requisitos e estando em território de um Estado-Parte da Convenção de 1951 e/ou do Protocolo de 1967, ao refugiado deverão ser garantidos os direitos que o Estado de acolhimento se comprometeu a garantir. Entretanto, entre a fuga do local de origem, o reconhecimento da sua condição de refugiado e o assentamento em um país de acolhimento, pode-se passar muito tempo e muita burocracia. Como garantia, então, de análise do pedido de refúgio e da não-devolução do solicitante a um local onde sua vida esteja ameaçada, é que existe o do princípio do *non-refoulement*.

3.3 *Non-refoulement*: princípio e norma de *jus cogens*

A partir, aproximadamente, do século XV, as sociedades passaram a se organizar politicamente como Estados, os chamados Estados-nação modernos. Em 1648, através da Paz de Vestfália, houve o reconhecimento formal da

das reservas diz respeito a equiparação de direitos trabalhistas e assistenciais com nacionais. Apenas Malawi, México, Namíbia, Países Baixos, Papua Nova Guiné, Espanha, Moldova, Zâmbia e Zimbábue mantém a reserva ao art. 26 da Convenção (UN, 1951) que diz respeito à liberdade de locomoção.

[246] O artigo 15 diz respeito ao direito de associação, e o artigo 17 ao exercício de profissões assalariadas.

soberania e independência estatal[247]. Foi a soberania, então, que pautou a formação e desenvolvimento da sociedade internacional durante os séculos XVIII e XIX, culminando, no século XX, na consolidação de um mundo dividido entre Estados.[248].

Internamente, a soberania implica no poder do Estado em definir o que pode e o que não pode no seu território. Segundo Farias Neto (2011, p. 59),

> O Estado soberano é aquele em que o governo administra o Estado com autonomia de forma a atender as demandas de sua população. Nesse sentido, o governo estabelece as suas próprias leis, assim como julga conforme a Justiça estabelecida, de modo a resolver, concretamente, os problemas jurídicos, econômicos e sociais incorridos no âmbito do território delimitado pelo Estado.

Ou seja, soberano é o Estado detém a competência legislativa e jurisdicional dentro dele. Externamente, por sua vez, a soberania significa que nenhum Estado possui o dever de submeter-se a outro. Nas palavras de Odete Maria de Oliveira (2011, p. 193):

> O conceito clássico de soberania, analisado sob o ponto de vista interno, comporta o reconhecimento da supremacia – poder político absoluto – sobre qualquer outra autoridade existente no território ou

[247] Nos tratados elaborados naquele importante momento histórico (Münster e Osnabrück), restou acordado que cada Estado poderia impor as suas próprias regras dentro do seu território sem a ingerência de outros Estados ou instituições, o que na prática significava que cada soberano poderia escolher a religião que seria professada em seu território, sem a influência de outras entidades políticas, como o Sacro Império Romano-Germânico e da própria Igreja.

[248] Para Pellet, Dinh e Daillier (2003, p. 433): "Não merecerão a qualificação de Estado senão as coletividades cujo governo é independente e soberano.". Já Hans Kelsen se opunha a teoria de que a soberania é qualidade essencial do Estado. Para o autor, "dizer que o Estado é soberano significa que a ordem jurídica nacional é uma ordem acima da qual não existe nenhuma outra." (KELSEN, 1995, p. 372) Nesse sentido, conclui o estudioso que a soberania "não é um fato que pode, ou não, ser observado. Não se pode dizer que o Estado 'é' ou 'não é' soberano; pode-se apenas pressupor que ele é ou não é soberano, e essa pressuposição depende da teoria que usamos para abordar a esfera dos fenômenos jurídicos." (KELSEN, 1995, 372-373). As teorias a que o autor se refere trazem a hipótese da primazia do direito nacional e da primazia do direito internacional.

> entre a população. Sob o ângulo externo, remete à independência de qualquer autoridade exterior ao Estado. A soberania externa não traduz supremacia, mas independência, ou seja, não-submissão a regras superiores de outros Estados. Dentro desse ponto de vista teórico, externamente, o Estado não está obrigado – sem seu consentimento – a nenhuma autoridade estatal, organismo ou a qualquer obrigação.

Portanto, os Estados não podem ter suas condutas determinadas ou limitadas por outros Estados. Todavia, isto não significa que eles não devem seguir regras. A atual conformação da sociedade internacional e o reconhecimento pelos Estados da existência do Direito Internacional, tanto o consuetudinário como o convencional, demonstra isso. Isso é visível ao se observar que a Organização das Nações Unidas conta 193 Estados-membros (UN, 2022). Apesar de soberanos, os Estados, além de não poderem praticar atos que lesem outros Estados como entidades soberanas, não podem praticar atos que firam as normas e princípios reconhecidos pela comunidade internacional. Assim, mesmo que não tenham concordado expressamente com determinadas normas, os Estados podem ser responsabilizados por violações a normas de Direito Internacional costumeiro e do *jus cogens*[249]. A inexistência de uma autoridade superior a eles com poder de coerção, entretanto, permite que ignorem – ou interpretem de forma peculiar – estas normas, sem receio de sofrer quaisquer sanções.

A defesa do princípio da soberania é utilizada no Direito Internacional clássico para a realização de uma interpretação mais restritiva deste, uma vez que permite que o interesse nacional seja colocado em primeiro plano. No âmbito dos direitos humanos, entretanto, conforme já comentado quando abordado o princípio da primazia do direito mais favorável ao indivíduo, a interpretação possui peculiaridades, pois o indivíduo deve vir antes do Estado, uma vez que não se justifica, a partir da perspectiva do Direito Internacional dos Direitos Humanos, que sejam aventados direitos do Estado em detrimento

[249] Neste sentido Ian Brownlie (1997, p. 309) afirma que: "Os corolários principais da soberania e da igualdade dos Estados são os seguintes: 1) jurisdição, prima facie exclusiva, sobre um território e sobre a população permanente que nele vive; 2) dever de não ingerência na área de jurisdição exclusiva dos outros Estados; e, 3) subordinação às obrigações resultantes do Direito consuetudinário e dos tratados concluídos com o consentimento do Estado obrigado."

de direitos fundamentais dos indivíduos. Na questão das migrações, o Estado é considerado soberano para aceitar ou não pessoas oriundas de outros locais, tendo sido consagrado no Direito Internacional somente o direito de emigrar, mas não o de imigrar[250], bem como o direito de procurar asilo[251], mas não de recebê-lo[252]. Entretanto, quando uma pessoa busca abrigo por ter sua vida e segurança ameaçados em outro local, a não-aceitação da sua entrada pode caracterizar uma violação do Direito Internacional, mais especificamente ao princípio do *non-refoulement*, que se consagrou no último século, especialmente no âmbito do Direito Internacional dos Refugiados.

Refouler, verbo do qual deriva *refoulement*, significa devolver, repelir (AVOLIO; FAURY, 2002). O *non-refoulement* é um princípio/norma de Direito Internacional que preceitua, na sua interpretação mais ampla, que uma pessoa não pode ser devolvida a um país onde corra o risco de sofrer perseguição, tortura, ou tenha a vida e a liberdade ameaçadas (MARQUES, 2018).

Refoulement era o termo usado na Europa para designar o processo informal de rejeição de imigrantes sem documentos, de forma a diferenciar tal prática da expulsão ou deportação. Isto não era condenado pelos Estados – sendo muitas vezes acordado por meio de tratados bilaterais – senão após meados do século XIX, quando começou o desenvolvimento do conceito de asilo e o princípio da não-extradição de criminosos políticos. O princípio do *non-refoulement*, entretanto, apareceu no Direito Internacional pela primeira vez apenas em 1933, na já mencionada Convenção sobre o *Status* Internacional dos Refugiados, sendo objeto de reservas e rejeição por parte dos poucos Estados

[250] Conforme o artigo 12 (2) do Pacto Internacional sobre Direitos Civis e Políticos: "Toda pessoa terá o direito de sair livremente de qualquer país, inclusive de seu próprio país." No mesmo sentido o é o artigo XIII(2) da Declaração Universal de Direitos Humanos: "Toda pessoa tem o direito de deixar qualquer país, inclusive o próprio, e a este regressar."

[251] O artigo XIV(1) da Declaração Universal de Direitos Humanos dispõe que: "Toda pessoa, vítima de perseguição, tem o direito de procurar e de gozar asilo em outros países."

[252] Na Declaração Americana dos Direitos e Deveres do Homem, de 1948, consta no artigo XXVII que: "Toda pessoa tem o direito de procurar e receber asilo em território estrangeiro, em caso de perseguição que não seja motivada por delitos de direito comum, e de acordo com a legislação de cada país e com as convenções internacionais.". Entretanto, deve-se levar em consideração que este documento não é vinculante, bem como as peculiaridades do instituto do asilo no continente.

signatários[253] (GOODWIN-GILL, 1996). Este fato reflete o espírito da época, ainda mergulhado na doutrina da soberania estatal como escudo para a aceitação de normas internacionais que gerem obrigações e que afetem assuntos considerados 'internos', como o tratamento dos migrantes irregulares.

Após o fim da segunda Guerra Mundial, e com as primeiras ações da comunidade internacional para lidar com os refugiados deste conflito, foi possível chegar a um consenso internacional e incluir o princípio do *non-refoulement* na Convenção de 1951 (UN, 1951) como cláusula não passível de reserva. Assim, o parágrafo 1 do artigo 33 deste tratado dispõe:

> 1. Nenhum dos Estados Contratantes expulsará ou rechaçará[254], de forma alguma, um refugiado para as fronteiras dos territórios em que sua vida ou liberdade seja ameaçada em decorrência da sua raça, religião, nacionalidade, grupo social a que pertença ou opiniões políticas.

Este princípio tornou-se a pedra angular da proteção internacional dos refugiados (MARQUES, 2018). Em razão dele os Estados não podem se negar a manter em seu território pessoas que solicitam o reconhecimento do *status* de refugiado, enquanto durar o procedimento de averiguação dessa condição. Em outras palavras, enquanto não for provado que aquela pessoa não é um refugiado, ou não merece reconhecimento de tal condição, nos termos da Convenção, ela deve ser mantida no território do país até ter sido averiguada a sua situação e de seus país e, de forma nenhuma ser devolvida ao território

[253] *"In article 3 of the 1933 Convention relating to the International Status of Refugees, the contracting parts undertook not to remove resident refugee or keep them from their territory, 'by application of policy measures, such as expulsions or non-admittance at the frontier (refoulement)', unless dictated by national security or public order. Each State undertook, 'in any case not to refuse entry to refugees at the frontiers of their countries of origin'. Only eight States ratified this Convention, however; three of them, by reservations and declarations, emphasized their retentions of sovereign competence in the matter of expulsion, while the United Kingdom expressly objected to the principle of non-rejection at the frontier."* (GOODWIN-GILL, 1996, p. 118)

[254] Interessante notar que a opção da tradução brasileira da palavra francesa refouler como 'rechaçar' é muito mais próxima do significado original do que a opção inglesa por *return*, uma vez que esta tem um significado mais próximo de regresso, devolução e aquela significa também "fazer retroceder, opor resistência, repelir". Nesse sentido, pode-se verificar que a tradução de *refouler* como rechaçar permite uma interpretação mais fácil no sentido de que a rejeição na fronteira seria também uma violação ao *non-refoulement*.

onde, ao menos em tese, estava sofrendo algum tipo de perseguição. É o primeiro direito que deve ser garantido ao solicitante de refúgio.

Desde a inserção deste princípio na Convenção de 1951, ele foi replicado, *mutatis mutandis,* em outros instrumentos internacionais. Dentre estes é possível destacar:

a) o artigo 3º da Convenção Contra a Tortura e Outros Tratamentos ou Penas Cruéis, Desumanos ou Degradantes, de 1984 (OEA, 1984, grifos das autoras):

> 1. Nenhum Estado Parte procederá à **expulsão, devolução ou extradição** de uma pessoa para outro Estado quando houver razões substanciais para crer que a mesma corre **perigo de ali ser submetida a tortura**. 2. A fim de determinar a existência de tais razões, as autoridades competentes levarão em conta todas as considerações pertinentes, inclusive, quando for o caso, a existência, no Estado em questão, de um **quadro de violações sistemáticas, graves e maciças de direitos humanos**.

É relevante neste documento a menção expressa da análise da situação do Estado quanto a violações graves maciças de direitos humanos, o que denota que a preocupação na hora da aplicação do *non-refoulement* deve ser mais ampla do que com a alegação concreta de risco da pessoa que fugiu, pois esta é normalmente mais difícil de ser apurada. É nesse sentido que são reconhecidos, por exemplo, os casos de desaparecimentos forçados na América-Latina nos períodos de ditadura pela Corte Interamericana de Direitos Humanos.[255] Uma vez que é quase impossível comprovar a situação em concreto da vítima, é averiguada a situação no país ou região onde ela estava, bem como quais as suas características e se estas a enquadravam como possível vítima daqueles desaparecimentos. Assim, nos casos de tortura, não sendo possível identificar

[255] Nesse sentido podem ser conferidos os julgados pela Corte Interamericana de Direitos Humanos dos seguintes casos: *Caso Velásquez Rodríguez vs. Honduras; Caso Gómez Palomino vs. Peru; Caso Gomes Lund e outros ("Guerrilha do Araguaia" vc. Brasil,* disponíveis em: https://www.corteidh.or.cr/

o nexo individual da ameaça com o migrante, verifica-se se ele se enquadra no perfil do grupo de vítimas que sofrem tortura no país do qual fugiu.

b) o artigo 2(3) da Convenção que rege os Aspectos Específicos dos Problemas dos Refugiados na África, de 1969 (UA, 1969, grifos das autoras):

> 3. Nenhuma pessoa deve ser submetida por um Estado-Membro a medidas tais como a **rejeição na fronteira, devolução ou expulsão**, que o obriguem a voltar ou a residir num território onde a sua vida, integridade física ou liberdade estaria ameaçada pelas razões expostas no artigo I, n º s 1 e 2[256].

Neste caso é expressa a proibição também da rejeição na fronteira, um dos aspectos que, de acordo com a interpretação de alguns Estados, não estaria incluída no escopo do artigo 33(1) da Convenção de 1951, o que é contraditado por especialistas, conforme será apontado adiante.

c) o artigo 22(8) da Convenção Americana sobre Direitos Humanos (Pacto de São José da Costa Rica), de 1969 (OEA, 1969):

> 8. Em nenhum caso o estrangeiro pode ser expulso ou entregue a outro país, seja ou não de origem, onde seu direito à vida ou à liberdade pessoal esteja em risco de violação por causa da sua raça, nacionalidade, religião, condição social ou de suas opiniões políticas.

A Convenção Americana adotou em seu texto uma delimitação com elementos mais estritos, mencionando apenas expulsão ou entrega, e não a devolução ou rejeição na fronteira, e os motivos pelos quais a pessoa possa ter sua vida ou liberdade ameaçadas. Entretanto, tendo em vista o princípio da norma mais favorável, quando da aplicação do *non-refoulement*, os países signatários

[256] Tradução livre. No original: "*3. No person shall be subjected by a Member State to measures such as rejection at the frontier, return or expulsion, which would compel him to return to or remain in a territory where his life, physical integrity or liberty would be threatened for the reasons set out in Article I, paragraphs 1 and 2.*"

desta Convenção e da de 1951 ou do Protocolo de 1967, devem adotar a interpretação mais benéfica, conforme inclusive expressamente exposto no artigo 29 (b) do Pacto de São José da Costa Rica[257].

d) o artigo 14(1) do Protocolo adicional à Convenção das Nações Unidas contra o Crime Organizado Transnacional relativo à prevenção, repressão e punição do Tráfico de Pessoas, em especial mulheres e crianças, de 2000 (UN, 2000b, grifos das autoras):

> 1. Nenhuma disposição do presente Protocolo prejudicará os direitos, obrigações e responsabilidades dos Estados e das pessoas por força do direito internacional, incluindo o direito internacional humanitário e o direito internacional relativo aos direitos humanos e, especificamente, na medida em que sejam aplicáveis, a Convenção de 1951 e o Protocolo de 1967 relativos ao Estatuto dos Refugiados e ao **princípio do *non-refoulement*** neles enunciado.

Esse artigo não diz respeito a uma nova previsão de *non-refoulement*. Contudo, dentro do contexto deste trabalho, é importante ressaltar já neste momento que foi concedido um destaque especial ao princípio na cláusula de salvaguarda do Protocolo sobre o Tráfico de Pessoas (UN, 2000b). Por estar contido na Convenção de 1951 (UN, 1951), expressamente citada no artigo, pode soar redundante a menção ao *non-refoulement*, a qual, porém, pode ser considerada emblemática para demonstrar a relevância do princípio e a necessidade de sua observância, inclusive nos casos de tráfico. Ao considerar o *non-refoulement* uma norma de direito consuetudinário, bem como adotar uma interpretação mais ampla do termo, conforme à frente será explanado, pode-se utilizá-lo como primeira medida de proteção das vítimas de tráfico de pessoas contra uma deportação ou expulsão precipitadas.

[257] "Nenhuma disposição desta Convenção pode ser interpretada no sentido de: [...] limitar o gozo e exercício de qualquer direito ou liberdade que possam ser reconhecidos de acordo com as leis de qualquer dos Estados-Partes ou de acordo com outra convenção em que seja parte um dos referidos Estados."

Além desses instrumentos, é importante destacar que o *non-refoulement* foi um dos aspectos destacados na Declaração de Cartagena sobre Refugiados (1984), sendo tal documento inovador ao clamar pelo reconhecimento do princípio como *jus cogens*. Na sua quinta conclusão vem:

> Reiterar a importância e a significação do princípio do *non-refoulement* (**incluindo a proibição da rejeição nas fronteiras**), como pedra angular da proteção internacional dos refugiados. Este princípio imperativo respeitante aos refugiados, **deve reconhecer-se e respeitar-se no estado atual do direito internacional, como princípio de *jus cogens***. (DECRARAÇÃO, 1984. Grifos das autoras)

Este posicionamento, entretanto, não é aceito por parte da doutrina ainda, muito embora exista um movimento no sentido do reconhecimento do *non-refoulement* como *jus cogens*, do qual a Declaração de Cartagena foi uma das grandes impulsionadoras. Orakhelashvili (2008, p. 55, grifos das autoras) afirma que:

> O caráter peremptório desse princípio [*non-refoulement*] é reforçado pela **sua ligação inseparável com a observância dos direitos humanos básicos**, como o direito à vida, à liberdade, contra a tortura e não- discriminação. O Comitê Executivo do ACNUR reconhece na Conclusão No. 25 que o princípio da não-devolução equivale a uma norma de jus cogens. Da mesma forma, a Declaração de Cartagena sobre Refugiados afirma que este princípio 'é imperativo no que diz respeito aos refugiados e, no estado atual do direito internacional deve ser reconhecido e observado como uma regra de jus cogens'. Goodwin -Gill se opõe a essa atitude em função da falta de prática, referindo-se ao artigo 53 da Convenção de Viena, que exige que a norma imperativa deve ser aceita e reconhecida pela comunidade internacional, e insiste em que 'é pouco provável de ser alcançada' em relação ao princípio da não-devolução como peremptório. Esta posição é difícil de sustentar, porque **se este princípio não é peremptório, então é aberto aos Estados substituí-lo por tratados em que irão fornecer a legalidade**

> **para o retorno das pessoas aos países onde as violações graves dos direitos humanos podem ser encontradas.** [258]

Desta forma, em uma visão mais consonante com o Direito Internacional dos Direitos Humanos, deve-se admitir que o *non-refoulement*, mais do que ter se tornado uma norma de direito consuetudinário, é atualmente uma norma de *jus cogens*[259]. O *non-refoulement* como norma da Convenção de 1951 vincula apenas os Estados partes destas e/ou do Protocolo de 1967, mas o *non-refoulement* como norma consuetudinária internacional, vincula a todos os Estados. E, em nível de *jus cogens*, além de vincular todos os Estados, também não pode ser derrogada por outras normas, sejam de direito internacional ou de direito interno. Todavia, o alcance e os limites do *non-refoulement* não estão, e com certeza tão cedo não estarão completamente definidos. Cançado Trindade (2006, p. 339) ressalta, todavia, que

> o princípio do *non-refoulement* revela uma dimensão preventiva, buscando evitar o simples *risco* de ser submetido a tortura ou a tratamentos

[258] Tradução livre. No original: *"The peremptory character of this principle is reinforced by its inseparable link with the observance of basic human rights such as the right to life, freedom from torture and non-discrimination. The UNHCR Executive Committee recognized in ts Conclusion No. 25 that the principle of non-refoulement amounts to a norm of jus cogens. Similarly, the Cartagena Declaration on Refugees affirms that this principle 'is imperative in regard to refugees and in the present state of international law should be acknowledged and observed as a rule of jus cogens'. Goodwin-Gill opposes this attitude on the basis of lack of practice, referring to article 53 of the Vienna Convention, which requires that the peremptory norm must be accepted and recognized by the international community, and insists that 'little is likely to be achieved' by regarding the principle of non-refoulement as peremptory. This position is difficult to sustain, because if this principle is not peremptory, then it is open to States to override it by treaties in which they will provide for the legality of the return of persons to the countries where serious violations of human rights may be faced."*

[259] Cançado Trindade (2006, p. 289) destaca que: *"En el continente europeo, frente al temor de una erosión del derecho de asilo, se han buscado novas formas de protección contra tratos inhumanos o degradantes infligidos a los desarraigados. Así, en los últimos años, se ha desarrollado bajo el articulo 3 de la Convención Europea de Derechos Humanos una jurisprudencia que extiende una protección más contra el* refoulement *que la propia Convención de 1951 sobre el Estatuto de los Refugiados. Se ha señalado, al respecto, que tal jurisprudencia ha interpretado el articulo 3 de la Convención Europea de modo incondicional, extendiendo una amplia protección a los amenazados de expulsión, deportación o extradición, y elevando el* non-refoulement *no sólo a un principio básico del Derecho Internacional de los Refugiados sino también a una norma perentoria del Derecho Internacional de los Derechos Humanos."*

> cruéis, inumanos ou degradantes (resultante de uma extradição, deportação ou expulsão)[260].

A aplicação do *non-refoulement*, independe do reconhecimento formal do *status* de refugiado, devendo ser aplicado aos solicitantes, mesmo enquanto durar o processo de reconhecimento. Além disso, a sua aplicação independe da forma de migração do solicitante de refúgio. Mesmo àqueles que aportam irregularmente em algum território deve-se garantir que não sejam devolvidos para local onde podem sofrer perseguições ou tortura.

Com uma visão mais ampla de aplicação do princípio, argumentando com base na ampliação dos poderes do ACNUR pela Assembleia Geral das Nações Unidas, no caráter humanitário da Convenção, nas Conclusões do Comitê Executivo, no enfoque adotado em documentos elaborados após 1951 e na relevância dos Direitos Humanos, Lauterpacht e Bethlehem (2003, p. 124) defendem que:

> as palavras "onde a sua vida ou liberdade seja ameaçada" deve ser interpretado de forma a abarcar as circunstâncias em que um refugiado ou solicitante de asilo (a) tem um fundado temor de perseguição, (b) enfrenta um risco real de sofrer tortura ou tratamentos cruéis, desumanos ou degradantes, ou (c) enfrenta outras ameaças à vida, integridade física ou liberdade[261].

Por outro lado, Hathaway (2005) defende uma visão mais conservadora. Para este autor, o princípio aplica-se somente àqueles que podem ser determinados como refugiados nos termos da Convenção, o que estaria mais de acordo com a intenção dos redatores desta. Ou seja, só se aplicaria às pessoas que tivessem sua vida e liberdade ameaçadas em razão de algum dos motivos

[260] Tradução livre. No original: "*El principio del* non-refoulement *revela una dimensión preventiva, buscando evitar el simples* riesgo *de ser sometido a tortura o a tratos crueles, inhumanos o degradantes (resultante de una extradición, deportación o expulsión).*"

[261] Tradução livre. No original: "*[...] the words 'where his life or freedom would be threatened' must be construed to encompass circumstances in which a refugee or asylum seeker (a) has a well-founded fear of being persecuted, (b) faces a real risk of torture or cruel, inhuman or degrading treatment or punishment, or (c) faces other threats to life, physical integrity, or liberty.*"

elencados na Convenção. O mesmo estudioso rebate a posição de Lauterpacht e Bethlehem ao asseverar que ela "exige que os Estados-Partes da Convenção dos Refugiados apliquem deveres que de fato derivam de outras convenções de direitos humanos – mesmo se os Estados não são realmente partes naqueles outros acordos"[262] (HATHAWAY, 2005, p. 307).

Em consonância com o delineado na primeira parte deste capítulo, pode-se afirmar que, muito embora nem todos os Direitos Humanos possam ser oponíveis *erga omnes*, existe um movimento doutrinário e jurisprudencial no sentido do reconhecimento dos direitos humanos mais fundamentais como *jus cogens* oponíveis *erga omnes* (TRINDADE, 1999;2003; ORAKHELASHVILI, 2008). O direito à vida e à liberdade estão, sem dúvida, entre estes direitos humanos que devem ser respeitados por todos, independentemente de qualquer tratado. Portanto, qualquer conduta de um Estado que coloque em situação de risco a vida e a liberdade de um indivíduo pode ser vista como violação dos direitos humanos e, desta forma, o *non-refoulement* não pode ser aplicado apenas aos refugiados convencionais.

> Com efeito, o âmbito de aplicação do princípio do *non-refoulement* ampliou-se, tanto *ratione personae* quanto *ratione materiae,* sobretudo a partir dos anos oitenta, sob os tratados de direitos humanos, em benefício, além dos refugiados, dos estrangeiros em geral, e, em últimas instância, de todo e qualquer indivíduo, em casos de extradição, expulsão, deportação ou devolução, para um Estado em que possa estar em risco de ser submetido a tortura ou tratamento cruel, inumano ou degradante (a dimensão preventiva) (TRINDADE, 2006, p. 341)[263].

[262] Tradução livre. No original: *"Equally of concern, the liberal optic seems designed effectively to require state parties to the Refugee Convention to implement duties that in fact follow from other human rights conventions – even if states are not actually parties to those other accords."*

[263] Tradução livre. No original: "*En efecto, el ámbito de aplicación del principio del* non-refoulement *se ha ampliado, tanto* ratione personae *cuanto* ratione materiae, *sobre todo a partir de los años ochenta, bajo los tratados de derechos humanos, en beneficio, además de los refugiados, de los extranjeros en general, y, en última instancia, de todo y cualquier individuo, en casos de extradición, expulsión, deportación o devolución, hacia un Estado en que pueda estar en riesgo de ser sometido a tortura o trato cruel, inhumano o degradante (la dimensión preventiva)."*

Portanto, além de não dever devolver possíveis refugiados ou outras possíveis vítimas de graves violações de direitos humanos, os Estados não podem impedir a entrada destes, fazendo a chamada 'rejeição na fronteira'[264]. Muito embora se possa assumir que quando da elaboração da Convenção de 1951 os Estados não tinham em mente que o *non-refoulement* abrangesse também a rejeição na fronteira, Goodwin-Gill (1996) afirma que tal entendimento provém da própria prática internacional dos Estados e organizações internacionais, que recebem solicitantes de refúgio e lhes permitem ficar, mesmo sem a determinação do *status*, até uma solução, bem como têm reconhecido que o *non-refoulement* aplica-se já no momento que o solicitante se apresenta para entrar. O mesmo autor destaca, ainda que:

> Certos elementos factuais podem ser necessários (como violações dos direitos humanos no país de origem) antes do princípio ser aplicado, mas o conceito agora abrange tanto o não-retorno como a não-rejeição. Uma avaliação realista do aspecto normativo do *non-refoulement,* por sua vez, exige que a regra seja examinada, não isoladamente, mas em seu sentido dinâmico e em relação ao conceito de asilo e à busca de soluções duradouras[265] (GOODWIN-GILL, 1996, p. 124).

[264] O caso do navio Tampa é ilustrativo das tentativas dos Estados em burlar o princípio do non-refoulement: "No dia 28 de agosto de 2001, um navio cargueiro, denominado Tampa, de bandeira Norueguesa resgatou 438 pessoas que estavam num barco indonésio à deriva em alto-mar. A maioria dessas pessoas vinha do Afeganistão, mas também havia passageiros do Sri Lanka e do Paquistão, todos tentando chegar à Austrália. A imprensa dividiu-se entre falar de um navio 'cheio de refugiados' ou de um navio 'cheio de imigrantes ilegais'. A Austrália recusou-se a recebê-lo, e afirmou que "a carga" do Tampa era responsabilidade da Indonésia ou da Noruega. A Indonésia ameaçou mandar o exército ao porto para impedir os refugiados de desembarcarem, mas depois voltou atrás, aceitando recebê-los. Os passageiros, por sua vez, recusaram-se a voltar e resolveram fazer greve de fome. Durante uma semana, o navio Tampa permaneceu no mar, vigiado pela marinha australiana e impedido de atracar em qualquer lugar do mundo." (REIS, 2004, p. 149)

[265] Tradução livre. No original: *"Certain factual elements may be necessary (such as human rights violations in the country of origin) before the principle is triggered, but the concept now encompass both non-return and non-rejection. A realistic appraisal of the normative aspect of* non-refoulement *in turn requires that the rule be examined not in isolation, but in its dynamic sense and in relation to the concept of asylum and the pursuit of durable solutions."*

Também em consonância com os princípios do Direito Internacional dos Direitos Humanos, deve-se observar que a opção a ser feita, e que tem sido adotada como prática em parte dos países, é a de uma interpretação menos estrita do princípio, levando-se em consideração diversas circunstâncias e não apenas a formalidade da entrada no território e solicitação de refúgio nos termos da Convenção de 1951.

Hathaway (2005, p. 300-301), por sua vez, ressalta que:

> O dever de não-devolução não é, no entanto, o mesmo que o direito de asilo em razão de perseguição, pelo menos em duas formas. Primeiro e mais criticamente, o dever de não-devolução apenas proíbe medidas que devolvam os refugiados para os braços de seus perseguidores; não estabelece afirmativamente uma obrigação por parte dos Estados de receber refugiados. [...] Mas quando há um risco real de que a rejeição vá expor o refugiado 'de qualquer maneira' ao risco de ser perseguido nos termos convencionais, o artigo 33 equivale a um obrigação *de facto* para admitir o refugiado, considerando que a admissão é normalmente o único modo de evitar a alternativa, inadmissível consequência da exposição ao risco[266].

A não-obrigatoriedade de receber refugiados, todavia, não se torna em permissibilidade da rejeição na fronteira. O fato de o Estado não querer, ou não dever – no caso de não-signatários da Convenção – receber refugiados, não o exime de deveres para com aqueles indivíduos que já se encontram em uma zona abrangida pela sua jurisdição. Nesse sentido, Lauterpacht e Bethlehem (2003, p. 113) afirmam que:

[266] Tradução livre. No original: *"The duty of non-refoulement is not, however, the same as a right to asylum from persecution, in at least two ways. First and most critically, the duty of non-refoulement only prohibits measures that cause refugees to "be pushed back into the arms of their persecutors"; it does not affirmatively establish a duty on the part of states to receive refugees.[...] But where there is a real risk that rejection will expose the refugee 'in any moment whatsoever' to the risk of being persecuted for a Convention ground, Art. 33 amounts to a de fact duty to admit the refugee, since admission is normally the only means of avoiding the alternative, impermissible consequence of exposure to risk."*

> [...] quando os Estados que não estão preparados para conceder asilo a pessoas que têm um receio fundado de perseguição, devem adotar um curso que não equivaleria ao *refoulement*. Isso pode envolver a remoção de um terceiro país seguro ou alguma outra solução como a proteção temporária ou refúgio[267].

O limite entre a não-obrigação de receber refugiados e a rejeição na fronteira não é tão tênue quanto alguns Estados tentam fazer parecer que seja. Os Estados não têm a obrigação de resgatar refugiados nos seus países de origem ou em terceiros. Todavia, quando estes refugiados estão em águas pertencentes ao seu território, ou na fronteira tentando entrar, a situação é diferente, pois estas pessoas já estão sob a jurisdição do Estado, muito embora estes tenham criado manobras para burlar este entendimento.

Lauterpacht e Bethlehem (2003) afirmam que, conforme frequentemente disposto em tratados de direitos humanos, os Estados têm responsabilidade em relação às pessoas 'sujeitas a ou sob sua jurisdição' e explicam que:

> Se uma pessoa está sujeita à jurisdição de um Estado não dependerá, portanto, se eles estavam dentro do território do Estado em causa, mas em saber se, em relação ao comportamento imputado, eles estavam sob o controle efetivo, ou foram afetados por aqueles agindo em nome do Estado em questão (LAUTERPACHT; BETHLEHEM, 2003, p. 110)[268].

Este impedimento de chegar ao território de um país pode se dar das mais diversas formas. Alguns Estados utilizam-se de barreiras imediatas, como os postos de polícia ou patrulhamentos militares nas fronteiras, enquanto outros, de forma mais sutil, fazem uso de subterfúgios jurídicos e burocráticos

[267] Tradução livre. No original: "*where States are not prepared to grant asylum to persons who have a well-founded fear of persecution, they must adopt a course that does not amount to refoulement. This may involve removal to a safe third country or some other solution such as temporary protection or refuge.*"
[268] Tradução livre. No original: "*Whether a person is subject to the jurisdiction of a State will not therefore depend on whether they were within the territory of the State concerned but on whether, in respect of the conduct alleged, they were under the effective control of, or were affected by those acting on behalf of, the State in question.*"

para impedir a chegada de novos imigrantes[269]. EUA e Austrália colocaram suas tropas em águas internacionais para impedir a chegada de barcos com migrantes. Reino Unido utilizava-se de postos de migração em aeroportos e portos para sequer deixar que os migrantes embarcassem para o seu território (HATHAWAY, 2005)[270]. Em 2008 foi publicado, pela organização *Refugee Council*, relatório sobre esta prática que demonstrou o impacto negativo na proteção dos refugiados, em especial pelo fato de que, com a exigência de passaporte e vistos para embarcar, estas pessoas acabam sendo impedidas de chegar ao território britânico onde poderiam fazer sua solicitação de asilo (REYNOLDS; MUGGERIDGE, 2008).[271] Todas estas práticas estão em expressiva discordância com o intuito do *non-refoulement*, uma vez que não permitem sequer averiguação pormenorizada da situação. Trindade (2006) observa também que a utilização de neologismos como proteção temporária, deslocados internos em trânsito e refugiados em órbita, não podem ser utilizados para desnaturar a proteção garantida pelo *non-refoulement*, isentando os Estados da obrigação de verificar as possíveis situações de risco destas pessoas antes de negar sua permanência no território.

A responsabilidade do Estado com relação ao *non-refoulement*, em determinadas situações, pode apresentar um caráter extraterritorial, já que

[269] *"As a matter of fact, anyone presenting themselves at a frontier post, port, or airport will already be within State territory and jurisdiction; for this reason, and the better to retains sovereign control, States have devised fictions to keep even the physically present alien technically, legally, unadmitted."* (GOODWIN-GILL, 1996, p. 123)

[270] *"Beyond the refusal of protection at or within its borders, a state can also usearm's-length legal maneuvers to repel asylum-seekers in areas of arrogated jurisdiction beyond its formal frontiers. Most notoriously, the United States not only interdicted Haitians fleeing the murderous Cedra's dictatorship on the high seas, but forced the asylum-seekers to board its Coast Guard vessels, destroyed their boats, and delivered the refugee claimants directly into the arms of their persecutors. The United States continues to engage in interdiction and forcible repatriation of Haitian and some other refugees in international waters. While current practice is to conduct a cursory review of protection needs on board the interdicting ship, the United States nonetheless maintains that it has no legal obligations to interdicted refugees, even if they manage to reach its territorial sea Australia similarly seeks to turn away refugees in international waters before they can reach its territory, though it does not return them directly to their country of origin. [...] The UK has, however, already extended control efforts beyond its borders under a land-based system of stationing its immigration officers at foreign airports to screen out passengers bound for Britain deemed likely to seek refugee protection there – effectively trapping such persons inside their own country."* (HATHAWAY, 2005, p. 290-291)

[271] Não foram encontradas informações se este sistema continua atuando da mesma forma.

"a obrigação de um Estado sob o Direito Internacional, estende-se para além do seu território físico." (GOODWIN-GILL, 1996, p. 141)[272]. Nos casos de pessoas que se apresentam em embaixadas ou zonas internacionais para solicitar proteção, as autoridades que controlam aquela área devem agir de acordo com os princípios do Direito Internacional e, dessa forma, no caso da prática do *refoulement*, o Estado ao qual estão subordinados tem responsabilidade sobre os atos ali praticados.[273] A negação da avaliação do *status* de refugiado também é considerada como uma prática equivalente ao *refoulement*, quando importar que a pessoa volte para territórios[274] onde tenham sua vida e liberdade ameaçadas, considerando que "o *non-refoulement* não se trata tanto sobre *admissão* em um Estado, mas sobre o não-retorno dos refugiados a locais onde sua vida ou liberdade possam estar em perigo." (GOODWIN-GILL, 1996, p. 132. Destaque no original.)[275]. A própria negação do direito de informação sobre a possibilidade do refúgio pode ser considerada conduta que viola o *non-refoulement*, uma vez que os migrantes, em geral, não possuem as informações adequadas sobre a sua condição e os seus direitos[276].

272 Tradução livre. No original: "A State's obligation under international law extend beyond its physical territory."

273 *"Thus, to the extent that officials of a destination state which results in the (direct or indirect) return of a refugee to his or her country of origin, this is a vicarious exercise of the facto jurisdiction by the destination state which amounts to a breach of the duty of* non-refoulement." (HATHAWAY, 2005, p. 340)

274 *"[...] it must be noted that the word used is "territories" as opposed to "countries" or "States". The implication of this is that the legal status of the place to which the individual may be sent is not material. The relevant issue will be whether it is a place where the person concerned will be at risk. This also has wider significance as it suggests that the principle of non-refoulement will apply also in circumstances in which the refugee or asylum-seeker is within their country of origin but is nevertheless under the protection of another Contracting State. This may arise, for example, in circumstances in which a refugee or asylum-seeker takes refuge in the diplomatic mission of another State or comes under the protection of the armed forces of another State engaged in a peace-keeping or other role in the country of origin. In principle, in such circumstances, the protecting State will be subject to the prohibition on refoulement to territory where the person concerned would be at risk."* (LAUTERPACHT; BETHLEHEM, 2003, p. 122).

275 Tradução livre. No original: "non-refoulement *is not so much about* admission *to a State, as about not returning refugees to where their lives or freedom may be endangered."*

276 *"[...] attention should be drawn to developments in the field of human rights which require that the principle of non-refoulement be secured for all person subject to the jurisdiction of the State concerned. Conduct amounting to rejection at the frontier will normally fall within the jurisdiction of the State for purposes of the application of human rights norms. These developments are material to the interpretation of the prohibition of refoulement under Article 33(1) of the 1951 Convention."* (LAUTERPACHT; BETHLEHEM, 2003, p. 115)

Há debates, ainda, sobre a aplicação do *non-refoulement* em casos de extradição, muito embora alguns defendam que não seja aplicável quando o crime imputado não for político, Lauterpracht e Benthelehem (2001, p. 27) destacam que na Convenção de 1951 a expressão de maneira alguma "não deixa espaço para dúvidas de que o conceito de *refoulement* deve ser interpretado expansivamente e sem limitação." Goodwin-Gill (1996, p. 149), destaca que:

> A inclusão do princípio *aut dedere aut judicare* em instrumentos que visam suprimir certos crimes de dimensão internacional é mais um reconhecimento de que mesmo acusados de crimes sérios merecem proteção contra perseguição ou preconceito, apesar de não se furtar de um processo e julgamento. Se a não-extradição é prescrita como *obrigação* nestes casos, o arbítrio dos Estados ainda fica significativamente limitado. O *non-refoulement* torna-se obrigatório em respeito a uma classe de supostos criminosos graves, e não menos pode ser requerido para criminosos acusados de crimes não-sérios que estariam, por outro lado, fora da exceção[277] (Grifos no original).

Assim, quando a extradição implicar em risco à vida ou liberdade, seja pelo cometimento de delitos graves ou comuns, o *non-refoulement* deve ser respeitado, especialmente sob pena de tratar-se desigualmente, e de forma mais prejudicial aqueles que, em tese, cometeram delitos menos graves, enquanto outros, acusados de mais graves, terão o benefício da não-extradição prevista em outros documentos internacionais.

O *non-refoulement* aplica-se também aos migrantes indocumentados quando advindos de territórios onde tenham sua vida ou liberdade ameaçadas[278]. O artigo 31(1) da Convenção de 1951 estabelece que:

[277] Tradução livre. No original: *"The inclusion of the principle* aut dedere aut judicare *in instruments aimed at suppressing certain crimes with an international dimension is further acknowledgement that even the serious criminal may deserve protection against persecution or prejudice, while not escaping trial or punishment. Where non-extradition in such cases is prescribed as an* obligation, *the discretion of the States is significantly confined.*Non-refoulement *becomes obligatory in respect of a class of alleged serious offenders, and no less should be required for the non-serious criminal who would otherwise fall within the exception."*

[278] *"Equally irrelevant is the legal or migration status of the asylum seeker. It does not matter how the asylum seeker comes within the territory or jurisdiction of the State; what counts is what results from*

> Os Estados Contratantes não aplicarão sanções penais aos refugiados que, chegando diretamente de território no qual sua vida ou sua liberdade estava ameaçada, no sentido previsto pelo artigo 1º, encontrem-se no seu território sem autorização, contanto que se apresentem sem demora às autoridades e exponham-lhes razões aceitáveis para a sua entrada ou presença irregulares.

Segundo Lauterpacht e Bethlehem (2003) este artigo também se aplica às pessoas que não foram formalmente reconhecidas como refugiadas, inclusive por se configurar o *refoulement* quando da negação de realização do processo de reconhecimento da condição (HATHAWAY, 2005). Assim, da leitura combinada deste artigo com o 33, verifica-se que aos migrantes irregulares que chegarem a determinado território e não se apresentarem às autoridades poderão ser aplicadas sanções penais, mas é vedado aos Estados devolvê-los para locais onde possam estar ameaçados, nos termos anteriormente apresentados. Entretanto, no caso de vítimas de tráfico, assim que identificadas, não lhes pode ser exigido que tivessem se apresentado às autoridades, uma vez que se encontravam em uma situação de exploração. Desta forma, as peculiaridades de cada caso devem ser observadas para a não incidência de um *refoulement* de pessoas que realmente estão em risco.

Por fim, é importante salientar que o *non-refoulement*, na Convenção de 1951, apresenta exceções, expressadas no parágrafo 2º do artigo 33 (UN, 1951):

> 2. O benefício da presente disposição não poderá, todavia, ser invocado por um refugiado que por motivos sérios seja considerado um perigo à segurança do país no qual ele se encontre ou que, tendo sido condenado definitivamente por um crime ou delito particularmente grave, constitua ameaça para a comunidade do referido país.

Por ser uma norma de restrição a direitos humanos, a tal dispositivo, ao contrário do parágrafo primeiro, deve ser aplicada a interpretação restritiva

the actions of State agents. If the asylum seeker is forcibly repatriated to a country in which he or she has a well-founded fear of persecution or faces a substantial risk of torture, then that is refoulement contrary to international law." (GOODWIN-GILL, 1996, p. 137)

das restrições permissíveis. Tal interpretação é um princípio derivado da autonomia do Direito Internacional dos Direitos Humanos e do princípio da norma mais favorável ao indivíduo, sendo garantido que sempre que houver uma permissão de exceção a uma norma de proteção de direitos humanos, esta exceção deve ser lida o mais restritivamente possível. Ou seja, como limita a aplicação do *non-refoulement* permitindo aos Estados devolverem ou rechaçarem refugiados que apresentem as características descritas, deve ser lido com bastante cautela e critério, não podendo ser ampliada a sua aplicação[279]. Hathaway (2005) afirma que a aplicação deste parágrafo deve estar vinculada à existência de uma condenação por um crime particularmente grave, e não simplesmente sério, sendo que, além disso, é necessária que se averigue que a pessoa constitui um perigo para a comunidade. Lauterpracht e Bethlehem (2003, p. 133-134) ao examinar o conteúdo do parágrafo mencionado concluem que:

(i) as exceções referentes à segurança nacional e à segurança pública, indicadas no Artigo 33(2), constituem as únicas exceções permissíveis ao *non-refoulement* sob a Convenção de 1951;
(ii) a aplicação destas exceções está sujeita à ressalva de que não se aplica nos casos em que a ameaça constitui, ou pode ser considerada em pé de igualdade com um perigo de tortura, tratamento ou castigo cruel, desumano ou degradante ou se enquadraria no âmbito de outros princípios inderrogáveis de direitos humanos;
(iii) dado o caráter humanitário do *non-refoulement* e as graves consequências para o refugiado ou requerente de asilo de serem devolvidos ao

[279] *"It is unclear to what extent, if at all, one convicted of a particularly serious crime must also be shown to constitute a danger to the community. The jurisprudence is relatively sparse and the notion of 'particularly serious crime' is not a term of art, but principles of natural justice and due process of law require something more than mere mechanical application of the exception. An approach in terms of the penalty imposed alone will be somewhat arbitrary, and the application of article 33(2) ought always to involve the question of proportionality, with account taken of the nature of the consequences likely to befall the refugee return. The offence in question and the perceived threat to the community would need to be extremely grave if danger to the life of the refugee were to be disregarded, although a less serious offence and a lesser threat might justify the return of an individual likely to face only some harassment or discrimination. This approach has not always been understood or endorsed by national tribunals, although practice overall appears compatible with such interpretation."* (GOODWIN-GILL, 1996, p. 140).

país onde ele ou ela está em perigo, as exceções à não devolução deve ser interpretado restritivamente e aplicado com cuidado especial;
(iv) as exceções previstas no artigo 33 (2) só podem ser aplicadas em estrita conformidade com o devido processo legal. O cumprimento do devido processo está expressamente previsto no artigo 32 (2) da Convenção de 1951 em relação à expulsão. Na medida em que o *refoulement* representaria um maior potencial de ameaça a um refugiado ou requerente de asilo do que a expulsão, somos da opinião de que, no mínimo, as garantias do devido processo legal aplicáveis à expulsão devem ser lidos na aplicação das exceções ao *refoulement*. A estrita observância das garantias do devido processo seria igualmente necessária pelos princípios gerais de direitos humanos;
(v) em qualquer caso em que um Estado pretenda aplicar as exceções ao princípio do *non-refoulement*, o Estado deve primeiro tomar todas as medidas razoáveis para garantir a admissão da pessoa em causa em um terceiro país seguro[280].

O *non-refoulement*, portanto, é um princípio que tem no Direito Internacional atual um significado muito maior do que o que se extrai de uma interpretação literal do artigo 33 da Convenção de 1951 (UN, 1951). É uma norma de garantia aos direitos humanos. Sua interpretação deve ser feita em

[280] Tradução livre. No original: *"(i) the national security and public safety exceptions indicated in Article 33(2) constitute the only permissible exceptions to non-refoulement under the 1951 Convention; (ii) the application of these exceptions is subject to the caveat that they will not apply in circumstances in which the threat constitutes, or may be regarded as being on a par with, a danger of torture, cruel, inhuman or degrading treatment or punishment or would come within the scope of other non-derogable human rights principles; (iii) given the humanitarian character of non-refoulement and the serious consequences to a refugee or asylum seeker of being returned to a country where he or she is in danger, the exceptions to non-refoulement must be interpreted restrictively and applied with particular caution; (iv) the exceptions under Article 33(2) may only be applied in strict compliance with due process of law. Compliance with due process is expressly required by Article 32(2) of the 1951 Convention in respect of expulsion. To the extent that refoulement would pose a potentially greater threat to a refugee or asylum seeker than expulsion, we are of the view that, at the very least, the due process safeguards applicable to expulsion must be read into the application of the exceptions to refoulement. The strict observance of due process safeguards would also be required by general principles of human rights law; (v) in any case in which a State seeks to apply the exceptions to the principle of non-refoulement, the State should first take all reasonable steps to secure the admission of the individual concerned to a safe third country."*

consonância com as diretrizes que regem esse ramo do direito, e não com as do Direito Internacional clássico, que se pauta na soberania para restringir aplicações de normas que afetem questões internas, como as questões de migração irregular, criminalidade e segurança pública, que são o foco, por exemplo, da Convenção das Nações Unidas contra o Crime Organizado Transnacional e seus protocolos adicionais.

Ademais, o *non-refoulement* é o primeiro ponto de convergência entre a proteção internacional dos refugiados e a proteção às vítimas de tráfico de pessoas. Somente sendo garantida a chegada e manutenção, ao menos para um período de averiguação, do migrante em um território, é que se poderá garantir a aplicação de todos os demais direitos de proteção. Assim, ele é também o primeiro direito do qual os Estados buscam se eximir, com a utilização das mais diferentes técnicas e argumentações, pois, respeitando-o, diversos outros passarão a ser aplicáveis.

4. PROTEÇÃO ÀS VÍTIMAS DE TRÁFICO DE PESSOAS: UMA LEITURA DO PROTOCOLO DE PALERMO À LUZ DO DIREITO INTERNACIONAL DOS REFUGIADOS

As vítimas de tráfico de pessoas e os refugiados têm mais em comum do que o fato de estarem longe de casa: o desamparo, o medo, as marcas de uma viagem traumática, a irregularidade, as doenças e a esperança são elementos geralmente encontrados na 'bagagem' destas pessoas. Os Estados onde elas aportam, então, como membros de uma comunidade internacional comprometida com os direitos humanos, devem garantir-lhes um mínimo de dignidade.

Conforme exposto no primeiro capítulo deste trabalho, pode-se perceber que as disposições sobre proteção às vítimas de tráfico de pessoas constantes no Protocolo de Palermo (UN, 2000) são bastante genéricas e conservadoras. Ao Estado, dentro das suas possibilidades, é solicitado que tome medidas para protegê-las. Com efeito, os Estados têm seguido algumas das sugestões do Protocolo, mas sem inovar e aprofundar os direitos que podem garantir um melhor tratamento e a efetiva garantia dos direitos humanos às vítimas de tráfico de pessoas.

Por outro lado, muito embora o Direito Internacional dos Refugiados não apresente um rol completamente obrigatório de direitos, possui disposições mais concretas sobre isso. Ademais, conta com desenvolvimento doutrinário e jurisprudencial mais avançado. O reconhecimento do princípio do *non-refoulement* como *jus cogens* é um exemplo disso e a ampliação da sua aplicação para outras categorias de migrantes demonstra que as normas protetivas de Direito Internacional dos Direitos Humanos não podem ficar restritas a um grupo de pessoas. Isto porque a cada dia surgem novos contingentes populacionais que não se enquadram nas antigas categorias, mas que também necessitam de proteção especial da comunidade internacional.

Assim sendo, neste capítulo, conforme a proposta da pesquisa realizada, são apresentadas as possibilidades de aplicação do direito dos refugiados às vítimas de tráfico de pessoas. Com base nas definições e realidades apresentadas nos dois primeiros capítulos, serão examinadas inicialmente as possibilidades de enquadramento das vítimas de tráfico de pessoas como refugiadas para, em seguida, serem verificados os direitos e garantias das vítimas de tráfico com base na leitura conjunta do Protocolo de Palermo e dos instrumentos de Direito Internacional dos Refugiados, e, ao final, será realizada uma análise dos limites e possibilidades da aplicação do Direito Internacional dos Refugiados às vítimas de tráfico de pessoas.

4.1 As vítimas de tráfico de pessoas como refugiadas

O Direito Internacional dos Refugiados, conforme já declinado, surgiu para proteger os direitos humanos de um grupo muito específico de migrantes. Quando se percebeu que este grupo não era tão específico quanto delimitado na Convenção de 1951 (UN, 1951), foi elaborado o Protocolo de 1967 (UN, 1967). A partir desse momento, o instituto do refúgio, universalmente previsto em um documento internacional, tornou-se permanente. Como instituto permanente, está sujeito à alteração da sua interpretação conforme a modificação das circunstâncias históricas.

O tráfico de pessoas, em sentido amplo, apesar de ser uma prática de séculos, ganhou relevo nas últimas décadas em razão da globalização (GALLAGHER, 2010). As vítimas de tráfico de pessoas, em muitos casos, encontram-se em situações de vulnerabilidade análogas as dos refugiados. Nesse sentido, um olhar a estas vítimas sob a ótica do Direito Internacional dos Refugiados é uma medida que pode garantir a aplicação de determinados benefícios, aos quais estas pessoas têm direito, independentemente do desenrolar de processos criminais com as quais possam estar envolvidas.

Para que isso ocorra é necessário verificar em que situações as vítimas de tráficos são refugiadas e, portanto, detentoras de direitos e prerrogativas desta categoria de migrantes. Sob esse aspecto, pode-se fazer a leitura da situação das mesmas a partir da Convenção de 1951 (UN, 1951) e Protocolo de 1967 (UN, 1967), bem como dos instrumentos regionais sobre a matéria. Não se pode olvidar, porém, que mesmo quando não em conformidade com os parâmetros do Direito Internacional dos Refugiados as vítimas de tráfico de pessoas continuam sendo vítimas de graves violações aos direitos humanos e, nesse sentido, merecem um tratamento especial em consonância com o Direito Internacional dos Direitos Humanos.

Na segunda parte do trabalho foram apresentados brevemente os requisitos que alguém precisa preencher para ser refugiado, tanto nos termos da Convenção de 1951 (UN, 1951), como dos documentos regionais africano e americano. Uma pessoa traficada pode ter o temor de perseguição por algum dos motivos elencados na Convenção de 1951 tanto antes, como durante ou depois do processo de tráfico.

O UNODC (2012) destaca, no seu Relatório Global sobre o Tráfico de Pessoas, que as vítimas, geralmente, se encontram em situação de vulnerabilidade no seu lugar de origem. Muitos dos fatores, apontados no relatório, que podem levar alguém a ser vítima de tráfico de pessoas, confundem-se com os motivos para solicitação de refúgio, nos termos do artigo 1A(2) da Convenção de 1951 (UN, 1951), especialmente quando permitem a discriminação do resto da sociedade, muito embora estas pessoas não necessariamente sejam vítimas de perseguição. Os traficantes aproveitam-se desses elementos de instabilidade para fazer suas vítimas e tornam-se, assim, eles mesmos, em muitos casos, o agente perseguidor.

> Gênero, idade, status de migração, origem etno-linguística e pobreza [...] são por si mesmos explicações insuficientes de vulnerabilidade, mas eles tendem a se tornar fatores de vulnerabilidade se fornecem motivos de discriminação do resto da comunidade. Enquanto qualquer um pode se tornar uma vítima de tráfico, pessoas que não têm proteção, que não estão integrados na comunidade de seu entorno e que estão isoladas pelas autoridades nacionais ou por sociedades em que vivem estão em maior risco de tráfico de pessoas. Nessas áreas de

> discriminação e marginalização os traficantes encontram o espaço para explorar a situação vulnerável de vítimas potenciais (UNODC, 2012, p. 15)[281] .

Assim, tendo em vista toda a fragilidade das vítimas de tráfico de pessoas, antes, durante e depois dos fatos acontecidos, e a grande probabilidade de elas terem sido ou virem a ser também vítimas de algum tipo de perseguição nos termos da Convenção de 1951, o ACNUR lançou diretrizes sobre esta questão. São as "Diretrizes sobre proteção internacional: a aplicação do artigo 1A(2) da Convenção de 1951 e do Protocolo de 1967 sobre o Estatuto dos Refugiados em relação às vítimas de tráfico de pessoas e às pessoas em risco de serem vítima do tráfico"[282], de 2006.

Já no início dessas diretrizes é destacada a gravidade da questão:

> Dependendo das circunstâncias, o tráfico pode ser um delito contra a humanidade e, no contexto de um conflito armado, um delito de guerra. Uma característica comum de todas as formas de tráfico de pessoas é que as vítimas são usadas como mercadoria, convertem-se em "propriedade" dos traficantes, pelo que não há um mínimo de respeito aos direitos humanos e à dignidade das vítimas (ACNUR, 2006, p. 2)[283].

[281] Tradução livre. No original: "*Gender, age, migration status, ethno-linguistic background and poverty [...] are by themselves insufficient explanations of vulnerability, but they tend to become factors of vulnerability if they provide grounds for discrimination from the rest of the community. While anyone could become a trafficking victim, persons who lack protection, who are not integrated in the surrounding community and who are isolated by the national authorities or by the societies where they live are at greater risk of human trafficking. In these areas of discrimination and marginalization, traffickers find the space to exploit the vulnerable situation of potential victims.*"

[282] *Directrices sobre protección internacional: La aplicación del artículo 1A(2) de la Convención de 1951 o del Protocolo de 1967 sobre el Estatuto de los Refugiados en relación con las víctimas de la trata de personas y las personas que están en riesgo de ser víctimas de la trata.*

[283] Tradução livre. No original: "*Dependiendo de las circunstancias, la trata puede ser un delito contra la humanidad y, en el contexto de un conflicto armado, un delito de guerra. Una característica común de todas las formas de la trata de personas es que las víctimas son usadas como mercancía, se convierten en "propiedad" de los tratantes, por lo que no hay un mínimo respeto por los derechos humanos y la dignidad de las víctimas.*"

Apesar da gravidade, uma pessoa vítima ou vítima potencial de tráfico de pessoas que busque o reconhecimento como refugiado deve se enquadrar nos requisitos da Convenção de 1951 (UN, 1951). Deve, primeiramente, demonstrar o fundado temor de perseguição, seja dos traficantes que a levaram para o estrangeiro, seja de traficantes que a exploraram em seu próprio país, de onde conseguiu fugir, ou seja, de criminosos de quem, por determinadas características, é uma potencial vítima ficando em seu país. Para a verificação deste fundado temor deve-se levar em consideração a opinião, os sentimentos e o perfil psicológico do solicitante, uma vez que a vítima de tráfico sofre graves violações aos direitos humanos, que normalmente podem equivaler à perseguição, incluindo ameaças à liberdade e à vida, bem como outros danos graves e situações intoleráveis (ACNUR, 2006, p. 6).

A situação geradora do fundado temor não necessita ser recente ou iminente. Mesmo quando a situação de tráfico haja cessado há tempo, ou tenha se configurado em fato isolado e que dificilmente se repetiria, a situação traumática sofrida pela vítima, devido às graves violações aos seus direitos humanos, dependendo do estado psicológico particular da mesma, pode tornar insuportável o retorno ao país de origem (ACNUR, 2006, p. 6). Nestes casos,

> a natureza do dano sofrido também terá um impacto sobre as opiniões, os sentimentos e o perfil psicológico do solicitante de asilo, o qual influirá sobre a valoração de se o dano ou a situação temidos no futuro equivaleriam a perseguição no caso particular (ACNUR, 2006, p. 6-7)[284].

Assim, dependendo do motivo pelo qual a vítima possa se enquadrar como refugiada, além da análise objetiva das questões factuais por ela vividas e da realidade no seu local de origem, para analisar a plausibilidade da sua alegação de temor de perseguição, deve ser levado em consideração o estado psicológico da mesma, tendo em vista que para cada pessoa, e dependendo de cada tipo de violação vivida, determinadas realidades podem ser vistas como

[284] Tradução livre. No original: *"La naturaleza del daño ya sufrido también tendrá un impacto sobre las opiniones, los sentimientos y el perfil psicológico del solicitante de asilo, lo cual influirá sobre la valoración de si el daño o la situación temidos en el futuro equivaldrían a persecución en el caso particular."*

insuportáveis e equivalerem a perseguição. Tal seria, por exemplo, o caso de uma mulher de uma comunidade muito conservadora que foi explorada sexualmente. Provavelmente a ideia de retornar para casa e ter que encarar as pessoas que sabe que a julgarão de forma negativa, bem como que não terá como recuperar sua imagem diante deles, pode tornar a simples possibilidade de volta uma tortura.

Outra situação bastante sensível e que deve ser verificada quando da solicitação de refúgio por uma vítima de tráfico é o fato de haver sempre grandes chances de ela vir a sofrer alguma represália ou se converter novamente em vítima se retornar ao seu local de origem, de acordo com UNODC (2008) e conforme salientado por Gallagher (2010). Há um risco especial ainda para aquelas vítimas que cooperaram com as autoridades nas investigações e ações de combate ao crime, sendo que as represálias podem também se voltar contra membros da família das vítimas. Também, quando a vítima teme enfrentar o ostracismo da sua comunidade, ou discriminação e castigo, estes podem, em determinadas circunstâncias e graus, especialmente combinados com os traumas sofridos durante o tráfico, serem qualificados como perseguição. O próprio fato de se correr o risco de discriminação na sociedade de origem torna a pessoa vulnerável para voltar a ser traficada[285], o que pode gerar o fundado temor de perseguição (ACNUR, 2006, p. 7).[286] O fato de ter sido vítima de tráfico pode fazer com que a pessoa seja considerada como um

[285] *"El convertirse nuevamente en víctima de trata usualmente equivaldría a persecución, en consideración de las graves violaciones de derechos humanos que esto frecuentemente conlleva."* (ACNUR, 2006, p. 7)

[286] *"Además, la víctima también podría tener temor de enfrentar el ostracismo, la discriminación o el castigo por parte de la familia o la comunidad local o, en algunos casos, por las propias autoridades, en caso de regresar. Estos tipos de tratamiento deben ser tomados en consideración especialmente en los casos en que las víctimas fueron obligadas a prostituirse. En un caso particular, las situaciones graves de ostracismo, discriminación o castigo podrían equivaler a persecución, particularmente si se ven agravadas por el trauma sufrido por la persona durante el proceso de trata, o como resultado del mismo. En los casos en que la persona tema estos tipos de tratamiento, su temor de ser perseguida es distinto, aunque no menos válido, que el temor de persecución producido por la exposición continua a la violencia propia de las situaciones de la trata. Incluso en los supuestos en que el ostracismo o el castigo por parte de la familia o los miembros de la comunidad no equivalgan a persecución, este rechazo o aislamiento de tales redes de apoyo social podría de hecho aumentar el riesgo de la persona a ser nuevamente víctima de trata o a estar expuesta a las represalias, lo cual podría dar lugar a fundados temores de persecución."* (ACNUR, 2006, p. 7)

determinado grupo social, quando a discriminação pelo restante da sociedade ocorrer por este fato, conforme será explicado adiante.

Apesar de todo o contexto do tráfico, conforme explicado no primeiro capítulo, ser uma situação brutal e, como acima mencionado, passível de gerar situações equivalentes à perseguição, para a concessão do refúgio, dentro dos limites convencionais, essa perseguição deve estar vinculada, ter um nexo causal, com algum dos motivos do artigo 1A(2) da Convenção de 1951 (UN, 1951), quais sejam: raça, religião, nacionalidade, opiniões políticas ou pertencimento a um determinado grupo social. Segundo a Diretriz do ACNUR mencionada

> é suficiente que o motivo da Convenção seja um fator coadjuvante de importância em relação com a perseguição, ainda que não resulte necessário que seja a única causa ou estar incluída na causa predominante (2006, p. 11)[287].

A forma de análise destes fatores varia em cada Estado, todavia, com relação às vítimas de tráfico, deve haver um cuidado particular, tendo em vista que os motivos e os perigos em geral não são tão visíveis e inequívocos, como em casos mais tradicionais de refúgio, especialmente por não serem oriundos de ameaças estatais, mas sim, normalmente, de grupos privados e da sociedade em si.

O tráfico de pessoas ocorre principalmente por interesse econômico e a definição das vítimas se dá em relação ao seu valor e não por algum motivo como os elencados na Convenção de 1951 (UN, 1951). Entretanto, apesar de a maior motivação deste tipo de crime ser financeira, conforme apontado na primeira parte do trabalho, não se exclui a possibilidade de que os motivos para a escolha da vítima não estejam entre os elencados na Convenção, já que, como anteriormente mencionado, estas estão normalmente em situação de vulnerabilidade e esta é muitas vezes decorrente da sua raça, religião, nacionalidade, pertencimento a determinado grupo social ou opiniões políticas[288].

[287] Tradução livre. No original: "*Es suficiente que el motivo de la Convención sea un factor coadyuvante de importancia en relación con la persecución, aunque no resulta necesario que sea la única causa o incluso la causa predominante.*"

[288] "*Por ejemplo, los Estados en los cuales han ocurrido situaciones de agitación social, transición económica o conflicto armado que han producido el quebrantamiento del orden público son más propensos a*

Os casos em que a motivação da perseguição pode ocorrer em razão da raça e da nacionalidade são muito próximos. Em situações de conflitos armados, tanto internos como internacionais, a perseguição de pessoas de diferentes raças e nacionalidades é muito comum. Uma das formas de perseguição pode ser com a captação de membros destes grupos para escravização, bem como para negociação e geração de divisas para o financiamento da guerra. Há também a possibilidade destes grupos serem desassistidos pelos governos, quando, em razão desta discriminação estatal, dentro de um grupo maior de pessoas vulneráveis, tornam-se vítimas preferenciais. Tendo em vista o caráter mercadológico do tráfico, a raça e a nacionalidade podem gerar uma valorização maior neste mercado obscuro. Mulheres com características caucasianas são valorizadas nos mercados do tráfico sexual na Ásia, por exemplo, bem como asiáticos são valorizados no mercado de trabalhos exaustivos e detalhistas, pelas suas características físicas e culturais.

A religião também pode tornar um grupo determinado mais suscetível ao tráfico. O tráfico pode ser usado como forma de perseguição a grupos religiosos já perseguidos de outras formas, como também pode tornar as pessoas seguidoras daquele credo em vítimas preferenciais. Esta é uma situação relatada por algumas mulheres nigerianas aliciadas para exploração sexual na Europa. Estas vítimas, oriundas de um país onde parte da população segue o 'Vodu' (*voodoo/Vodun*), uma religião africana, são obrigadas a prestar um juramento, perante um sacerdote, de que irão obedecer aos traficantes. É feito também um 'pacote' com diversos elementos (desde fios de cabelo das pessoas envolvidas, pedaço de unhas, sabonete etc.), que representará o acordo e, caso o acordo seja quebrado ou aconteça algo com estes pacotes, haverá uma maldição. Desta forma, os traficantes conseguem que as vítimas, por medo, façam o que eles quiserem, bem como não fujam ou, mesmo em caso de serem resgatadas pela polícia, não falem nada (NIGERIAN WOMEN..., 2009; LATTUS, 2010; SEWELL, 2012).

É mais difícil visualizar situações relacionadas ao tráfico e opiniões políticas. Todavia, no caso de omissão estatal com relação à proteção de

la pobreza, las privaciones y el desorden de la población civil. De esta manera, surgen oportunidades para la delincuencia organizada para aprovechar la falta de capacidad o voluntad de las autoridades estatales para mantener el orden público, en especial la falta de garantía de seguridad adecuada para algunos grupos específicos o vulnerables." (ACNUR, 2006, p. 11);

determinadas pessoas em razão de sua opinião política, tornando-as, assim, vítimas, ou potenciais vítimas de tráfico, tal fato pode caracterizar o nexo necessário para o reconhecimento da condição de refugiado nos termos da Convenção de 1951 (UN, 1951).

O pertencimento a determinado grupo social é, no entanto, o motivo que mais facilmente e mais provavelmente poderá alegar e ser adotado para o reconhecimento do refúgio por uma vítima de tráfico. De acordo com as "Diretrizes sobre a proteção internacional: 'pertencimento a um determinado grupo social' no contexto do Artigo 1ª(2) da Convenção de 1951 sobre o Estatuto dos Refugiados e/ou seu Protocolo de 1967"[289], publicadas em 2002 pelo ACNUR, a expressão 'determinado grupo social', embora necessite de delimitação, deve ser interpretada sempre levando em consideração o objeto e propósito da Convenção, não podendo, contudo, também ser visto como um termo que "resume tudo" (ACNUR, 2002b). É destacado, ainda, que este termo "deve ser lido de uma maneira evolutiva, aberta ao caráter variado e mutante dos grupos nas diferentes sociedades e à evolução da normativa internacional dos direitos humanos" (ACNUR, 2002b, p. 2)[290]. Neste sentido, é destacada a flexibilidade da expressão dentro dos propósitos da Convenção, bem como sua consonância com a evolução da sociedade e dos direitos humanos.

A definição de determinado grupo social apresentada no documento mencionado congrega uma perspectiva objetiva com relação a característica pessoal que deve ser imutável ou essencial para a sua dignidade[291], com o enfoque a partir da percepção social, ou seja, a forma como as outras pessoas veem aquelas que possuem determinada característica diferenciadora:

> [...] um determinado grupo social é um grupo de pessoas que compartilha uma característica comum distinta do fato de serem perseguidas ou

[289] *Directrices sobre protección internacional: "Pertenencia a un determinado grupo social" en el contexto del Artículo 1A(2) de la Convención de 1951 sobre el Estatuto de los Refugiados y/o su Protocolo de 1967.*

[290] Tradução livre. No original: *"[...] debe leerse de una manera evolutiva, abierta al carácter variado y cambiante de los grupos en las diferentes sociedades y a la evolución de la normativa internacional de los derechos humanos."*

[291] O caráter imutável pode ser inato, como a etnia ou sexo, ou não, como o fato de ter participado de um determinado acontecimento histórico. Quanto a uma característica ser essencial à dignidade humana, são as normas e princípios dos direitos humanos que vão auxiliar a identificá-las. (ACNUR, 2002b, p. 3).

> que são percebidas frequentemente como um grupo pela sociedade. A característica será inata e imutável, ou fundamental para a identidade, a consciência ou o exercício dos direitos humanos (ACNUR, 2002b, p. 4)[292].

De acordo com estas definições, um grupo social pode ser algo muito amplo, como, por exemplo, as mulheres. Nesse sentido, o ACNUR (2002b) salienta que não se pode exigir que o grupo se reconheça como tal, ou que haja uma união entre os membros do mesmo. Assim, também é importante perceber que nem todos os membros do grupo sofrem necessariamente a perseguição e são passíveis de serem reconhecidos como refugiados, ou necessitam estar nesta condição para que o solicitante tenha seu pedido aceito, até porque existem grupos, como as mulheres, que são numericamente muito grandes, mas, reconhecidos como tal, permitem que alguns membros, em situação peculiar, solicitem o refúgio com base no fato de pertencer a este grupo (ACNUR, 2002b)[293].

Muito embora este trabalho vise abordar a situação das vítimas de tráfico de pessoas como um todo, tendo em vista que mulheres e meninas representam aproximadamente 65% destas (UNODC, 2020), faz-se mister

[292] Tradução livre. No original: *"[...] un determinado grupo social es un grupo de personas que comparte una característica común distinta al hecho de ser perseguidas o que son percibidas a menudo como grupo por la sociedad. La característica será innata e inmutable, o fundamental de la identidad, la conciencia o el ejercicio de los derechos humanos."*

[293] Renato Zerbini Ribeiro Leão (2007, p. 37), para ilustrar um entendimento do CONARE (Comitê Nacional para os Refúgiados) sobre grupo social apresenta o seguinte caso de um jovem palestino: "[...] no contexto do conflito na Cisjordânia, com inúmeros atentados dos chamados 'homens bomba', o solicitante, jovem e homem, foi por muitas vezes detido e reprimido pelas forças de Israel. Em consequência, não conseguia manter um trabalho fixo, pois frequentemente era detido por vários dias para averiguações. Dentro de uma realidade onde 99% dos homens bombas possuíam esse perfil, ademais de incondicionalmente imersos no contexto de violência da região, os homens jovens passaram a ser constantemente assediados numa presunção de culpabilidade." E observa que: "A importância deste caso para a discussão em análise reside no entendimento do CONARE acerca do fato de que o grupo social pode não ser estável, mas pode ser determinado pela percepção do agente perseguidor; neste contexto, os homens jovens. O CONARE entendeu que a perseguição pode não ser grave, como ameaça a vida, mas o assédio constante e as frequentes detenções arbitrárias a que o solicitante era submetido tornavam sua vida insuportável, equivalendo a uma perseguição, pois. Foi reconhecido como refugiado." (LEÃO, 2007, p. 37)

apresentar alguns apontamentos sobre a perseguição por motivos de gênero[294]. Esta perseguição pode se dar em razão de leis persecutórias, ou omissões do Estado sobre determinadas práticas violadoras de direitos humanos[295], bem como em razão de discriminação abusiva em razão da sexualidade[296], dentre outras. Entretanto, estes fatos, por si só, não permitem o reconhecimento da condição de refugiado, pois é necessário demonstrar o nexo causal com um dos motivos da Convenção de 1951 (UN, 1951). Nesse sentido, normalmente, mas não obrigatoriamente, a solicitação se respalda no pertencimento a determinado grupo social,

> sendo as mulheres um claro exemplo de subgrupo social definido por características inatas e imutáveis e que em geral recebem um tratamento diferenciado dos homens. Suas características também as identificam como grupo ante a sociedade, as quais são submetidas a diferentes tratamentos e normas em alguns países. Esta definição também abarca os homossexuais, transexuais e travestis (ACNUR, 2002a, p. 9)[297].

[294] A adoção de uma interpretação da Convenção sob a perspectiva de gênero não quer dizer que, por exemplo, qualquer mulher seja merecedora do refúgio, pois qualquer solicitante, seja homem ou mulher, tem que demonstrar o fundado temor de perseguição pelos motivos de raça, religião, nacionalidade, pertencimento a determinado grupo social ou pelas suas opiniões políticas (ACNUR, 2002a).

[295] Leis podem ser consideradas persecutórias, ou a aplicação de sanções ao seu descumprimento, quando de forma desigual sob uma perspectiva de gênero. Ainda, uma prática pode ser persecutória, mesmo quando há leis proibindo, como a mutilação genital feminina em muitos países, mas é uma prática tolerada pela sociedade e não punida pelo Estado. Pode haver ainda leis politicamente justificáveis, mas que violam de maneira contundente os direitos humanos, como a esterilização obrigatória, por exemplo. Todos estes casos podem ser considerados perseguição, desde que a pessoa demonstre o fundado temor deles. A discriminação, quando em padrões muito elevados e que cerceiem os direitos humanos, pode também ser considerada como perseguição. (ACNUR, 2002a)

[296] Quanto às solicitações de refúgio baseadas na orientação sexual, destaca-se que normalmente os solicitantes se referem a perseguições em razão da sua sexualidade e práticas sexuais, ou por se negar a aceitar o papel imposto ao seu sexo na sociedade. Normalmente se tratam de homossexuais, transexuais e travestis que sofrem hostilidade pública excessiva, violência, abuso ou discriminação severa. Há casos, ainda, de países onde a homossexualidade é ilegal e a sua penalização pode ser equiparada a perseguição. (ACNUR, 2002a, p. 5)

[297] Tradução livre. No original: *"[...] siendo las mujeres un claro ejemplo de subgrupo social definido por características innatas e inmutables, y que por lo general recibe un trato diferenciado al de hombres. Sus*

Em outras palavras, assim como outros grupos vulneráveis, as mulheres ainda estão em posição mais frágil que os homens, social e economicamente, na maioria das sociedades. Conforme anotado no primeiro capítulo, as desigualdades de oportunidades entre homens e mulheres são uma das principais causas de fragilidade das vítimas de tráfico, especialmente para exploração sexual e, quando esta desigualdade é apoiada ou não combatida pelo Estado, pode equivaler à perseguição.

Ainda,

> a captação forçada ou enganosa de mulheres e crianças para obrigá-los a prostituir-se ou sofrer outros atos de exploração sexual constitui uma manifestação de violência de gênero, a qual poderia chegar a constituir perseguição[298] (ACNUR, 2006, p. 7).

Ou seja, o tráfico também é um tipo de ação que pode caracterizar a mulher como um determinado grupo social, pois por sua natureza, ou seja, uma característica imutável que a distingue de homens sofre discriminação e é perseguida de forma a ser feita vítima de tráfico de pessoas, em especial para fins de exploração sexual, dentro de determinado contexto.

Outrossim, o próprio fato de terem sido vítimas de tráfico de pessoas podem convertê-las em um determinado grupo social, pois esta é uma "característica imutável, comum e histórica" (ACNUR, 2006, p. 13). Já no caso das vítimas em potencial, o pertencimento a determinado grupo social, especialmente em razão do gênero, é normalmente a única opção para a solicitação de refúgio (CHRISTENSEN, 2011). O fato de ter sido vítima de tráfico, sendo então uma característica imutável, comum e histórica, converte estas pessoas em um determinado grupo social que, assim como as mulheres, no caso do gênero, não necessitam todas estarem sujeitas ao mesmo temor de perseguição nem se reconhecerem como grupo. Inclusive, as vítimas deste tipo de crime muitas vezes não o admitem, especialmente nos casos de exploração sexual,

características también las identifican como grupo ante la sociedad, la cual las somete a diferentes tratos y normas en algunos países. Esta definición también abarca a homosexuales, transexuales y travestidos.'

298 Tradução livre. No original: *"La captación forzada o engañosa de mujeres y niños para obligarlos a prostituirse o sufrir otros actos de explotación sexual constituye una manifestación de violencia por motivos de género, lo cual podría llegar a constituir persecución."*

devido à vergonha e aos traumas sofridos (UNODC, 2008; 2018; GALLAGHER, 2010). Nestes casos é de suma importância a sensibilidade dos agentes governamentais para que se compreenda a situação delas.

Além disso, quando levado em consideração a determinação de um grupo social com base na percepção social, pode-se verificar que, em muitos casos, as vítimas de tráfico de pessoas, especialmente para exploração sexual, serão possíveis vítimas de discriminação e ostracismo em sua comunidade de origem pelo fato de terem sido vítimas de tráfico, o que as converterá em um grupo determinado perante esta sociedade (ACNUR, 2006; UNODC, 2008; GALLAGHER, 2010).

Conforme a interpretação do CONARE de determinado grupo social, trazida por Leão (2007), este pode começar a existir a partir do momento em que o agente perseguidor o reconheça como tal. Para as organizações criminosas de tráfico de pessoas, as vítimas em liberdade convertem-se em um perigo, devido à possibilidade de denunciá-los. Assim, a partir do momento que estas vítimas conseguem fugir de seus algozes são normalmente vistas como ameaças e a perseguição é quase inevitável. Entretanto, mais uma vez convém destacar que não necessariamente essas pessoas vão alegar isto quando solicitarem o refúgio, pelo próprio medo da perseguição, conforme inclusive consignado nas Diretrizes do ACNUR sobre a aplicação da Convenção de 1951 às vítimas de tráfico (2006). Para a análise das solicitações de refúgio das vítimas de tráfico, é importante também levar em consideração os moldes como é perpetrado este crime e as estruturas das organizações criminosas, normalmente transnacionais e em forma de redes que podem ameaçar a vida e a liberdade daquela pessoa se devolvida ao seu local de origem.

É importante ressaltar que o agente perseguidor dos refugiados não é apenas o Estado, mas também agentes privados, formais e informais. Desta forma, deve-se verificar quem é o agente perseguidor e qual o tratamento dado a ele pelo país de origem da vítima. A incapacidade e a omissão no combate aos traficantes, levando-se em consideração os padrões mínimos elencados no Protocolo sobre tráfico de pessoas (UN, 2000), bem como a tolerância a atos que tornem pessoas vulneráveis ao tráfico, quando fundados nos motivos da Convenção de 1951 (UN, 1951), permitem o reconhecimento destas vítimas como refugiadas. Segundo Shelley (2010), o tráfico representa uma nova forma de autoritarismo, que pode ter as mesmas consequências que um regime de autoritarismo estatal, quando as vítimas não têm possibilidades de se proteger contra seus agressores[299].

Quando um Estado comprometeu-se a combater o tráfico de pessoas, para verificar a possibilidade de seus nacionais serem vítimas de algum tipo de perseguição deve-se levar em consideração mais a efetividade das ações e leis do que a formalidade, pois a simples existência de legislação que preveja o combate ao crime e a proteção às vítimas, quando não aplicado permite que seja reconhecido o fundado temor de perseguição naquele território, bem como ser o próprio Estado um agente de perseguição em alguns casos[300] (ACNUR, 2006). Conforme visto no primeiro capítulo do trabalho, mesmo nos países em que existem legislações sobre o tráfico de pessoas, a sua limitação e forma de aplicação pode ensejar uma interpretação no sentido de que não há proteção real daquelas pessoas.

[299] No original: "*Trafficking represents a new form of authoritarianism in which individuals are subject to coercion and control outside of the state. State officials such as border patrol members, customs officials, law enforcement officers, and members of the security apparatus are often trafficking facilitators, but they participate in this repression for personal gain and not in the interest of the employers. States, as evidenced by their signature of the UN protocol against trafficking, have affirmed their opposition to trafficking. No state, other than North Korea, has a deliberate state policy to traffic their citizens, although some, through their inaction and complacency, facilitate trafficking.*
The new authoritarianism is not the result of a state ideology such as fascism or communism or the personal authoritarianism of an individual dictator. Rather, it is a consequence of the growth of the global illicit economy and the rise of powerful transnational crime groups, linked to but not part of the state. These groups are not, however, controlled by the states. Yet the consequences for the victims of sexual or labour trafficking are often the same as those in an authoritarian state – an absence of legal rights, a legal system that does not protect the individual, and often frequent and extreme mental and physical abuse of the person.[...]
Trafficking victims may resemble victims of state abuse, as they are subject to torture or other extreme forms of intimidations and are deprived of freedom of movement. Even though they are not intimidated by the state, they often have very limited means to counter the abuse they face. Defined as 'others', 'prostitutes', or 'illegal migrants', they are stigmatized and denied equal rights, sometimes even in societies where they may be citizens. Foreign victims are often deported from the country where they were trafficked, thereby denied recourse against those who have persecuted and exploited them. Therefore, like the residents of an authoritarian state, they have no ability to protect themselves from their abusers." (SHELLEY, 2010, p. 66-67)

[300] No original: "*Puede haber también situaciones en las cuales las actividades vinculadas a la trata de personas son de facto toleradas o condonadas por las autoridades, o incluso facilitadas activamente por funcionarios estatales corruptos. En estas circunstancias, el agente de persecución bien podría ser el propio Estado, el cual se convierte en responsable, ya sea por acción o por omisión, por la falta de protección a las personas que se encuentran bajo su jurisdicción.*" (ACNUR, 2006, p. 9)

É igualmente relevante ponderar que, apesar de necessitar estar fora do seu país para o reconhecimento da condição de refugiado, a pessoa não precisa ter saído do seu local de origem em razão do temor de perseguição. O temor pode ser posterior à transposição da fronteira, que é o que ocorre em grande parte dos casos de tráfico internacional. É importante, entretanto, demonstrar que o temor de perseguição se dá em relação ao local de origem da vítima, pois, caso este demonstre ser um local seguro para a mesma, o pedido de reconhecimento de refúgio deve ser negado. Nestes casos, porém, a situação deve ser analisada com cautela, já que normalmente as redes criminosas de tráfico de pessoas são organizações complexas e difusas, havendo a presença de agentes de perseguição em vários níveis e nos mais diversos locais (ACNUR, 2006, p. 10)

As definições expandidas de refugiados, apresentadas na Convenção Africana sobre Refugiados (UA, 1969) e na Declaração de Cartagena (1984), também podem ser aplicadas às vítimas de tráfico em muitos casos. Estas definições permitem a inclusão de pessoas que saíram de seus países em razão de perturbações da ordem pública, violência sistemática e graves violações de direitos humanos na definição de refugiado. As vítimas de tráfico saem de seus países, não necessariamente em busca de um refúgio, mas de novas oportunidades ou ainda forçadamente, em grande parte das vezes exatamente por estes motivos. Em regiões com problemas de segurança e ausência do Estado as populações ficam mais vulneráveis aos traficantes, tanto dos que se utilizam de artifícios para seduzi-las prometendo uma nova vida quanto daqueles que se aproveitam da violência e da desorganização para captar vítimas para exploração. Nesse sentido, no âmbito americano e africano, as pessoas oriundas de locais com estes tipos de problemas também podem ser reconhecidas como refugiadas, já que seu retorno para o local de origem trará um grande risco à sua segurança, incluindo normalmente a possibilidade de retráfico, mesmo que isso não tenha relação direta com os motivos elencados na Convenção de 1951 (UN, 1951), bastando a demonstração das graves e maciças violações de direitos humanos ocorridas na região e que estas podem atingir aquela pessoa em decorrência das suas características e vulnerabilidades.

Destarte, é possível verificar que a Convenção de 1951 (UN, 1951) e/ou Protocolo de 1967 (UN, 1967), assim como a Convenção Africana sobre Refugiados (UA, 1969) e a Declaração de Cartagena (1984), quando interpretados de maneira evolutiva e em consonância com o Direito Internacional dos Direito Humanos, permitem o reconhecimento das vítimas de tráfico de pessoas como refugiadas em muitas situações, tendo em vista a proximidade de muitas das causas de ameaça e insegurança sofridas por estas categorias. Portanto, quando possível o reconhecimento de uma vítima de tráfico de pessoas como refugiada, as garantias dos seus direitos humanos mais fundamentais encontram reforço em outro instrumento jurídico que vincula mais da metade dos Estados existentes na atualidade.

4.2 Da proteção aplicável

A possibilidade de reconhecimento das vítimas de tráfico de pessoas como refugiadas, por si só já possibilita a aplicação imediata de direitos oferecidos aos solicitantes de refúgio. O primeiro, como destacado no segundo capítulo do trabalho, é o *non-refoulement*. A partir daí os países deverão aplicar os direitos previstos ou no Protocolo de Palermo (UN, 2000), ou na Convenção de 1951 (UN, 1951) e/ou Protocolo de 1967 (UN, 1967), além de dispositivos pertinentes de sua legislação interna que garantam a dignidade destas pessoas e propiciem um tratamento adequado para a sua condição.

O *non-refoulement* deve ser aplicado e entendido em seu sentido mais amplo, incluindo a não rejeição na fronteira e, na sequência, o direito a identificação e informação (GALLAGHER, 2010).

A rejeição na fronteira ou as práticas que impedem alguém de chegar a um território, conforme já tratado, equivalem ao *refoulement*, uma vez que sequer permitem a identificação destes possíveis refugiados. No caso das vítimas de tráfico, estas muitas vezes já estão no território no qual poderão solicitar refúgio, por outro lado, muitas delas fogem, vítimas tanto de tráfico interno como internacional, e tentam procurar proteção em outro país. Portanto, o impedimento da sua entrada, quando há qualquer motivo plausível para acreditar que tenha sido vítima de graves violações de direitos humanos é *refoulement*. Entretanto, tendo em vista que estas vítimas em geral estão sozinhas ou em pequenos grupos, é realmente difícil para as autoridades reconhecerem sua condição, ao contrário dos casos dos grupos que fogem de guerras ou catástrofes naturais, que são fatos, em geral, notórios.

Nesse sentido, o direito à identificação é mais um garantidor da aplicação do *non-refoulement*. Este direito não está expresso nem no Protocolo de Palermo (UN, 2000) [301], nem na Convenção de 1951 (UN, 1951), mas é um decorrente lógico do *non-refoulement*. Tal fato, entretanto, é um dos aspectos que fragiliza desde o início a vindicação de aplicação dos direitos das vítimas de tráfico de pessoas. Para a identificação é essencial que os Estados aparelhem e treinem suas autoridades, especialmente policiais e agentes imigração, bem como promovam campanhas de esclarecimento para a população. As vítimas de tráfico não identificadas acabam sendo enquadradas entre os criminosos ou como imigrantes indocumentados e, inevitavelmente, expulsas ou deportadas. Mesmo em países com legislações mais antigas e completas sobre o tráfico de pessoas, como os EUA, a identificação das vítimas ainda é um dos pontos mais ressaltados como problemáticos, tendo em vista a mentalidade criminalizadora dos agentes de segurança com relação a imigrantes irregulares e, por exemplo, prostitutas.

Quando as pessoas são identificadas, o próximo direito que lhes deve ser garantido é o de informação. Entende-se que a informação é essencial para que as vítimas de tráfico compreendam a sua situação e quais os seus direitos a fim de poder refletir sobre o que pode ser melhor para si e dar seu consentimento de forma livre sobre voltar ou ficar, colaborar ou calar-se. Este direito, assim como o de identificação, não está expresso nos documentos internacionais. O Protocolo sobre o Tráfico de Pessoas (UN, 2000) garante apenas, no artigo 6(2)a, "quando necessário", o direito à informação sobre os procedimentos e administrativos aplicáveis. Ou seja, informação apenas posterior ao início de algum procedimento por parte do Estado. Considerando as circunstâncias em que as vítimas de tráfico se encontram, pensa-se que seria importante que as autoridades, juntamente com o processo de identificação das vítimas de tráfico, informassem sobre os direitos garantidos por esta condição, bem como outros previstos nas legislações específicas sobre migrantes e, especialmente, sobre refugiados, uma vez que sem a assistência ou informação prestada por terceiros, a vítima dificilmente saberá que pode ter esse direito.

[301] Na Convenção Europeia sobre Tráfico de Pessoas, por outro lado, está determinado que os Estados devem tomar as medidas necessárias para propiciar um processo melhor de identificação.

Outro direito importante para a proteção das vítimas é a sua não criminalização por condutas relacionadas com a situação de tráfico. Tal previsão também não consta do Protocolo (UN, 2000), todavia, muitos países têm adotado previsões, de maior ou menor extensão, que proíbem a criminalização das vítimas de tráfico, especialmente pela migração irregular e posse de documentos falsos ou fraudados, como os do sudeste asiático, mencionados na parte 2.3 deste trabalho.

É comum a identificação de delitos cometidos pelas vítimas de tráfico, porém, considerando o fato de que, geralmente, elas não estão agindo voluntariamente ou completamente conscientes das circunstâncias, a relativização da imputação de crimes às vítimas é uma medida extremamente importante para a proteção e garantia da sua dignidade. Ademais, conforme discutido no capítulo anterior, o cometimento de delitos comuns, se considerados graves, pode ser uma das causas de exclusão do *status* de refugiado, conforme a Convenção de 1951 (UN, 1951). Portanto, no caso da criminalização de condutas praticadas pelas vítimas enquanto da situação de tráfico, estas, além de sofrerem todas as consequências negativas deste fato, perdem também a oportunidade de conseguir um refúgio, se pertinente.

Nesse sentido deve ser observada também a disposição do artigo 31 da Convenção de 1951 (UN, 1951) que determina que os Estados não aplicarão sanções aos refugiados que chegarem irregularmente em seu território e se apresentarem às autoridades. O requisito de apresentação às autoridades deve ser interpretado com cautela, conforme já comentado, uma vez que as vítimas de tráfico não possuem autonomia para circular livremente, bem como, no caso de fugirem dos seus exploradores, normalmente receiam as autoridades justamente por não estarem em situação regular ou por terem se envolvido em condutas consideradas criminosas. Deste modo, as sanções à entrada irregular, bem como a outras condutas praticadas pelas vítimas de tráfico devem ser relativizadas, em sendo comprovada a sua condição.

Apesar de não elencarem os direitos acima comentados, que são de suma importância para a eventual aplicação dos demais, a Convenção de Palermo (UN, 2000) e o Protocolo sobre o Tráfico (UN, 2000) trazem algumas disposições genéricas e norteadoras de patamares mínimos que devem ser observados no trato com as vítimas. Conforme já mencionado, o Protocolo (UN, 2000) é um documento vinculado à Convenção (UN, 2000) e ambos devem ser lidos conjuntamente. A Convenção (UN, 2000) traz obrigações mais genéricas, enquanto o Protocolo (UN, 2000) as detalha melhor, tendo em vista a natureza do crime tratado.

Os artigos 24 e 25 e da Convenção de Palermo (UN, 2000a) tratam respectivamente da proteção das testemunhas e da assistência e proteção às vítimas. Nos casos de tráfico de pessoas, as principais testemunhas são as próprias vítimas e, assim sendo, as disposições referentes a estas também lhes são aplicadas[302]. Convém ressaltar, entretanto, que mais importante que a sua identificação como testemunha, é a sua caracterização como vítima, para fins de garantias mais amplas de proteção e tratamento, muito embora não seja essa a prática em muitos locais, que dão preferências às pessoas que podem ser mais úteis para a investigação e persecução criminal, como já demonstrado no início deste trabalho.

O mencionado artigo 24 da Convenção de Palermo (UN, 2000) trata sobre a proteção das testemunhas e, quando necessário, de seus familiares e pessoas próximas, durante os processos penais referentes às infrações previstas nela, dentro das possibilidades do Estado Parte. Observa-se no segundo parágrafo, que poderão ser incluídas medidas de proteção física, quanto à divulgação da identidade e localização das testemunhas, bem como propiciar meios para a realização das provas sem que elas se exponham. É sugerido, por fim, que os Estados concluam acordos com outros Estados para facultar novo domicílio a estas pessoas, sendo que as disposições podem ser aplicadas às vítimas quando forem testemunhas.

Verifica-se que o artigo, como a maior parte das disposições da Convenção (UN, 2000), apresenta uma linguagem mais sugestiva do que determinante[303].

302 Tecnicamente, vítima e testemunha são figuras distintas. Porém, considerando a complexidade do crime de tráfico de pessoas, bem como o fato de normalmente não ser um crime isolado, as vítimas são também testemunhas das ações dos criminosos, seja quanto à formação da organização, a fabricação de documentos falsos, o suborno de autoridade, ou até ao tráfico de armas e drogas.

303 *"While victim protection and support is one of the three stated purposes of the Trafficking Protocol, the corresponding provision reflect a level of reluctance, on the part of the States, to tie themselves down to specific obligations in this regard. The Legislative Guide to the Protocol confirms that 'requirements to provide assistance and support for victims incorporate some element of discretion.' It does also confirm, however, that while implementation of these measures is not mandatory, States Parties are required to* consider *implementing these requirements and 'urged to do so to the greatest extent possible within resource and other constraints.' The Legislative Guide further explains that these support measures are*

Conforme se denota dos trabalhos preparatórios da Convenção (UN, 2006, p. 218), os primeiros textos discutidos para o artigo, que dispunham também sobre a proteção às vítimas, utilizavam o verbo dever (*shall*), mas várias delegações alegaram que tal formulação seria inapropriada, pois "o fornecimento de proteção integral seria praticamente impossível financeiramente", sendo então, quando da nova redação, incluída a expressão 'dentro das suas possibilidades' (*within its means*). A disposição inicial foi então desmembrada, gerando o artigo 24, sobre proteção às testemunhas, e o artigo 25, que trata especificamente das vítimas e ficou com a seguinte redação:

> 1. Cada Estado Parte adotará, **segundo as suas possibilidades**, medidas apropriadas para prestar assistência e assegurar a proteção às vítimas de infrações previstas na presente Convenção, especialmente em caso de ameaça de represálias ou de intimidação.
> 2. Cada Estado Parte estabelecerá procedimentos adequados para que as vítimas de infrações previstas na presente Convenção possam obter reparação.
> 3. Cada Estado Parte, **sem prejuízo do seu direito interno**, assegurará que as opiniões e preocupações das vítimas sejam apresentadas e tomadas em consideração nas fases adequadas do processo penal aberto contra os autores de infrações, por forma que não prejudique os direitos da defesa (UN, 2000, grifo das autoras).

Nas notas interpretativas deste artigo, consta a preocupação do Comitê quanto à aplicação dos direitos dos indivíduos garantidos pelo direito internacional aplicável[304]. Havia a sugestão de uma delegação para incluir um artigo em separado para tratar de questões gerais de direitos humanos, mas a ideia não foi desenvolvida (UN, 2006, p. 218). As escolhas dos temas a serem

intended to reduce the suffering and harm caused to victims and to assist in their recovery and rehabilitation. It further notes that, while not obligatory, implementation of these provisions can provide important practical benefits including increasing the likelihood of victim cooperation in investigations and prosecutions, and avoiding further harm including revictimization." (GALLAGHER, 2010, p. 307)

[304] *"While the purpose of this article is to concentrate on the physical protection of victims, the Ad Hoc Committee was cognizant of the need for protection of the rights of individuals as accorded under applicable international law."* (UN, 2006, p. 224)

abordados, muito embora tenham deixado de lado vários aspectos importantes, especialmente sobre direitos humanos, foram, entretanto, essenciais para a aceitação do documento pela comunidade internacional.

O Protocolo sobre o Tráfico de Pessoas (UN, 2000) não difere do tom da Convenção, mas discrimina melhor alguns direitos das vítimas. O artigo 6º, sobre a assistência e proteção às vítimas de tráfico de pessoas dispõe:

1. Nos casos em que se considere apropriado e na medida em que seja permitido pelo seu direito interno, cada Estado Parte protegerá a privacidade e a identidade das vítimas de tráfico de pessoas, incluindo, entre outras (ou inter alia), a confidencialidade dos procedimentos judiciais relativos a esse tráfico.
2. Cada Estado Parte assegurará que seu sistema jurídico ou administrativo contenha medidas que forneçam às vítimas de tráfico de pessoas, quando necessário:
    a) Informações sobre procedimentos judiciais e administrativos aplicáveis;
    b) Assistência para permitir que as suas opiniões e preocupações sejam apresentadas e tomadas em conta em fases adequadas do processo penal instaurado contra os autores das infrações, sem prejuízo dos direitos da defesa.
3. Cada Estado Parte terá em consideração a aplicação de medidas que permitam a recuperação física, psicológica e social das vítimas de tráfico de pessoas, incluindo, se for caso disso, em cooperação com organizações não-governamentais, outras organizações competentes e outros elementos de sociedade civil e, em especial, o fornecimento de:
    a) Alojamento adequado;
    b) Aconselhamento e informação, especialmente quanto aos direitos que a lei lhes reconhece, numa língua que compreendam;
    c) Assistência médica, psicológica e material; e
    d) Oportunidades de emprego, educação e formação.
4. Cada Estado Parte terá em conta, ao aplicar as disposições do presente artigo, a idade, o sexo e as necessidades específicas das vítimas de

> tráfico de pessoas, designadamente as necessidades específicas das crianças, incluindo o alojamento, a educação e cuidados.
>
> 5. Cada Estado Parte envidará esforços para garantir a segurança física das vítimas de tráfico de pessoas enquanto estas se encontrarem no seu território.
> 6. Cada Estado Parte assegurará que o seu sistema jurídico contenha medidas que ofereçam às vítimas de tráfico de pessoas a possibilidade de obterem indenização pelos danos sofridos. (UN, 2000)

As disposições, portanto, tratam da proteção da privacidade e intimidade, confidencialidade dos procedimentos judiciais, direito a informação sobre os procedimentos judiciais e administrativos aplicáveis, assistência para permitir a expressão das suas opiniões e preocupações durante o processo criminal contra os autores do crime, auxílio para recuperação física, psicológica e social, possibilidade de indenização pelos danos sofridos, tudo conforme o direito interno do Estado e as possibilidades dentro do seu sistema jurídico. Gallagher (2010) ressalta, entretanto que estas disposições são mais fracas do que as previstas na Convenção (UN, 2000), na qual está prevista a proteção contra retaliação e intimidação, pois apenas se refere explicitamente à proteção da integridade física.

A responsabilidade de proteger e de cuidar das vítimas é dos Estados. A partir do momento em que as autoridades tomam conhecimento da existência de vítimas de tráfico, devem ser tomadas todas as medidas possíveis para garantir sua segurança e integridade. Ademais, não se pode ignorar que mesmo depois de resgatadas as vítimas de tráfico continuam em situação de vulnerabilidade. Gallagher (2010, p. 297-298) alerta que:

> Ao considerar as obrigações de proteção e de apoio devidas às vítimas de tráfico, é importante reconhecer que a sua dolorida experiência não a deixa, necessariamente, quando chegam ao conhecimento das autoridades nacionais. Corrupção e cumplicidade de funcionários públicos podem resultar na continuação de uma situação de exploração ou o surgimento de uma nova. O mal já feito para vítimas pode ser agravado por falhas no fornecimento de médicos e outras formas de apoio – ou por vincular a prestação de tais serviços a uma obrigação

> de cooperação que as vítimas podem não estar dispostas ou capazes de atender. [305]

São neste sentido as principais críticas às legislações de muitos países que condicionam o suporte às vítimas a sua colaboração com os procedimentos persecutórios, conforme exemplificando anteriormente no item 2.3 deste trabalho.

O artigo 7º do Protocolo (UN, 2000) sugere aos Estados que considerem a possibilidade de conceder a permanência temporária ou permanente às vítimas de tráfico no seu território, nos seguintes termos:

> 1. Além de adotar as medidas em conformidade com o artigo 6º do presente Protocolo, cada Estado Parte **considerará a possibilidade** de adotar medidas legislativas ou outras medidas adequadas que permitam às vítimas de tráfico de pessoas permanecerem no seu território a título temporário ou permanente, se for caso disso.
> 2. A executar o disposto no parágrafo 1 do presente artigo, **cada Estado Parte terá devidamente em conta fatores humanitários e pessoais.** (UN, 2000, grifo da autora).

Por meio deste dispositivo é sugerido que os Estados tomem medidas que propiciem a estada da vítima em seu território de forma temporária ou permanente, bem como que observem os fatores humanitários e pessoais. O acatamento desta previsão é essencial para a garantia da dignidade das vítimas de tráfico internacional de pessoas. Em conjunto com o de identificação, é este direito que irá permitir que os demais sejam gozados pela vítima. A previsão de que esta pessoa possa ter pelo menos um período de reflexão e recuperação é primordial, caso contrário o destino das vítimas, que normalmente não estão regularmente no país, provavelmente será a deportação.

[305] Tradução livre. No original: *"When considering the protection and support obligations owed to victims of trafficking it is important to acknowledge that their experience of harm does not necessarily cease when they come to the attention of national authorities. Corruption and complicity of public officials may result in a continuation of an exploitative situation or the emergence of a new one. The harm already done to victims can be compounded by failures to provide medical and other forms of support – or by linking the provision of such services to an obligation of cooperation that victims may not be willing or able to meet."*

A permanência temporária no país, com a devida assistência, propicia que o Estado cumpra suas demais obrigações. Assim, a vítima poderá ter assistência para sua recuperação física e mental. Infelizmente, conforme já demonstrado, a maioria dos países condiciona a estada destas vítimas a sua vontade e/ou possibilidade de cooperar com as investigações criminais. Muitas delas, entretanto, podem não estar aptas ou desejosas de cooperar, por medo ou alguma outra convicção. Todavia, mesmo nestes casos, o Estado deveria utilizar este período para averiguação da situação da vítima e análise de qual a melhor forma de tratá-la, bem como se é mais adequado e seguro repatriá-la, ou mantê-la em seu território, a título humanitário, ou ainda, verificado o preenchimento dos requisitos, como refugiada.

A concessão de permissão para permanência, seja temporária ou definitiva, apenas para as vítimas que puderem e/ou quiserem cooperar com as investigações e persecução criminal gera uma desigualdade discriminatória. Muito embora a participação na investigação possa colocar a pessoa em risco, não significa que aquelas vítimas que não puderam ou não quiseram colaborar estejam em segurança ou em condições psicológicas de retornar ao seu local de origem. Ademais, nas legislações verificadas, a concessão dos vistos para estas pessoas, bem como a sua retirada, possui, na maior parte das vezes, um caráter bastante discricionário, levando-se em consideração mais o interesse policial e judicial em investigar e punir os agentes, do que a necessidade de dignidade e proteção das vítimas que sofreram inúmeras violações de seus direitos humanos.

O artigo 8º do Protocolo (UN, 2000) trata do repatriamento, dispondo sobre os deveres dos Estados quando deste procedimento. Tanto o Estado do qual a vítima seja nacional ou tenha residência permanente e para o qual esteja sendo repatriado, como aquele onde ela se encontra, deverão facilitar o processo, inclusive com a providência de identificação e documentação, mas especialmente devendo ter em conta a segurança da mesma. É mencionado, ainda, que o repatriamento deve ser feito preferencialmente de forma voluntária[306].

306 "*As noted previously, trafficked persons are routinely deported from countries of transit and destination. While States are able to point to a legal entitlement to control their own borders (and the absence of an obligation to permit all persons identified as having been trafficked to stay), there can be no doubt that forced repatriation to the country of origin or to a third country can have serious consequences for victims*

De acordo com o Relatório americano sobre o Tráfico de Pessoas:

> Definir alguém como vítima de tráfico de seres humanos em lei ou regulamento não é um rótulo pejorativo ou um meio de separá-la do resto da sociedade. Os estrangeiros que são identificados como vítimas de tráfico devem ser elegíveis para assistência na imigração que não só os mantenha a salvo, mas também lhes permita escolher os melhores próximos passos para si e suas famílias. As vítimas muitas vezes não são capazes de dar um novo passo além dessa situação até que as ameaças à sua segurança e à segurança de seus familiares tenham sido resolvidas. Nestas situações, a única opção razoável para as vítimas estrangeiras de tráfico de pessoas pode ser a de permanecer em segurança no país onde foram traficadas e onde eles iniciaram o no caminho para a recuperação. Soluções de imigração que outorgam às vítimas estrangeiras um caminho para residência permanente ou cidadania, garantindo sua segurança e que lhes permita integrar mais plenamente na sua nova comunidade são as melhores práticas. Repatriação deve ser uma opção acessível, com serviços de apoio e encaminhamentos durante todo o processo. No entanto, só deve ser considerada após uma determinação do que é no melhor interesse da vítima, em vez de um processo que requer uma decisão sumária que acabe resultando que as vítimas de tráfico estrangeiras sejam devolvidas para seus países de origem (USA, 2012, p. 18)[307].

of trafficking. They may be subject to punishment from national authorities for unauthorized departure or other alleged offenses; they may face social isolation or stigmatization and be rejected by their families and communities; they may be subject to violence and intimidation from traffickers – particularly if they have cooperated with criminal justice agencies or owe money that cannot be repaid. Victims of trafficking who are forcibly repatriated, particularly without the benefit of supported reintegration, are at great risk of retrafficking. From a legal perspective, the issue of repatriation is a controversial one, involving consideration of complex issues such as entitlement to return and the principle of non-refoulement." (GALLAGHER, 2010, p. 337)

307 Tradução livre. No original. *"Defining someone as a victim of human trafficking under relevant law or regulation is not a pejorative label or a means of setting him or her apart from the rest of society. Foreign nationals who are identified as trafficking victims should be eligible for immigration relief that not only keeps them safe, but also allows them to choose the best next steps for themselves and their families. Victims are often not able to move beyond their victimization until threats to their safety and the safety of their family members have been resolved. In these situations, the only reasonable option for*

A repatriação voluntária, assim como a integração à comunidade local e o reassentamento são as soluções permanentes que se busca para os refugiados. Estas soluções, que estão entre os objetivos de atuação do ACNUR (UN, 1950), são soluções que podem ser pertinentemente aplicadas às vítimas de tráfico de pessoas, mesmo quando não se enquadrarem na condição de refugiadas, pelos órgãos que forem responsáveis pela sua assistência. Nesse sentido, o direito e a prática relacionados aos refugiados podem servir de exemplo e parâmetro para o tratamento das vítimas de tráfico.

No Protocolo de Palermo (UN, 2000) estão previstos apenas a integração à sociedade, com a concessão da possibilidade de permanência no território, bem como a repatriação, que é colocada como preferencialmente voluntária. No caso dos refugiados, a repatriação deve ser voluntária, caso contrário estar-se-á violando o artigo 33 da Convenção de 1951 (UN, 1951), que é a positivação do *non-refoulement*. Conforme ressalta Jubilut (2007, p. 155), a repatriação tem sido a solução considerada ideal e incentivada pelo ACNUR, não tanto por ser a mais adequada, mas pela dificuldade de aceitação destes estrangeiros pelos Estados, especialmente pelos mais desenvolvidos. Todavia, "a partir do momento em que o refugiado é repatriado, ele deixa de estar sob a proteção internacional decorrente do refúgio" (JUBILUT, 2007, p. 155), sendo imprescindível, portanto, que esteja ciente desta situação, bem como de que tenha sido averiguado que qualquer ameaça a sua integridade e vida no país de origem haja cessado – sendo tal observação também pertinente às vítimas de tráfico, reconhecidas ou não como refugiadas. Neste caso, pode-se, nos termos da Convenção e Protocolo de Palermo, ser exigido que os Estados, quando em operações conjuntas para a investigação de suspeitos, promovam também a proteção destas vítimas, sejam testemunhas ou não. Mas, mesmo assim, no curso de cada caso, tudo dependerá do direito e da vontade estatal.

foreign trafficking victims may be to remain safely in the country where they were trafficked and where they have started on the path to recovery. Immigration remedies that allow foreign victims a pathway to permanent residence or citizenship, assuring their safety and enabling them to integrate more fully into their new community, are best practices. Repatriation should be an accessible option with support and referral services throughout the process. Yet it should only be considered after a determination of what is in the best interests of the victim, rather than a process that requires a summary decision that results in foreign trafficking victims being returned to their home countries."

A integração local pode ser a solução quando não se mostrar viável a repatriação. Para as vítimas de tráfico, conforme demonstrado, apenas para as que colaborarem com a polícia e a justiça, na maioria dos Estados, há previsão para que permaneçam no território. Entretanto, em respeito e conformidade ao *non-refoulement*, os Estados deveriam garantir tal possibilidade para qualquer vítima sempre que se demonstrar que possa sofrer graves violações aos seus direitos humanos no país de origem.

Quanto ao reassentamento, no âmbito do Direito Internacional dos Refugiados

> vem a ser a transferência de indivíduos, já reconhecidos como refugiados, mas que ainda têm problemas de proteção ou que têm problemas graves de integração no país de acolhida [...] para outro Estado, [...], que se entende mais adequado às necessidades desses indivíduos (JUBILUT, 2007, p. 154).[308]

Em relação ao tráfico de pessoas, não há previsão sobre o reassentamento das vítimas no Protocolo (UN, 2000), mas no artigo 24 da Convenção contra o Crime Organizado Transnacional (UN, 2000), que trata da proteção às testemunhas, está previsto que "os Estados considerarão a possibilidade de celebrar acordos com outros Estados para facultar um novo domicílio às pessoas referidas no parágrafo 1º do presente artigo [testemunhas e seus familiares]".

Muito embora o reassentamento em outro país pudesse ser uma das medidas que melhor garantissem a segurança da vítima de tráfico, não existe um mecanismo previsto para isso. No caso dos refugiados, estes se valem da estrutura do ACNUR para que seja providenciada tal medida com segurança. Para as vítimas de tráfico que não forem reconhecidas como refugiadas, a possibilidade de ir legalmente e em segurança para um terceiro país só existirá nos países que acatarem a sugestão da Convenção de Palermo e, ainda assim, no caso de terem sido testemunhas nos processos contra os traficantes.

[308] "Tal prática somente é possível em função do sistema universal de proteção aos refugiados, posto que, se ainda somente existisse o instituto do asilo, fundado na discricionariedade de cada Estado concessor, os indivíduos reconhecidos como merecedores de proteção em um Estado não teriam necessariamente o seu status reconhecido nos demais." (JUBILUT, 2007, p. 154)

Segundo o Relatório da Primeira Reunião de Especialista em Proteção dos Direitos Humanos no retorno de pessoas traficadas aos seus países de origem da OSCE (2009, p. 1):

> Nenhum país examinado [Reino Unido, Alemanha, Espanha e Itália] previa residência permanente para as vítimas identificadas. As pessoas traficadas são em última análise, sempre obrigadas a regressar ao seu país de origem. Programas para auxiliar no seu retorno 'voluntário', o qual alguns afirmam seria mais bem chamado de retorno 'obrigatório', existiam em todos os países. Falhando o retorno voluntário, as pessoas traficadas poderiam ser repatriadas à força. Nenhum país examinado tinha desenvolvido procedimentos claros para garantir que o retorno fosse realizado tendo em conta os direitos e a segurança da pessoa em causa. Em vez disso, questões de segurança só foram sistematicamente consideradas em países onde a pessoa tinha pedido asilo ou outras formas de proteção internacional. A prevalência do retráfico, embora não seja o foco dos trabalhos, foi referenciada em todos, o que foi visto como resultado, em alguma medida, das políticas de retorno fracassadas.[309]

Deste extrato pode-se verificar que o retorno das vítimas de tráfico de pessoas não tem sido feito com as necessárias cautelas, ensejando a ocorrência de retráfico, ou seja, permitindo que a pessoa retorne para uma situação de graves violações aos seus direitos humanos. Tal prática infringe o *non-refoulement* e demonstra-se, assim, ineficaz até para o combate a esse crime, já que devolve às vítimas aos seus algozes, que terão mais lucro ao renegociá-la.

[309] Tradução livre. No original: "*No country examined [UK, Germany, Spain and Italy] provided for permanent residency for identified victims. Trafficked persons are ultimately always obliged to return to their country of origin. Programmes to assist in their 'voluntary' return, which some argue would better be referred to as 'mandatory' return, were in place in all countries. Failing voluntary return, trafficked persons could be forcibly returned. No country examined had developed clear procedures to ensure that the return was conducted with due regard for the rights and safety of the person concerned. Instead issues of safety were only systematically considered in countries where the person had applied for asylum or other forms of international protection. The prevalence of re-trafficking, although not the focus of the papers, was reference in all, which was seen to result in some measure from failed return policies.*"

Diante deste panorama é que se faz necessário que as autoridades estatais, além de analisar os casos com base apenas nos documentos específicos sobre a temática, tenham em mente que o tráfico de pessoas é primordialmente uma violação aos direitos humanos. Sendo desta forma, toda interpretação a aplicação da lei deve ser feita em consonância com o Direito Internacional dos Direitos Humanos, levando-se em consideração as suas peculiaridades e seus princípios fundamentais. Nesse momento é importante relembrar um dos princípios trazidos na parte 3.1 deste trabalho: o da norma mais favorável ao indivíduo.

Quando da verificação da situação de uma vítima de tráfico de pessoas e dos seus direitos, seja reconhecida como refugiada ou não, é necessário que seja sopesado qual a melhor solução aplicável para aquela pessoa no caso concreto. A repatriação pode ser a melhor solução muitas vezes, quando for o desejo da vítima e o seu local de origem for seguro para o retorno. A permanência temporária para reflexão é sempre uma opção que deveria ser dada às vítimas, uma vez que logo após o período traumático pelo que passaram, é muito difícil tomar decisões adequadas. Por esse ângulo, a colaboração com a polícia também deve ser vista sempre como uma possibilidade e não uma obrigação da vítima. O fato de ser pressionada a depor como medida que garanta a sua permanência pode ser tão torturante quanto o tráfico, como no caso das mulheres da Nigéria, que acreditam que se falarem algo uma maldição poderá ocorrer com elas ou seus familiares, conforme casos mencionados na primeira parte deste capítulo. Nos países em que existe a previsão de algum tipo de visto humanitário, também deve ser verificada a possibilidade de aplicação deste, especialmente se os direitos conferidos por ele forem mais benéficos do que os previstos para as testemunhas, por exemplo.

No caso das vítimas de tráfico às quais for possível o reconhecimento da condição de refugiado, é importante verificar que não deixam de ser vítimas de tráfico. Nesse sentido, devem gozar dos benefícios previstos para os refugiados, mas também da proteção conferida às vítimas de tráfico. Nos países, por exemplo, em que há restrição à locomoção dos refugiados, deve-se verificar se o local delimitado para eles é seguro para a pessoa na condição de vítima de tráfico de pessoas, ou se é mais adequado abrigá-la e tratá-la como uma testemunha protegida, se for esta apenas a alternativa. As normas de direitos humanos não são nunca excludentes, mas sempre complementares, em vista da busca do que é melhor para a garantia da dignidade humana.

Outro princípio importante já explicado anteriormente e que deve ser respeitado pelos Estados é o não-retrocesso. Quando da concessão de um benefício que seja essencial para a garantia da segurança de uma pessoa, os governos não devem retirá-lo. No sistema de vistos da Austrália, por exemplo, há possibilidade de retirada do visto de proteção das testemunhas se estas não se enquadrarem nos parâmetros de utilidade exigidos pelas autoridades, podendo ser deportadas sem maiores cuidados (DOREVITCH; FOSTER, 2008; UNIVERSITY OS QUEENSLAND, 2016). Muito embora a concessão deste visto seja precária, a discricionariedade das autoridades não poderia retirar os direitos concedidos ao beneficiário sem os cuidados necessários à segurança da vítima. A eventual revogação de vistos permanentes concedidos às vítimas de tráfico, sem que haja cessado a situação de perigo e restabelecida a sua saúde psicológica, também pode ser considerado um retrocesso em termos de direitos humanos em casos específicos.

Enfim, de uma leitura conjunta dos institutos previstos no Direito Internacional dos Refugiados, especialmente o *non-refoulement,* com as previsões da Convenção (UN, 2000a) e Protocolo de Palermo (UN, 2000b), pode-se perceber que existem muitas convergências entre as necessidades e os direitos das vítimas de tráfico e dos refugiados, confundindo-se estas quando a vítima de tráfico puder ser considerada como refugiada. Extrai-se que, muito embora não haja um arcabouço normativo internacional ideal para o tratamento destas pessoas, e que os Estados também ainda não tenham se adaptado adequadamente, os instrumentos internacionais, quando interpretados a partir da ótica da proteção da pessoa humana, apresentam soluções que, se aplicadas com a devida atenção e cuidado, podem conferir uma proteção mínima, de forma a garantir os direitos humanos básicos das vítimas de tráfico de pessoas.

4.3 Os limites e as possibilidades da aplicação do direito internacional dos refugiados às vítimas de tráfico de pessoas

Os tratados sobre tráfico de pessoas e os sobre os direitos dos refugiados são documentos de naturezas e com objetivos distintos. É necessário, assim, ter consciência de que a sua aproximação tem limites, ao mesmo tempo em que apresenta novas possibilidades de aplicação dos direitos ali previstos, dentro de suas convergências.

A Convenção (UN, 2000) e o Protocolo de Palermo (UN, 2000) são documentos que em matéria criminal que visam à cooperação entre os Estados eminentemente para a prevenção e combate aos crimes ali previstos e aos a eles relacionados. Desta forma, a redação e os dispositivos ali apresentados não criam obrigações que interfiram na soberania dos Estados. O combate ao crime organizado transnacional é uma preocupação deles e, desta forma, é um tema de interesse da comunidade internacional. A Convenção contra o Crime Organizado (UN, 2000) veio, então, suprir uma lacuna quanto à existência de um documento que propiciasse certa padronização para a cooperação nessa matéria, vinculando Estados em todo o mundo em uma rede de colaboração e troca de informações sobre esse tipo de criminalidade.

A inclusão do crime de tráfico de pessoas no escopo da Convenção contra o Crime Organizado Transnacional (UN, 2000) foi pertinente e relevante, especialmente para aumentar o conhecimento sobre o tema e incluir o mesmo nas políticas públicas dos Estados. Por outro lado, perdeu-se a oportunidade de criação de um documento mais completo e que contemplasse também, mais adequadamente, as necessidades das vítimas desse tipo de criminalidade que, ao contrário das demais incluídas no escopo da Convenção, tem os indivíduos como objetos e vítimas diretas das práticas realizadas. Portanto, os termos do Protocolo sobre Tráfico de Pessoas (UN, 2000) foram mantidos dentro do padrão geral da Convenção de Palermo (UN, 2000), qual seja, de um documento voltado para a cooperação dos Estados, requerendo que estes envidassem esforços, mas sem imprimir obrigações rigorosas.

No entanto, tendo em vista que, como dito, o crime de tráfico de pessoas tem como vítimas diretas os indivíduos, não se pode negligenciar a necessidade de aplicação do protocolo não apenas nos seus termos estritos, mas também com respeito às normas de direitos humanos, às quais a maioria absoluta dos países do mundo de alguma forma está vinculada, seja pela participação em convenções sobre a matéria, seja pelo simples fato de ser um membro da ONU. Assim, a leitura e aplicação do Protocolo (UN, 2000) com vistas apenas nas questões criminais e de segurança são incompletas e insuficientes para o alcance dos fins de uma comunidade internacional comprometida com a paz, a segurança e os direitos humanos.

Ora, a Convenção de 1951 (UN, 1951) e o Protocolo de 1967 (UN, 1967) são documentos de proteção à pessoa humana. O Direito Internacional dos Refugiados é um direito que possui ingerência na soberania dos Estados, pois muito embora estes possuam discricionariedade em diversos aspectos, há obrigações elencadas nos documentos que são objetivas e, inclusive, cogentes, como o *non-refoulement*. Entretanto, vale ressaltar novamente, voltadas para um grupo específico e delimitado de migrantes.

A questão do tráfico de pessoas tem o Protocolo de Palermo (UN, 2000) como seu principal instrumento universal na atualidade, inclusive no que concerne à proteção às vítimas. Assim, mesmo sendo um documento relacionado à segurança, por estar diretamente relacionado com as pessoas, deve ser lido sempre também sob o prisma da proteção humana que, no âmbito internacional encontra no Direito Internacional dos Refugiados, no Direito Internacional Humanitário e no Direito Internacional dos Direitos Humanos suas três vertentes fundamentais.

O Direito Internacional dos Direitos Humanos deve servir como baliza norteadora para a realização de qualquer análise de documentos que possam envolver deveres dos Estados com relação à pessoa humana. O Direito Internacional dos Refugiados, entretanto, apresenta um arcabouço normativo de proteção à pessoa em uma situação bastante específica, que apresenta convergências com o tráfico de pessoas. Desta forma, não havendo por parte de muitos Estados ainda legislações que garantam os direitos humanos das vítimas de tráfico de pessoas de forma mais ampla em consonância com os parâmetros mínimos de dignidade que se deve ter no tratamento de um migrante, especialmente em situação de grande fragilidade, o Direito Internacional dos Refugiados é uma alternativa que, quando possível de ser aplicado, pode garantir uma proteção mais ampla às vítimas de tráfico do que a prevista na Convenção (UN, 2000) e no Protocolo de Palermo (UN, 2000) e, especialmente, do que as previstas – ou não previstas – nas legislações internas dos Estados.

A leitura do Protocolo de Palermo sobre o Tráfico de Pessoas (UN, 2000) a partir do Direito Internacional dos Refugiados é uma proposta não de ampliação dos direitos previstos nos documentos internacionais, mas sim de complementação. O Direito Internacional dos Refugiados, como mecanismo de proteção de vítimas de perseguição e violações de direitos humanos permite que, quando as vítimas de tráfico de pessoas possuam as características necessárias, gozem dos direitos previstos para os refugiados. Por outro lado, mesmo quando estas não têm as características necessárias para o reconhecimento da condição de refugiadas, o princípio do *non-refoulement*, previsto na Convenção de 1951 (UN, 1951), deve ser respeitado, por já ter se tornado norma de *jus cogens*. Essa leitura, entretanto, possui alguns limites, tanto práticos, como legais.[310]

O primeiro limite a ser apontado é o fato de se tratarem de diferentes documentos e, portanto, não abrangerem todas as regiões, muito embora, como pode ser visto no Apêndice deste trabalho, mais de metade dos países do mundo é parte da Convenção de 1951 (UN, 1951) e/ou Protocolo de 1967 (UN, 1967) e da Convenção de Palermo (UN, 2000) e Protocolo sobre o Tráfico de Pessoas (UN, 2000). Desta forma, aos países que não são partes da Convenção de 1951 (UN, 1951) e/ou Protocolo de 1967 (UN, 1967) não se pode exigir a aplicação do Direito Internacional dos Refugiados. Entretanto, devido ao amplo reconhecimento do princípio do *non-refoulement* como norma de *jus cogens* oponível *erga omnes*, é possível afirmar que, ao menos em tese, mesmo os Estados que não fazem parte do sistema internacional de proteção dos refugiados não podem se furtar a aplicar tal princípio às vítimas de graves violações de direitos humanos, como as vítimas de tráfico de pessoas.

310 *"While acknowledging the very real progress that has been made in linking trafficking with international refugee law, it is important not to underestimate the challenges to developing a reliable and consistent practice in this area. The lack of verifiable information on trafficking renders extremely difficult the making of an accurate assessment as to the nature of the risk faced by an individual asylum-seeker. Refugee determination procedures have been found to be using incomplete, unverified, and sometimes unreliable information to decide critical questions such as whether there is a risk of reprisals or retrafficking and whether effective State protection is available. In addition, the capacity of an individual to exercise a right to seek and receive asylum from persecution depends on that person's knowledge of the existence of such a right and its applicability to his or her situation. States are adept at avoiding their responsibilities through both omission (for example, failing to require relevant officials to inform trafficked persons of their right to seek asylum or failing to provide access to the specialist legal advice that may be required) and commission (for example, actively screening out potential applicants from refugee determination). Obstacles to rapid and accurate victim of trafficked persons [...] undermine effective procedures for determining international protection needs of individuals who have been trafficked. While agencies such as UNHCR and the UN High Commissioner for Human Rights have recognized the importance of access, this aspect is yet to be formally integrated into the international legal framework in any meaningful way."* (GALLAGHER, 2010, p. 206-207).

A segunda limitação visualizada, e talvez a principal, é a definição de refugiado. O refúgio, como já explicado na segunda parte deste trabalho, foi criado para proteger uma população bastante delimitada, tanto geográfica como temporalmente. A delimitação geográfica era relativa e a maioria dos Estados Parte da Convenção não a aplicam. A delimitação temporal deixou de existir para os países que adotaram o Protocolo de 1967. Os requisitos para se determinar a condição de refugiado, entretanto, mantiveram-se os mesmos nestes documentos, tendo se expandido, conforme explicado anteriormente, no âmbito africano e americano.

Essa limitação, todavia, não é uma limitação negativa, uma vez que a simples inclusão de outros grupos sob a égide do Direito Internacional dos Refugiados poderia enfraquecer o instituto. Atualmente já se debate muito as questões da proteção dos deslocados internos, "refugiados ambientais" e "refugiados econômicos", as quais são categorias que, muito embora não se enquadrem na definição de refugiados, apresentam problemas e vulnerabilidades muito parecidas com as deles. Nesse sentido, os debates sobre a proteção destas pessoas têm sido sempre travados em conjunto sobre o Direito Internacional dos Refugiados, sendo esse visto como um modelo, especialmente no que concerne à proteção conferida pelo ACNUR. Entretanto, não se vê com bons olhos uma modificação da definição de refugiado e do mandato do ACNUR para abranger todas essas pessoas. Isto desnaturaria o instituto e dificultaria a manutenção da qualidade e alcance da proteção conferida aos refugiados, uma vez que os recursos são escassos. Além disso, os Estados, que já são reticentes no reconhecimento dos refugiados, teriam mais motivos para restringir ou dificultar a aplicação do Direito Internacional dos Refugiados, tendo em vista os ônus para eles gerados.

O caso das vítimas de tráfico, apesar de específico, confunde-se em muitos pontos com os destes grupos de pessoas deslocadas e sem proteção. As vítimas de tráfico podem também pertencer aos grupos de deslocados internos, "refugiados ambientais" ou "refugiados econômicos", pois estes são grupos de pessoas em situação de fragilidade e, portanto, alvos preferenciais para os traficantes de pessoas (ACNUR, 2006; GALLAGHER, 2010; UNODC, 2012; 2016; 2018). Por outro lado, devido a sua condição de vítimas de tráfico, têm uma diferenciação que pode significar mais risco, bem como qualificá-las como refugiadas. Todavia, não se busca incluí-las forçadamente nessa definição. Assim, conforme explicado na primeira parte deste capítulo, o reconhecimento das vítimas de tráfico como refugiadas deve estar de acordo com as normas pertinentes. Nesse sentido é que a definição de refugiado se mostra como uma limitação, já que, quando não for possível determinar o *status* de refugiada de uma vítima de tráfico, o seu tratamento deverá ser feito dentro do determinado pelas legislações nacionais, as quais, entretanto, deveriam observar as normas e princípios do Direito Internacional dos Direitos Humanos.

A terceira limitação, pode-se dizer, legal, é a cláusula de exclusão da condição de refugiado pelo cometimento de delitos comuns graves. Tal limitação, muito embora não devesse existir na maioria dos casos, conforme apontado anteriormente, pode ser um real empecilho para o reconhecimento da condição de refugiada a muitas vítimas de tráfico de pessoas. A não-incriminação das vítimas pelos delitos cometidos no processo de tráfico, apesar de ser uma decorrência lógica da condição das mesmas, ainda não é um direito garantido expressamente na maioria dos países, sendo elencados, por vezes, apenas delitos específicos passíveis de desconsideração. Do mesmo modo, a Convenção de 1951 (UN, 1951) somente determina a não-incriminação pela entrada irregular no território do país daqueles que se apresentarem logo às autoridades. Assim sendo, a determinação do que são delitos graves que podem ser considerados para fins de incriminação e exclusão da condição de refugiados para as vítimas de tráfico de pessoas vai depender de cada Estado.

Em termos práticos, as limitações são ainda maiores. Como já apontado, um dos grandes problemas para identificação das vítimas de tráfico como passíveis de reconhecimento do *status* de refugiado é a própria identificação. De todo o exposto até o momento, pode-se perceber que não sendo reconhecidas como vítimas, estas pessoas provavelmente se enquadrarão nas categorias de migrantes e muito mais dificilmente terão acesso a qualquer informação sobre a possibilidade de virem a conseguir o reconhecimento como refugiadas. Assim, a própria preparação da polícia e de outros agentes estatais que lidam diretamente com estrangeiros é essencial, para que não se limite os poucos direitos existentes para as vítimas de tráfico, bem como se anule qualquer possibilidade de reconhecimento destas como refugiadas.

Todavia, mesmo quando a identificação é devidamente realizada, costuma haver certa resistência dos Estados quanto à concessão de direitos mais amplos a estas pessoas, incluído aí o refúgio. Sem uma assistência jurídica adequada, dificilmente uma vítima de tráfico vai conseguir seu reconhecimento como refugiada, já que os motivos para isto não se coadunam com os mais comuns e facilmente visíveis. Em razão disso, as Diretrizes do ACNUR para aplicação da Convenção de 1951 às vítimas de tráfico salienta a importância desse apoio (ACNUR, 2006). É necessário que se compreenda toda a amplitude que envolve a problemática do tráfico de pessoas para que se consiga agregar os elementos necessários para o reconhecimento destas vítimas como refugiadas.

Por fim, a principal limitação prática que ocorre é o apego das autoridades à soberania estatal. Na Convenção (UN, 2000) e no Protocolo de Palermo (UN, 2000) tal fato é patente. As disposições, especialmente no que concerne às medidas a serem tomadas em relação às vítimas e possibilidade de manutenção das mesmas em seu território foram escritas em linguagem sugestiva, não importando em um dever concreto e objetivo dos Estados.

Quanto aos refugiados, muito embora por sua natureza de direitos humanos, bem como pela forma como foram redigidos a Convenção de 1951 (UN, 1951) e o Protocolo de 1967 (UN, 1967), sejam deveres concretos e objetivos dos Estados, a forma e a abrangência da aplicação acabam se mantendo no âmbito das políticas internas. Apesar do ACNUR poder auxiliar na determinação do *status* de refugiado, a competência para declarar uma pessoa refugiada ou não é dos Estados. Portanto, a última interpretação da definição de refugiado é feita pelos órgãos estatais, que podem adotar posições mais extensivas ou mais restritivas, dependendo não apenas de questões técnicas, mas também de orientações políticas.

Apesar de todas estas limitações apontadas, a leitura do Protocolo de Palermo à luz do Direito Internacional dos Refugiados apresenta possibilidades. As duas possibilidades diretas, como apontado anteriormente neste capítulo são: primeiramente, a aplicação do *non-refoulement* às vítimas de tráfico de pessoas, independentemente de participação nas investigações criminais ou de solicitarem asilo, havendo possibilidade de risco caso sejam devolvidas ao local de onde vieram. Em segundo lugar, o reconhecimento das vítimas de tráfico como refugiadas, quando estas se enquadrarem nos requisitos para isto.

Estas possibilidades estão aos poucos sendo reconhecidas pela comunidade internacional. A menção do Direito Internacional dos Refugiados no

Protocolo de Palermo (art. 14), bem como o destaque ao princípio do *non-refoulement* foi um dos impulsionadores para que se começasse a pensar nestas possibilidades. Se hoje ainda quase não se debate a questão da concessão de refúgio para as vítimas de tráfico de pessoas, antes quase nada se tinha sequer sobre a proteção a estas vítimas. A publicação das "Diretrizes sobre proteção internacional: a aplicação do artigo 1A(2) da Convenção de 1951 e do Protocolo de 1967 sobre o Estatuto dos Refugiados em relação às vítimas de tráfico de pessoas e às pessoas em risco de serem vítimas do tráfico" também foi extremamente importante no esclarecimento e orientação das autoridades que tem contato e analisam os pedidos dos refugiados quanto à questão de que as vítimas de tráfico também podem necessitar e poder gozar desta proteção especial em muitos casos.

Tais fatos demonstram que com o passar do tempo novas temáticas relacionadas aos direitos humanos surgem e, com as interpretações adequadas, instrumentos já existentes podem ser úteis para a garantia da proteção destes direitos. Apesar de não abranger todas as vítimas de tráfico de pessoas, o refúgio é capaz de garantir a proteção da dignidade de pelo menos uma parte deste grupo de pessoas.

Vê-se na atualidade um avanço da interpretação dos institutos de proteção à pessoa humana, em razão da própria evolução da sociedade. Enquanto pouco se falava de qualquer proteção às vítimas de tráfico de pessoas há alguns anos[311], cada vez mais são noticiados casos em que às mesmas foram concedidos direitos, inclusive de asilo.[312] No caso de mulheres vítimas de tráfico sexual, tem sido cada vez mais recorrente o seu reconhecimento como um determinado grupo social, tanto por sua condição de mulher, especialmente às oriundas de países com significativas desigualdades entre os gêneros, como pelo próprio fato de serem vítimas de tráfico, o que as torna um determinado grupo social perante a sociedade de origem. Nesse sentido tem sido decidido na Austrália, conforme comentam Dorevitch e Foster (2008, p. 17-18):

311 *"The Board of Immigration Appeals has never granted asylum to a trafficked woman, even though it has been proposed that some women who are the victims of sex trafficking may be able to satisfy the criteria for asylee status under United States immigration law."* (TIEFENBRAUN, 2002, p. 157)

312 Foi noticiado em outubro de 2013 que a Espanha, um dos principais destinos do tráfico de pessoas, concedeu, pela primeira vez, asilo a uma vítima. (CASTELLANO, 2010)

> Também é importante notar que mesmo que sua partida inicial tenha sido "voluntária" e/ou por razões "econômicas", isso não impede um pedido de refúgio de uma mulher que esteja em risco de dano futuro como resultado de ter sido traficada. Por exemplo, na concessão do *status* de refugiada a uma mulher do Uzbequistão, o Tribunal de Revisão de Refugiados ('RRT') reconheceu que a requerente deixou seu país "para melhorar sua situação econômica no contexto de uma economia em declínio e consequentes oportunidades limitadas de emprego no Uzbequistão, especialmente para as mulheres". No entanto, o RRT 'considerou que sua experiência posterior, de ter sido traficada, e o risco de dano que se seguiu a partir dessa experiência constituem perseguição". Trata-se claramente em linha com a Convenção dos Refugiados, que sempre requer uma avaliação prospectiva de risco. [313]

Também no Reino Unido. De acordo com as conclusões do caso "*SB (PSG – Protection Regulations – Reg 6) Moldova CG [2008] UKAIT 00002*":

> (ii) [...] nos casos em que os membros de um grupo social compartilham de um passado comum, que é uma característica imutável e que eles não podem alterar (por exemplo, a partilha de uma experiência comum do passado) ou que não lhes deve ser exigido mudar, então se o passado comum define o grupo, dando-lhe uma identidade distinta na sociedade em questão, que não tem nada a ver com as ações dos futuros perseguidores, então, o grupo existe independentemente de ato(s) futuro(s) temido(s) de perseguição, e a circularidade é evitada. Não é necessário demonstrar discriminação geral como uma característica de identificação do grupo. Se um elemento de discriminação é

[313] Tradução livre. No original: "*It is also important to note that even if her initial departure was 'voluntary' and/or for 'economic' reasons, this does not preclude a refugee claim where a woman is at risk of future harm as a result of having been trafficked. For example, in granting refugee status to a woman from Uzbekistan, the Refugee Review Tribunal ('RRT') recognizes that the applicant left her country 'to improve her economic situation in the context of a declining economy and consequent limited employment opportunities in Uzbekistan, especially for women'. Nonetheless, the RRT 'considered whether her subsequent experience of being trafficked and the risk of harm that followed from that experience constitute persecution'. This is clearly in line with the Refugee Convention, which always requires a prospective assessment of risk.*"

> necessário, pode ser fornecida pelo(s) ato(s) temidos(s) de perseguição sem levar à circularidade. (b) Quando o grupo social particular invocado é um gênero em sentido amplo ou um grupo com características de identificação com base no gênero, então, a discriminação no sentido mais amplo contra o gênero deve ser demonstrada para existir como uma característica de identificação do grupo. (c) "Ex-vítimas de tráfico" e "ex-vítimas de tráfico para exploração sexual" são capazes de ser membros de um grupo social particular dentro regra 6 (1) (d) por causa de sua origem comum compartilhada ou experiência anterior de terem sido traficadas. [...]. Porém, ressaltamos que, a fim de que "ex-vítimas de tráfico" ou "ex-vítimas de tráfico para exploração sexual" sejam membros de um grupo social particular, o grupo em questão deve ter uma identidade distinta na sociedade em questão[...]. (e) No contexto da sociedade moldava, uma mulher que foi traficada para fins de exploração sexual é um membro de um grupo social particular dentro da regra 6(1)(d), sendo o grupo social em questão ser "ex-vítimas de tráfico para exploração sexual". (UNITED KINGDOM, 2007)[314]

Ou seja, os Estados têm reconhecido que as vítimas de tráfico podem representar um determinado grupo social e que o risco que correm é compatível

[314] Tradução livre. No original: "*(ii) [...] in cases where the members of a social group share a common background which is an immutable characteristic and which they cannot change (for example, the sharing of a common past experience) or they ought not to be required to change, then if the common background defines the group by giving it a distinct identity in the society in question which has nothing to do with the actions of the future persecutors, then the group exists independently of the feared future act(s) of persecution and circularity is avoided. It is not necessary to show general discrimination as an identifying characteristic of the group. If an element of discrimination is necessary, it can be provided by the fear act(s) of persecution without leading to circularity. (b) Where the particular social group relied upon is the broad one of gender or a group with gender-based identifying features, then discrimination in the wider sense against the gender must be shown to exist as an identifying feature of the group. (c)"Former victims of trafficking" and "former victims of trafficking for sexual exploitation" are capable of being members of a particular social group within regulation 6(1)(d) because of their shared common background or past experience of having been trafficked. [...]. However, we emphasise that, in order for "former victims of trafficking" or "former victims of trafficking for sexual exploitation" to be members of a particular social group, the group in question must have a distinct identity in the society in question. [...] (e) In the context of Moldovan society, a woman who has been trafficked for the purposes of sexual exploitation is a member of a particular social group within regulation 6(1)(d), the particular social group in question being "former victims of trafficking for sexual exploitation".*

com o temor de perseguição exigido pelo Direito Internacional dos Refugiados para a concessão da proteção internacional.

Os países da América Latina também demonstraram estar a par da necessidade de averiguar a possibilidade de conceder o refúgio às vítimas de tráfico de pessoas. Conforme pode ser extraído da Declaração de Brasília (ACNUR, 2010, p. 3), os países da região resolveram:

> Considerar a possibilidade de adotar mecanismos adequados de proteção nacional para lidar com novas situações não previstas pelos instrumentos internacionais relativos à proteção dos refugiados, dando a devida consideração às necessidades de proteção dos migrantes e vítimas de tráfico, incluindo se eles precisam de proteção internacional como refugiados, [...]

Verifica-se, portanto, que há um movimento cada vez maior no sentido da realização de uma interpretação evolutiva do Direito Internacional dos Refugiados para novas categorias de pessoas em situação de risco, como as vítimas de tráfico de pessoas. Nesse sentido, a interpretação do Protocolo de Palermo (UN, 2000b) à luz do Direito Internacional dos Refugiados permite que seja ampliada a proteção a um determinado grupo de pessoas vulneráveis a fim de que se resguardem os seus direitos humanos mais fundamentais, como a vida e a liberdade.

CONCLUSÕES

A proposta do presente trabalho foi apresentar uma leitura do Protocolo de Palermo sobre Tráfico de Pessoas, um documento com natureza e objetivos relacionados mais ao Direito Penal do que aos direitos humanos, a partir do Direito Internacional dos Refugiados, uma das vertentes da proteção internacional da pessoa humana.

O tráfico de pessoas é um crime e como tal foi inserido no escopo da Convenção das Nações Unidas contra o Crime Organizado Transnacional. Todavia, além disso, o tráfico de pessoas é uma prática de violação de direitos humanos de forma direta e brutal. O Protocolo de Palermo sobre o Tráfico de Pessoas (UN, 2000b) apresenta como objetivos primordiais a promoção da cooperação entre os Estados para o combate, supressão e prevenção a esta criminalidade, bem como da proteção às vítimas, especialmente mulheres e crianças.

Os textos da Convenção (UN, 2000a) e do Protocolo de Palermo (UN, 2000b) empregam linguagem bastante conservadora no que concerne à criação de obrigações aos Estados, especialmente quando estas imporiam ônus aos mesmos. Nesse sentido, as disposições sobre a proteção às vítimas foram prejudicadas. São majoritariamente sugestivas e mantém sob a competência dos Estados a decisão sobre em que medida serão aplicadas, e a sua consonância com o direito nacional.

Não se pode negar, porém, a importância dos documentos. Primeiramente, por terem tido uma ampla aceitação da comunidade internacional. E ainda, por ter fomentado os debates e discussões sobre a temática para além dos fóruns especializados.

Os Estados têm, aos poucos, promovido políticas e aprovado legislações sobre o tráfico de pessoas baseadas no compromisso firmado no Protocolo de Palermo (UN, 2000b). Tais legislações, no entanto, sofrem da mesma debilidade do documento internacional: ênfase no combate e punição em detrimento de previsões concernentes à proteção às vítimas.

Assim, considerando que as vítimas de tráfico são pessoas que, normalmente, caem nesta situação em razão de alguma vulnerabilidade – econômica, social, emocional – e sofrem com a violência física e psicológica durante o processo, a ausência de previsões jurídicas internacionais e nacionais para um tratamento específico, propicia uma possível continuidade do desrespeito aos seus direitos humanos, mesmo quando libertadas dos seus opressores.

Em razão disto, vislumbrou-se a possibilidade de sanar, ao menos parcialmente, essa lacuna na proteção de um grupo de pessoas que passaram por violações de direitos humanos, através de uma leitura conjunta dos documentos sobre o tráfico de pessoas e o Direito Internacional dos Refugiados.

O Direito Internacional dos Refugiados serve para proteger um grupo específico de migrantes. Aqueles que saem do seu local de origem em razão do temor que sentem de perseguições por sua raça, religião, nacionalidade, opiniões políticas, ou por fazerem parte de um determinado grupo social. É considerado uma das vertentes de proteção da pessoa humana e está estreitamente vinculado ao Direito Internacional dos Direitos Humanos. Este, por sua vez, deve servir de baliza norteadora para qualquer análise que se queira fazer em relação à proteção dos indivíduos na atualidade, uma vez que é fruto de um consenso universal de que existe um mínimo em termos de garantia da dignidade humana que deve ser respeitado por todos e em qualquer lugar. Nesse sentido, por visar à proteção de indivíduos, princípios e direitos conferidos aos refugiados devem ser lidos e aplicados de acordo com os princípios do Direito Internacional dos Direitos Humanos.

Não obstante esse intuito protetivo, o Direito Internacional dos Refugiados apresenta limitações expressas quanto à sua esfera de aplicação, mormente no que concerne aos motivos do temor à perseguição que podem levar alguém a ser reconhecido como refugiado. Tais motivos são taxativos, mas sua interpretação deve ser feita de maneira evolutiva e tendo em mente a realidade de cada local e cada momento, bem como as mutações ocorridas nos costumes de cada sociedade, e as novas ameaças surgidas a cada momento. O tráfico de pessoas pode ser visto, em determinadas circunstâncias, como uma destas novas ameaças que geram situações passíveis de serem reconhecidas como de refugiados. Com esse reconhecimento, então, abre-se um leque de direitos e obrigações que devem ser respeitados pelos Estados de maneira a garantir a proteção destas pessoas enquanto estiverem sob sua responsabilidade.

Em razão da geração de tais obrigações, os Estados, muito embora na maior parte das vezes signatários dos principais documentos internacionais sobre o tema, a Convenção de 1951 (UN, 1951) e o Protocolo de 1967 (UN, 1967), constantemente procuram formas de se desviar da aplicação dos direitos ali elencados. A soberania ainda é um valor muito preservado e a aceitação 'compulsória' de estrangeiros em seus territórios é uma ingerência malvista. O *non-refoulement*, norma e princípio do Direito Internacional dos Refugiados, visa impedir que os Estados, sob pretextos de ilegalidade e interesse nacional, não recebam ou expulsem pessoas que ingressem em seu território, de forma a que estas voltem a locais e situações em que têm sua vida ou liberdade ameaçadas.

Embora tenha surgido no contexto do Direito Internacional dos Refugiados, o *non-refoulement* foi adotado em outros documentos internacionais, como na Convenção sobre a tortura (OEA, 1969). Sua aplicação, entretanto, independe do reconhecimento da condição de refugiado a uma pessoa. O *non-refoulement* visa, sobretudo, evitar que um indivíduo seja retornado a um local onde tenha sua vida ou liberdade ameaçadas, independentemente do seu reconhecimento como refugiado. Tal princípio tem sido reconhecido como norma de *jus cogens* e desta forma, é aplicável mesmo em locais não sujeitos à Convenção de 1951 (UN, 1951) ou Protocolo de 1967 (UN, 1967) sempre que houver suspeitas de que a rejeição da entrada de um migrante ou sua devolução possam implicar em graves violações de direitos humanos. Assim sendo, o *non-refoulement* mostra-se como o primeiro direito que deve também ser observado com relação às vítimas de tráfico de pessoas que se encontrem em territórios estrangeiros, sempre que o seu retorno, seja através de repatriamento, deportação ou extradição, propiciar a geração ou a continuidade de situação de risco à vida ou à liberdade das mesmas.

Apesar dessa possibilidade, para a aplicação dos demais direitos previstos para os refugiados às vítimas de tráfico de pessoas é necessário que elas tenham este *status* reconhecido. As circunstâncias e motivos da prática do tráfico de pessoas nem sempre deixam patentes características que propiciariam tal reconhecimento. Entretanto, vulnerabilidades geradas em razão de raça, nacionalidade, opiniões políticas ou pertencimento a determinado grupo social são, em muitos casos, responsáveis por diversas ocorrências de tráfico. Nesse sentido, é preciso que as autoridades estatais que têm contato direito com vítimas de tráfico estejam cientes de que existe a possibilidade de que elas tenham direito de ser reconhecidas como refugiadas, por correrem risco de perseguição no seu local de origem, em especial dos próprios traficantes, com a prática do retráfico.

As vítimas de tráfico, por serem pessoas extremamente fragilizadas, merecem atenção especial. Antes de tudo, então, por serem vítimas de graves violações de direitos humanos, mesmo se não reconhecidas como refugiadas, deve-lhes ser garantido o direito ao *non-refoulement*, entendido como norma e princípio de *jus cogens*, sempre que se suspeitar que haja risco no retorno desta pessoa ao local de origem. Em um segundo momento, muito embora não sejam direitos expressos, mas decorrentes lógicos de um sistema que vise proteger estas pessoas, elas devem ter o direito a identificação e informação, tanto em relação à situação e direitos por ser vítima de tráfico, como sobre a possibilidade de solicitação e reconhecimento do refúgio, dependendo das circunstâncias. Devidamente garantidos estes direitos, os demais, previstos na Convenção (UN, 2000a) e Protocolo de Palermo (UN, 2000b), bem como na Convenção de 1951 (UN, 1951), quando cabível, e legislações nacionais, devem ser aplicados tendo em mente sempre os princípios do Direito Internacional dos Direitos Humanos, sobretudo o da primazia da norma mais favorável à vítima e o não retrocesso.

Diante deste cenário, verificou-se, então, que Direito Internacional dos Refugiados apresenta limites, mas, sobretudo também possibilidades de aplicação às vítimas de tráfico de pessoas, de forma a fortalecer a tutela deste grupo vulnerável. A definição de refugiado, mesmo expandida, como nos sistemas regionais africano e americano, é o principal limitador para a aplicação deste direito. Contudo, constatou-se que o tráfico de pessoas, em diversas situações, especialmente no que concerne às mulheres, é uma prática que viola direitos humanos e que pode equivaler à perseguição em algumas situações. Além disso, os motivos que levam pessoas a serem vítimas de tráfico estão com frequência em sintonia com os que geram fluxos de refugiados, como a discriminação exacerbada e violência contra determinados grupos.

A própria situação de tráfico pode ensejar um motivo para a perseguição, qual seja, o pertencer a um grupo – vítimas de tráfico – que em certas sociedades são discriminadas, bem como visadas pelos criminosos para retaliações ou novos processos de tráfico. Ademais, mesmo quando não passíveis de reconhecimento como refugiadas, às vítimas de tráfico deve ser garantido o *non-refoulement*, instituto oriundo do Direito Internacional dos Refugiados, se pertinente.

Portanto, concluiu-se que o Direito Internacional dos Refugiados não pode ser aplicado a todas as vítimas de tráfico, entretanto, alguns institutos protetivos, como o *non-refoulement*, podem e devem ser observados nestas situações, independentemente da possibilidade do reconhecimento da condição de refugiado destas pessoas. Outrossim, devido às inúmeras convergências entre as situações de tráfico de pessoas e de geração de refugiados, averiguou-se que em muitos casos é possível o reconhecimento das vítimas de tráfico como refugiadas, a partir de uma leitura evolutiva e contemporânea dos requisitos da Convenção de 1951 (UN, 1951) ou Protocolo de 1967 (UN, 1967), bem como da Declaração de Cartagena (1984) e Convenção Africana (UA, 1969). Por fim, verificou-se que a aplicação dos direitos previstos aos refugiados deve ser complementar àqueles dispostos na Convenção (UN, 2000a) e Protocolo de Palermo (UN, 2000b), tendo em vista a situação peculiar das vítimas de tráfico, bem como sempre interpretados com base nos princípios do Direito Internacional dos Direitos Humanos, de forma a garantir uma maior proteção e dignidade a estas pessoas.

A leitura do Protocolo do Palermo sobre o Tráfico de Pessoas à luz do Direito Internacional dos Refugiados mostra-se como uma alternativa, em diversas situações, à falta de legislação e proteção às vítimas deste grave crime que existe em todo o mundo. Apesar de todos os limites apontados, tendo em vista o grande número de países comprometidos com as legislações internacionais sobre a matéria, bem como o compromisso da comunidade internacional com a promoção dos direitos humanos, espera-se que com um melhor aparelhamento e treinamento das autoridades estatais, possa-se, aos poucos, diminuir os dramas passados pelas vítimas de tráfico de pessoas que, após sofrerem terrivelmente, ainda se veem em um limbo jurídico, já que, apesar da sua condição, são costumeiramente confundidas com criminosos e imigrantes ilegais.

Destarte, espera-se que este trabalho possa contribuir para uma visão mais ampla do problema do tráfico de pessoas, em especial no que concerne à proteção às vítimas, e chamado atenção à possibilidade de aplicação do Direito Internacional dos Refugiados em diversas situações, a fim de suprir as lacunas existentes sobre este assunto, uma vez que sempre que há violações de direitos humanos, os Estados devem procurar, além de combatê-las, zelar pelo bem-estar e dignidade das vítimas, independentemente da sua nacionalidade.

Ressalta-se que durante a pesquisa foram verificadas diversas possibilidades de análises mais aprofundadas sobre situações específicas, mas que não se acomodariam no escopo desta dissertação sem prejuízo ao seu desenvolvimento linear. As questões de gênero relacionadas à aplicação do Direito Internacional dos Refugiados às vítimas de tráfico de pessoas para fins de exploração sexual é um tema que ganhou relevo no cenário acadêmico nos últimos anos, especialmente após a entrada em vigor do Protocolo de Palermo (UN, 2000b) e apresenta grande potencial de exploração em futuras pesquisas. O reconhecimento de agentes não-estatais, como o crime organizado, como agentes de perseguição de refugiados, sobretudo em regiões e Estados que não tem condições de combatê-lo é também um aspecto interessante e instigante tanto para investigações com enfoque no direito penal, como naquelas comprometidas com os direitos humanos, dentre tantos outros. Estes são alguns exemplos que servem para demonstrar que não se pretendeu exaurir os temas abordados neste trabalho, mas analisar a possibilidade, de forma genérica, da aplicação do Direito Internacional dos Refugiados às vítimas de tráfico de pessoas.

REFERÊNCIAS

AFRICAN UNION [AU]. **Convention Governing the Specific Aspects of Refugee Problems in Africa.** Addis Abeba, 1969. Disponível em: https://au.int/en/treaties/oau-convention-governing-specific-aspects-refugee-problems-africa. Acesso em: 19 jan. 2022.

ALENCAR, Anne Paiva de. Análise da condição jurídica dos caracterizados refugiados ambientais do Haiti no Brasil. **Jus Navigandi**, Teresina, ano 18, n. 3694, 12 ago. 2013. Disponível em: http://jus.com.br/artigos/24288. Acesso em: 12 jan. 2014.

ALLRED, Keith J. Human Trafficking & Peacekeepers. *In*: FRIESENDORF, Cornelius. **Strategies Against Human Trafficking:** The Role of the Security Sector. Vienna; Geneva, 2009. p. 299- 328. Disponível em: https://www.google.com.br/url?sa=t&rct=j&q=&esrc=s&source=web&cd=4&cad=rja&ved=0CGEQFjAD&url=http%3A%2F%2Fwww.dcaf.ch%2Fcontent%2Fdownload%2F36914%2F529045%2Ffile%2FChapter%25208.pdf&ei=cwLSUomAFozJsQS4roHIAw&usg=AFQjCNEYwOp5V3n7Tw8coKqCnemCfHrBsg&sig2=p243fkMbHif41b45SlrySw&bvm=bv.59026428,d.cWc. Acesso em: 12 jan. 2014.

ALTO COMISSARIADO DAS NAÇÕES UNIDAS PARA OS REFUGIADOS [ACNUR]. **Estatuto do ACNUR.** [*s.l.*], 1950. Disponível em: http://www.acnur.org/t3/portugues/recursos/documentos/?tx_danpdocumentdirs_pi2%5Bmode%5D=1&tx_danpdocumentdirs_pi2%5Bfclick%5D=,145&tx_danpdocumentdirs_pi2%5Bfolder%5D=157. Acesso em 12 jan. 2014.

ALTO COMISSARIADO DAS NAÇÕES UNIDAS PARA OS REFUGIADOS [ACNUR]. **Manual de Procedimentos e Critérios para a Determinação da Condição de Refugiado de acordo com a Convenção de 1951 e o Protocolo de 1967 Relativos ao Estatuto dos Refugiados.** [Genebra], 2011. Disponível em: http://www.acnur.org/t3/fileadmin/scripts/doc.php?file=t3/fileadmin/Documentos/portugues/Publicacoes/2013/Manual_de_procedimentos_e_criterios_para_a_determinacao_da_condicao_de_refugiado. Acesso em: 12 jan. 2014.

ALTO COMISSARIADO DAS NAÇÕES UNIDAS PARA OS REFUGIADOS [ACNUR]. **Directrices sobre protección internacional:** La persecución por motivos de género en el contexto del Artículo 1A(2) de la Convención de 1951 sobre el Estatuto de los

Refugiados, y/o su Protocolo de 1967. 2002a. Disponível em http://www.acnur.org/biblioteca/pdf/1753.pdf?view=1. Acesso em 09 fev. 2013.

ALTO COMISSARIADO DAS NAÇÕES UNIDAS PARA OS REFUGIADOS [ACNUR]. **Directrices sobre protección internacional:** "Pertenencia a un determinado grupo social" en el contexto del Artículo 1A(2) de la Convención de 1951 sobre el Estatuto de los Refugiados y/o su Protocolo de 1967. [*s.l.*], 2002. Disponível em: http://www.acosomoral.org/pdf/pertenencia.pdf. Acesso em 09 fev. 2013.

ALTO COMISSARIADO DAS NAÇÕES UNIDAS PARA OS REFUGIADOS [ACNUR]. **Directrices sobre protección internacional:** La aplicación del artículo 1A(2) de la Convención de 1951 o del Protocolo de 1967 sobre el Estatuto de los Refugiados en relación con las víctimas de la trata de personas y las personas que están en riesgo de ser víctimas de la trata. [*s.l.*], 2006. Disponível em: http://www.unhcr.org/cgi-bin/texis/vtx/refworld/rwmain/opendocpdf.pdf?reldoc=y&docid=487e105b2. Acesso em 09 fev. 2013.

ALTO COMISSARIADO DAS NAÇÕES UNIDAS PARA OS REFUGIADOS [ACNUR]. **A proteção dos refugiados e a migração mista:** O Plano de Ação de 10 pontos. [*s. l.*], 2007. Disponível em: http://www.acnur.org/t3/fileadmin/scripts/doc.php?file=t3/fileadmin/Documentos/portugues/BD_Legal/Documentos%20do%20ACNUR/Diretrizes%20e%20pol%edticas%20do%20ACNUR/Migra%e7%e3o/A%20prote%e7%e3o%20dos%20refugiados%20e%20a%20migra%e7%e3o%20mista . Acesso em 23 nov. 2013.

ALTO COMISSARIADO DAS NAÇÕES UNIDAS PARA OS REFUGIADOS [ACNUR]. **Declaração de Brasília Sobre a Proteção de Refugiados e Apátridas no Continente Americano.** Brasília, 2010. Disponível em: http://www.acnur.org/t3/fileadmin/scripts/doc.php?file=t3/fileadmin/Documentos/portugues/BDL/Declaracao_de_Brasilia_sobre_a_Protecao_de_Refugiados_e_Apatridas_no_Continente_Americano. Acesso em: 15 jan. 2014.

ANDRADE, José Henrique Fischel de. **A política de proteção a refugiados das Nações Unidas – sua gênese no período pós-guerra (1946-1952).** 2006. 327 f. Tese (Doutorado em Relações Internacionais) – Instituto de Relações Internacionais, Universidade de Brasília, Brasília, 2006. Disponível em: http://repositorio.bce.unb.br/handle/10482/3726. Acesso em: 09 fev. 2013.

ANNONI, Danielle. **O Direito Humano de acesso à Justiça no Brasil.** Porto Alegre: SAFE, 2008.

ARENDT, Hannah. **Origens do Totalitarismo:** Anti-semitismo: Imperialismo: Totalitarismo. Tradução por Roberto Raposo. 10. reimp. São Paulo: Companhia das Letras, 2012.

AVOLIO, Jelssa Ciardi; FAURY, Mára Lucia. **Michaelis**: dicionário escolar francês: francês-português, português-francês. São Paulo: Melhoramentos, 2002.

BARBOSA, Luciano Pestana; HORA, José Roberto Sagrado da. **A Polícia Federal e a proteção internacional dos refugiados.** Brasília: ACNUR Brasil, 2007. [e-book] Disponível em: http://www.acnur.org/biblioteca/pdf/5267.pdf?view=1. Acesso em 03 fev. 2013.

BEKEN, Tom Vander; DEFRUYTIER, Melanie. Measure for measure: methodological tools for assessing the risk of organised crime. *In:* DUYNE, Petrus C. van *et al.*(Ed.) **Threats and Phantoms of Organised Crime, Corruption and Terrorism:** Critical European perspectives. Nijmegen, The Netherlands: Wolf Legal Publishers, 2004.

pp. 51-84. Disponível em: http://www.organized-crime.de/kvlMeasuringOC-CCC4.pdf. Acesso em: 25 jan 2013.

BELSER, Patrick. **Forced Labour and Human Trafficking:** Estimating the Profits. ILO: Geneva, 2005. Disponível em: http://www.ilo.org/wcmsp5/groups/public/---ed_norm/---declaration/documents/publication/wcms_081971.pdf. Acesso em: 11 jan. 2014.

BOBBIO, Norberto. **A era dos direitos.** Tradução por Carlos Nelson Coutinho. Rio de Janeiro: Elsevier, 2004.

BRASIL. **Decreto-Lei nº 2.848, de 7 de dezembro de 1940.** Código Penal. Brasília, 2013. Disponível em: http://www.planalto.gov.br/ccivil_03/decreto-lei/del2848.htm. Acesso em: 06 jan. 2014.

BRASIL. **Decreto nº 50.215, de 28 de janeiro de 1961.** Promulga a Convenção relativa ao Estatuto dos Refugiados, concluída em Genebra, em 28 de julho de 1951. Brasília, 1961. Disponível em: http://www2.camara.leg.br/legin/fed/decret/1960-1969/decreto-50215-28-janeiro-1961-389887-publicacaooriginal-1-pe.html. Acesso em 17 fev. 2013.

BRASIL. **Lei nº 6.815, de 19 de agosto de 1980.** Define a situação jurídica do estrangeiro no Brasil, cria o Conselho Nacional de Imigração [revogada pela Lei nº 13.445/17]. Disponível em: http://www.planalto.gov.br/ccivil_03/leis/l6815.htm. Acesso em: 22 jan. 2022.

BRASIL. **Decreto nº 40, de 15 de fevereiro de 1991.** Promulga a Convenção Contra a Tortura e Outros Tratamentos ou Penal Cruéis, Desumanos ou Degradantes. Brasília, 1991. Disponível em: http://www.planalto.gov.br/ccivil_03/decreto/1990-1994/D0040.htm. Acesso em 20 set. 2013.

BRASIL. **Decreto nº 592, de 6 de julho de 1992.** Atos Internacionais. Pacto Internacional sobre Direitos Civis e Políticos. Promulgação. Brasília, 1992. Disponível em: http://www.planalto.gov.br/ccivil_03/decreto/1990-1994/D0592.htm. Acesso em: 04 set. 2013.

BRASIL. **Anexo do Decreto nº 678, de 6 de novembro de 1992.** Promulga a Convenção Americana sobre Direitos Humanos (Pacto de São José da Costa Rica), de 22 de novembro de 1969. Brasília, 1992. Disponível em: https://www.planalto.gov.br/ccivil_03/decreto/1990-1994/anexo/and678-92.pdf. Acesso em: 04 set. 2013.

BRASIL. **Lei nº 9.474, de 22 de julho de 1997.** Define mecanismos para a implementação do Estatuto dos Refugiados de 1951, e determina outras providências. Disponível em: http://www.planalto.gov.br/ccivil_03/leis/l9474.htm. Acesso em: 18 jan. 2022.

BRASIL. **Decreto nº 5.015, de 12 de março de 2004.** Promulga a Convenção das Nações Unidas contra o Crime Organizado Transnacional. Brasília, 2004a. Disponível em: https://www.planalto.gov.br/ccivil_03/_Ato2004-2006/2004/Decreto/D5015.htm. Acesso em: 13 mar. 2013.

BRASIL. **Decreto nº 5.017, de 12 de março de 2004**. Promulga o Protocolo Adicional à Convenção das Nações Unidas contra o Crime Organizado Transnacional Relativo à Prevenção, Repressão e Punição do Tráfico de Pessoas, em Especial Mulheres e Crianças. Brasília, 2004b. Disponível em: http://www.planalto.gov.br/ccivil_03/_ato2004-2006/2004/decreto/d5017.htm. Acesso em: 13 mar. 2013.

BRASIL. **Decreto nº 5.016, de 12 de março de 2004.** Promulga o Protocolo Adicional à Convenção das Nações Unidas contra o Crime Organizado Transnacional, relativo ao Combate ao Tráfico de Migrantes por Via Terrestre, Marítima e Aérea. Brasília, 2004c. Disponível em: http://www.planalto.gov.br/ccivil_03/_ato2004-2006/2004/decreto/d5016.htm . Acesso em: 13 mar. 2013.

BRASIL. Ministério da Justiça. Política Nacional de Enfrentamento ao Tráfico de Pessoas. Brasília: SNJ, 2008. Disponível em: https://www.unodc.org/documents/lpo-brazil/Topics_TIP/Publicacoes/2008_politica_nacional_TSH.pdf. Acesso em: 21 jan. 2022.

BRASIL. **Decreto nº 7.030, de 14 de dezembro de 2009**. Promulga a Convenção de Viena sobre o Direito dos Tratados, concluída em 23 de maio de 1969, com reserva aos Artigos 25 e 66. Brasília, 2009. Disponível em: http://www.planalto.gov.br/ccivil_03/_Ato2007-2010/2009/Decreto/D7030.htm . Acesso em: 14 set. 2013.

BRASIL. **Lei nº 13.344, de 6 de outubro de 2016.** Dispõe sobre prevenção e repressão ao tráfico interno e internacional de pessoas e sobre medidas de atenção às vítimas; altera a Lei nº6.815, de 19 de agosto de 1980, o Decreto-Lei nº3.689, de 3 de outubro de 1941 (Código de Processo Penal), e o Decreto-Lei nº 2.848, de 7 de dezembro de 1940 (Código Penal); e revoga dispositivos do Decreto-Lei nº 2.848, de 7 de dezembro de 1940 (Código Penal). Brasília, 2016. Disponível em: http://www.planalto.gov.br/ccivil_03/_Ato2015-2018/2016/Lei/L13344.htm. Acesso em: 06 jan. 2019.

BRASIL. Ministério do Trabalho e Emprego. Conselho Nacional de Imigração. **Resolução Normativa n. 122, de 3 de agosto de 2016.** Dispõe sobre a concessão de permanência no Brasil a estrangeiro considerado vítima de tráfico de pessoas e/ou de trabalho análogo ao de escravo. Brasília, 2016. Disponível em: http://pesquisa.in.gov.br/imprensa/jsp/visualiza/index.jsp?jornal=1&pagina=85&data=22/08/2016 . Acesso em: 06 jan. 2019.

BRASIL. **Lei nº 13.445, de maio de 2017.** Institui a Lei de Migração. Brasília, 2017. Disponível em: http://www.planalto.gov.br/ccivil_03/_Ato2015-2018/2017/Lei/L13445.htm#art125 . Acesso em: 06 jan. 2019.

BRASIL. Ministério da Justiça e da Segurança Pública do Brasil. Relatório Nacional sobre o Tráfico de Pessoas. 2021. Disponível em: https://www.justica.gov.br/news/ministerio-da-justica-divulga-relatorio-sobre-trafico-de-pessoas.

BRASIL. Ministério da Justiça e Segurança Pública. Portaria nº 87, de 23 de março de 2020. Disponível em: http://www.in.gov.br/en/web/dou/-/portaria-n-87-de-23-de-marco-de-2020-249440047. Acesso em 10 abr. 2020.

BROWNLIE, Ian. **Princípios de Direito Internacional Público.** 4ª ed. Lisboa: Calouste Gulbenkian, 1997.

CARDOSO, Arisa Ribas. O crime organizado transnacional: um estudo introdutório da questão na perspectiva da teoria da interdependência. **Revista Eletrônica Direito e Política**, Itajaí, v.6, n.1, p. 1-24, 1º quadrimestre de 2011. Disponível em: www.univali.br/direitoepolitica .

CASELLA, Paulo Borba. Refugiados: conceito e extensão. *In*: ARAUJO, Nadia de.; ALMEIDA, Guilherme Assis de. (Coords.) **O Direito Internacional dos Refugiados:** uma perspectiva brasileira. Rio de Janeiro; São Paulo: Renovar, 2001. pp. 17-26.

CASTELLANO, Nicolás. España otorga el asilo por primera vez a una víctima de trata. **Cadena Ser**. Noticias. [*s.l.*] 21 out. 2013. Disponível em: http://www.cadenaser.com/espana/articulo/espana-otorga-asilo-primera-vez-victima-trata/csrcsrpor/20131021csrcsrnac_2/Tes . Acesso em: 14 jan. 2014.

CASTELLS, Manuel. **A Sociedade em Rede.** 6ª ed. Tradução de Roneide Venacio Majer com a colaboração de Klauss Brandini Gerhardt. São Paulo: Paz e Terra, 2011. (A era da informação: economia, sociedade e cultura, vol. 1)

CASTELLS, Manuel. **Fim de Milênio.** Tradução de Klauss Brandini Gerhardt e Roneide Venancio Majer. São Paulo: Paz e Terra, 2012. (A era da informação: economia, sociedade e cultura, vol. 3)

CERVINI, Raúl. Nuevos aportes al análisis de delito organizado como fenómeno global. *In:* GOMES, Luiz Flávio; CERVINI, Raúl. **Crime Organizado**: Enfoques criminológico, jurídico (Lei 9.034/95) e político-criminal. 2ª ed. atual. e ampl. São Paulo: Revista dos Tribunais, 1997. p. 219-373.

CHRISTENSEN, Tyler Marie. **Trata con fines de explotación sexual:** Protección de las víctimas en la legislación nacional e internacional de asilo. Nuevos temas en la investigación sobre refugiados. Informe de investigación n. 206. ACNUR. Ginebra, 2011. Disponível em: http://www.acnur.org/biblioteca/pdf/7514.pdf?view=1 . Acesso em 26 jan. 2013.

COMPARATO, Fábio Konder. **Convenção de Genebra.** DHNet. [*s.d.*]. Disponível em: http://www.dhnet.org.br/educar/redeedh/anthist/gen1864.htm . Acesso em: 30 ago. 2013.

COUNCIL OF EUROPE. **Council of Europe Convention on Action against Trafficking in Human Beings.** Warsaw, 2005. Disponível em: http://conventions.coe.int/Treaty/EN/Treaties/Html/197.htm . Acesso em 05 jan. 2014.

CROMPTON, Samuel W. **100 Guerra que mudaram a História do Mundo**. Tradução de Marise Chinetti de Barros. Rio de Janeiro: Ediouro, 2005.

DECLARAÇÃO Americana dos Direitos e Deveres do Homem. Bogotá, 1948. Disponível em: http://www.cidh.oas.org/basicos/portugues/b.Declaracao_Americana.htm . Acesso em 04 set. 2013.

DECLARACIÓN de Cartagena sobre los refugiados. Cartagena, Colômbia, 1984. Disponível em: https://www.acnur.org/publications/pub_prot/5f6125a54/declaracion-de-cartagena-sobre-los-refugiados.html?query=cartagena. Acesso em: 19 jan. 2022.

DECLARAÇÃO de Direitos do Homem e do Cidadão = DECLARATION des Droits de L'Homme et du Citoyen. França, 1789. Biblioteca Virtual de Direitos Humanos da Universidade de São Paulo. Disponível em: http://www.direitoshumanos.usp.br/index.php/Documentos-anteriores-%C3%A0-cria%C3%A7%C3%A3o-da-Sociedade-das-Na%C3%A7%C3%B5es-at%C3%A9-1919/declaracao-de-direitos-do-homem-e-do-cidadao-1789.html . Acesso em 30 ago. 2013.

DIAS, Guilherme Mansur. Notas sobre as negociações da "Convenção Do Crime" e dos Protocolos Adicionais sobre Tráfico de Pessoas e Contrabando de Migrantes. **REMHU – Rev. Interdiscip. Mobil. Hum.**, Brasília, Ano XXIII, n. 45, p. 215-234, jul./dez. 2015.

DOEZEMA, Jo. Now you see her, now you don't: sex workers at the UN Trafficking Protocol negotiation. **Social & Legal Studies**, v. 14, n. 1, 2005, p. 61-89.

DOREVITCH, Anna; FOSTER, Michelle. Recent Obstacler on the Road to protection: Assessing the treatment of sex-trafficking victims under Australia's migration and refugee law. **Melbourne Journal of International Law**. Melbourne, Vol. 9, N. 1, 2008. Disponível em: http://papers.ssrn.com/sol3/papers.cfm?abstract_id=1371944 . Acesso em: 06 jan. 2014.

ESPAÑA. Ministério de Asuntos Exteriores y de Cooperación. **Real Decreto 557/2011, de 20 de abril, por el que se aprube el Reglamento de la Ley Orgánica 4/2000, sobre derechos y liberdade de los extranjeros en España y su integración social, tras su reforma por la Ley Orgánica 2/2009.** Artigos 140-146. Residencia temporal y trabajo por circunstancias excepcionales de extranjeros víctimas de la trata de seres humanos. Disponível em: http://www.exteriores.gob.es/Consulados/HOUSTON/es/InformacionParaExtranjeros/Documents/residencia%20temporal%20y%20trabajo%20por%20circunstancias%20excepcionales%20de%20extranjeros%20victimas%20de%20la%20trata%20de%20seres%20humanos.pdf . Acesso em: 05 jan. 2014.

EUROPEAN UNION [EU]. The Schengen acquis – Agreement between the Governments of the States of the Benelux Economic Union, the Federal Republic of Germany and the French Republic on the gradual abolition of checks at their common borders. Shengen, 1985. Disponível em: https://eur-lex.europa.eu/legal-content/EN/ALL/?uri=CELEX%3A42000A0922%2801%29. Acesso em: 21 jan. 2022.

EUROPEAN UNION [EU]. **Council Framework Decision of 19 July 2002 on combating trafficking in human beings.** Brussels, 2002. Disponível em: http://www.refworld.org/docid/3ddcfb7b2.html . Acesso em 05 jan. 2014.

EUROPEAN UNION [EU]. **Council Directive 2004/81/EC of 29 April 2004 on the residence permit issued to third-country nationals who are victims of trafficking in human beings or who have been the subject of an action to facilitate illegal immigration, who cooperate with the competent authorities.** Luxembourg, 2004. Disponível em: http://eur-lex.europa.eu/LexUriServ/LexUriServ.do?uri=CELEX:32004L0081:EN:HTML . Acesso em 5 jan. 2014.

EUROPEAN UNION [EU]. **Directive 2011/36/EU of the European Parliment and of the council of 5 April 2011 on preventing and combating trafficking in human beings and protecting its victims, and replacing Council Framework Decision 200/629/JHA.** Strasbourg, 2011. Disponível em: http://www.refworld.org/cgi-bin/texis/vtx/rwmain?docid=50ec1e172 . Acesso em: 05 jan. 2014.

EUROPEAN UNION [EU]. European Commision. **The Commission asks Cyprus, Spain, Italy and Luxembourg to enact EU rules on trafficking.** [*s.l.*], 2013. Disponível em: http://ec.europa.eu/anti-trafficking/EU+Policy/Cyprus_Spain_Italy_Luxembourg_to_enact_EU_rules . Acesso em: 05 jan. 2014.

FARIAS NETO, Pedro Sabino. **Ciência política**: enfoque integral avançado. São Paulo: Atlas, 2011.

FERREIRA, Aurélio Buarque de Holanda. **Dicionário Aurélio da Língua Portuguesa.** 5ª ed. Curitiba: Positivo, 2010. Coordenação de Marina Baird Ferreira e Margarida dos Anjos.FERRO, Ana Luiza Almeida. **Crime Organizado e Organizações Criminosas Mundiais.** Curitiba: Juruá, 2009.

FLORES, Joaquin Herrera. Direitos Humanos, Interculturalidade e Racionalidade de Resistência. Traduzido por Carol Proner. **Seqüência**. Florianópolis, v. 23, n. 44, 2002, p. 9-30. Disponível em: https://periodicos.ufsc.br/index.php/sequencia/article/view/15330/13921 . Acesso em: 06 out. 2012.

FRANCO, Daniella. Delito de solidariedade: quando ajudar migrantes pode ser crime na França. **rfi.** França. [*s.l.*], 30 abr. 2018. Disponível em: http://br.rfi.fr/franca/20180430--atos-de-solidariedade-aos-migrantes-podem-ser-considerados-crime-na-franca. Acesso em: 15 set. 2018.

FRANCO, Leonardo. **Diez años de la Declaración de Cartagena sobre Refugiados en America Latina.** [*s.l.*] 1994. Disponível em: http://www.acnur.org/biblioteca/pdf/3121.pdf?view=1 . Acesso em: 03 fev. 2013.

GALLAGHER, Anne T. **The International Law of Human Trafficking.** New York: Cambridge University Press, 2010. [e-book]

GOMES, Abel Fernandes. Crime Organizado e suas Conexões com o Poder Público. *In*: GOMES, Abel Fernandes; PRADO, Geraldo; DOUGLAS, William. **Crime Organizado**. Rio de Janeiro: Impetus, 2000. p. 1-28.

GOODWIN-GILL, Guy S. **The Refugee in International Law.** 2nd ed. New York: Oxford University Press, 1996.

GORLICK, Brian. Improving decision-making in asylum determination. Geneva: UNHCR, 2005. Disponível em: https://www.unhcr.org/en-lk/42fb20c72.pdf?__cf_chl_jschl_tk__=doRpfOoiDZmfyJ6jCIyd7Se2ub1.TLPRB3kXowZqOJs-1642974624-0-gaNycGzNCX0. Acesso em: 23 jan. 2022.

GOVERNO Biden volta atrás e mantém regra de Trump para expulsar imigrantes. O Globo. Mundo. Rio de Janeiro, 03 ago. 2021. Disponível em: https://oglobo.globo.com/mundo/governo-biden-volta-atras-mantem-regra-de-trump-para-expulsar--imigrantes-1-25138571. Acesso em: 22 jan. 2021.

HATHAWAY, James C. **The Rights of Refugees under International Law.** Cambridge: Cambridge University Press, 2005. [e-book]

HOBSBAWM, Eric. J. **Era dos Extremos:** O breve século XX:1914-1991. Tradução de Marcos Santarrita. 2ª ed., 38 ª reimp. São Paulo: Companhia das Letras, 2008.

HOBSBAWM, Eric. J. **Bandidos.** Tradução de Donaldson M. Garschagen. São Paulo: Paz e Terra, 2010.

HRBEK, Ivan. A África setentrional e o chifra da África. In: MAZRUI, Ali A.; WONDJI, Christophe. **História geral da África, VIII**: África desde 1935. Brasília: UNESCO, 2010.

HUGHES, Donna M. "The 'Natasha' Trade: The Transnational Shadow Market of Trafficking in Women," Journal of International Affairs 53, no. 2, 2000.

INTERNATIONAL LABOUR ORGANIZATION [ILO]. **About the ILO.** [*s. l.*], 2014. Disponível em: http://www.ilo.org/global/about-the-ilo/lang--en/index.htm . Acesso em: 23 jan. 2014.

INTERNATIONAL LABOUR ORGANIZATION [ILO]. Child Labour in Cotton, a Briefing. International Labour Office: Geneva, 2016. Disponível em: https://www.ilo.org/ipecinfo/product/download.do?type=document&id=29655 Acesso em: 21 jan. 2022.

INTERNATIONAL LABOUR ORGANIZATION [ILO]. Global Estimates of Child Labour. Results and trends, 2012-2016. International Labour Office: Geneva, 2017. Disponível em: https://www.ilo.org/wcmsp5/groups/public/---dgreports/---dcomm/documents/publication/wcms_575499.pdf Acesso em: 21 jan. 2022.

INTERNATIONAL LABOUR ORGANIZATION [ILO]. Profits and poverty: the economics of forced labour. International Labour Office: Geneva, 2014. Disponível em: https://www.ilo.org/wcmsp5/groups/public/---ed_norm/---declaration/documents/publication/wcms_243391.pdf. Acesso em: 19 jan. 2022.

ITALIA. **Decreto Legislativo 25 luglio 1998, n. 286.** Testo unico delle disposizioni concernenti la disciplina dellímmigrazione e norme sulla condizione dello straniero. Roma, 1998. Disponível em: http://www.camera.it/parlam/leggi/deleghe/98286dl.htm . Acesso em: 05 jan. 2014.

ITALIA. Parlamento Italiano. **Legge 11 agosto 2003, n. 228.** Misure contro la tratta dipersone. Roma, 2003. Disponível em: http://www.camera.it/parlam/leggi/03228l.htm . Acesso em: 05 jan. 2014.

JUBILUT, Liliana Lyra. **O Direito Internacional dos Refugiados e sua Aplicação no Ordenamento Jurídico Brasileiro.** São Paulo: Método; ACNUR, 2007.

KELLY, Liz. A conducive context: Trafficking in persons in Central Asia. *In*.: LEE, Maggy (Ed.). **Human Trafficking**. Cullompton, Devon: Willian Publishing, 2007, p. 73-91. [e-book]

KELSEN, Hans. **Teoria Geral do Direito e do Estado.** 2ª ed. São Paulo: Martins Fontes, 1995.

LATTUS, Asumpta. Traffickers use voodoo to threaten Nigerian victims into prostitution. **Deutsche Welle**. Germany. [*s.l.*] 12 mar. 2010. Disponível em: http://www.dw.de/traffickers-use-voodoo-to-threaten-nigerian-victims-into-prostitution/a-5347902 . Acesso em 12 nov. 2013.

LAUTERPACHT, Elihu; BETHLEHEN, Daniel. The scope and content of the principle of *non-refoulement*: Opinion. *In*.: FELLER, Erika; TÜRK, Volker; NICHOLSON, Frances. (Eds.) **Refugee Protection in International Law.** Cambridge: Cambridge University Press; UNHCR, 2003. p. 87-177. Disponível em: http://www.unhcr.org/419c75ce4.html . Acesso em 13 out. 2013.

LEAGUE OF NATIONS [LN]. Convention Relating to the International Status of Refugees. Genebra, 1933, Disponível em: https://www.refworld.org/docid/3dd8cf374.html. Acesso em 23 jan. 2022.

LEÃO, Renato Zerbini Ribeiro. **O reconhecimento dos refugiados pelo Brasil:** Decisões comentadas do CONARE. Brasília: CONARE; ACNUR Brasil, 2007. Disponível em: http://www.acnur.org/t3/fileadmin/scripts/doc.php?file=biblioteca/pdf/5780 . Acesso em 13 fev. 2013.

LEE, Maggy. Introduction: Understanding human trafficking. *In*.: LEE, Maggy (Ed.). **Human Trafficking.** Devon, UK; Portland, USA: Willan Publishing, 2007. [e-book]

LOBASZ, Jennifer K. **Constructing Human Trafficking – Evangelicals, Feminists and Unexpected Alliance**. Switzerland: Palgrave Macmillan, 2019

LUÑO, Antonio Enrique Pérez. **Derechos humanos, Estado de Derecho y Constituición.** 9ª ed. Tecnos: Madrid, 2005.

MALAREK, Victor. The Natashas: Inside the New Global Sex Trade. New York: Arcade Publishing, 2004.

MARQUES, Rodolfo Ribeiro Coutinho. **O princípio do *non-refoulement* no Direito Internacional Contemporâneo:** escopo, conteúdo e natureza jurídica. Rio de Janeiro: Lumen Juris, 2018.

MARSHALL, Thomas Hamprey **A Cidadania, classe social e status.** Tradução por Meton Porto Gadelha. Rio de Janeiro: Zahar, 1977.

MATTAR, Mohamed Y. **Trafficking in Persons:** Global overview, current trends and pathways forward. Washington, DC: The Protection Project of The Johns Hopkins University Paul H. Nitze School of Advanced International Studies, 2008. Disponível em: http://www.protectionproject.org/wp-content/uploads/2011/10/Trafficking-in--Persons-Global-Overview-Current-Trends-and-Pathways-Forward.pdf . Acesso em: 12 jul. 2013.

MAY, Channing. **Transnational Crime and the Developing World.** Washington, DC: Global Financial Integrity, 2017. Disponível em: https://www.gfintegrity.org/wp--content/uploads/2017/03/Transnational_Crime-final.pdf . Acesso em: 05 jan. 2019.

MAZRUI, Ali A.; WONDJI, Christophe. **História geral da África, VIII**: África desde 1935. Brasília: UNESCO, 2010.

MAZZUOLI, Valerio de Oliveira. **Curso de Direito Internacional Público.** 5. ed. rev., atual. e ampl. São Paulo: Revista dos Tribunais, 2011.

M'BOKOLO, Elikia. A África Equatorial do oeste. In: MAZRUI, Ali A.; WONDJI, Christophe. **História geral da África, VIII**: África desde 1935. Brasília: UNESCO, 2010.

MEJÍA ORTIZ, Vitelio. Análisis histórico de la situación de los refugiados en América Latina que propició la adopción de la Declaración de Cartagena de 1984 sobre los Refugiados. In: ACNUR; IIDH; Gobierno de Costa Rica (Orgs.). **10 años de la Declaración de Cartagena sobre refugiados**: Declaración de San José sobre Refugiados y Personas Desplazadas 1994. San José, Costa Rica: IIDH-ACNUR, 1995. Disponível em: https://www.iidh.ed.cr/IIDH/media/2040/memoria-coloquio-10anos-declaracion--cartagena-1995.pdf. Acesso em 23 jan. 2022.

MERCOSUL. Acordo sobre Residência para Nacionais dos Estados Partes do Mercosul. Brasília, 2002. Disponível em: https://www.mre.gov.py/tratados/public_web/DetallesTratado.aspx?id=vS9YCmsb5ME0ka7tbsNj6Q%3d%3d. Acesso em: 21 jan. 2022.

MEREDITH, Martin. **O destino da África:** cinco mil anos de riquezas, ganância e desafios. Rio de Janeiro: Zahar, 2017.

MORAWSKA, Ewa. Trafficking into and from Eastern Europe. *In*.: LEE, Maggy (Ed.). **Human Trafficking.** Devon, UK; Portland, USA: Willan Publishing, 2007. [e-book]

NAÍM, Moisés. **Ilícito:** O ataque da pirataria, da lavagem de dinheiro e do tráfico à economia global. Rio de Janeiro: Jorge Zahar Editor, 2006.

NIGERIAN WOMEN forced into voodoo prostitution. **The Human Traffickin Project blog.** [*s.l.*] 24 nov. 2009. Disponível em: http://www.traffickingproject.org/2009/11/nigerian-women-forced-into-voodoo.html . Acesso em 12 nov. 2013.

NIKOLIČ-RISTANOVIČ, Vesna. Ilegal Markets, human trade and trasnational organised crime. *In:* DUYNE, Petrus C. van *et al.*(Ed.) **Threats and Phantoms of Organised Crime, Corruption and Terrorism:** Critical European perspectives. Nijmegen, The

Netherlands: Wolf Legal Publishers, 2004. pp. 117-137. Disponível em: http://www.organized-crime.de/kvlMeasuringOC-CCC4.pdf . Acesso em: 25 já. 2013.

NUNES, Laura M. O crime da Globalização e a globalização do crime. **Revista da Faculdade de Ciências Humanas e Sociais**, Porto, Portugal, n. 7, p. 402-410, 2010. Disponível em: http://bdigital.ufp.pt/bitstream/10284/2837/3/402-410.pdf . Acesso em: 28 nov. 2012.

OLIVEIRA, Fernando Moreno M. de. **Redes Narcotraficantes e Integração Paralela na Região Amazônica**. 2006. 139 f. Dissertação (Mestrado em Relações Internacionais) – Instituto de Relações Internacionais, Universidade de Brasília, Brasília, 2007. Disponível em: http://bdtd.bce.unb.br/tedesimplificado/tde_busca/arquivo.php?codArquivo=1755 . Acesso em: 18 maio 2010.

OLIVEIRA, Odete Maria de. **Relações Internacionais:** estudos de introdução. 2ª ed., 7ª reimp. Curitiba: Juruá, 2011.

ORAKHELASHVILI, Alexander. **Peremptory norms in international law.** Oxford: Oxford University Press, 2008.

ORGANIZACIÓN DE LOS ESTADOS AMERICANOS [OEA]. Convención americana sobre derechos humanos. Cartagena de las Indias, Colombia: 1985. Disponível em: http://www.oas.org/dil/esp/tratados_B-32_Convencion_Americana_sobre_Derechos_Humanos.htm Acesso em: 20 jan. 2022.

ORGANIZACIÓN DE LOS ESTADOS AMERICANOS [OEA]. Convención interamericana para prevenir y sancionar la tortura. São José, Costa Rica: 1969. Disponível em: https://www.oas.org/juridico/spanish/tratados/a-51.html. Acesso em: 20 jan. 2022.

ORGANIZATION FOR SECURITY ANS CO-OPERATION IN EUROPE [OSCE]. **First Expert Meeting on Human Rights Protection in the return of trafficked persons to coutries of origin.** Warsaw, 2009. Disponível em: http://www.osce.org/odihr/40796 . Acesso em: 14 jan. 2014.

ORGANIZATION FOR SECURITY AND CO-OPERATION IN EUROPE [OSCE]. Trafficking in Human Beings and Terrorism: Where and How They Intersect. Vienna, 2021. Disponível em: https://respect.international/wp-content/uploads/2021/07/Trafficking-in-Human-Beings-and-Terrorism-Where-and-How-They-Intersect.pdf. Acesso em: 21 jan. 2022.

PARLAMENTO DA HUNGRIA aprova lei que criminaliza auxílio a imigrantes. **Opera Mundi.** Política e economia. São Paulo, 20 jun. 2018. Disponível em: https://operamundi.uol.com.br/politica-e-economia/49606/parlamento-da-hungria-aprova-lei-que-criminaliza-auxilio-a-imigrantes. Acesso em: 15 set. 2018.

PAUN, Christopher. **Genesis, content and prospects for success of the United Nations Convention Against Transnational Organized Crime.** A term paper in course # 290.16 International Law and Transnational Threats prepared for Professor M. E. Bowman. The Elliott School of International Affairs. The George Washington University. Washington, DC, 2006. Disponível em: http://www.paun.de/archiv/paun-unctoc.pdf . Acesso em: 09 mar. 2013.

PELLET, Alain; DINH, Nguyen Quoc; DAILLIER, Patrick. **Direito Internacional Público.** Tradução de Vítor Marques Coelho. 2ª ed. Lisboa: Fundação Calouste Gulbenkian, 2003.

PINTO, Ana Estela de Sousa. Reino Unido deve dificultar visto para imigrante sem qualificação. Folha de São Paulo. Mundo. São Paulo, 12 dez. 2019. Disponível em: https://www1.folha.uol.com.br/mundo/2019/12/reino-unido-deve-dificultar-visto-para-imigrante-sem-qualificacao.shtml. Acesso em: 22 jan. 2022.

PIOVESAN, Flávia. **Direitos Humanos e Justiça Internacional.** 2ª ed. rev.ampl. e atual. São Paulo: Saraiva, 2011.

PIOVESAN, Flávia. O direito de asilo e a proteção internacional dos refugiados. *In*: ARAUJO, Nadia de.; ALMEIDA, Guilherme Assis de. (Coords.) **O Direito Internacional dos Refugiados:** uma perspectiva brasileira. Rio de Janeiro; São Paulo: Renovar, 2001. pp. 27-64.

RAMOS, André de Carvalho. **Teoria Geral dos Direitos Humanos na Ordem Internacional**. Rio de Janeiro: Renovar, 2005.

RAMOS, André de Carvalho. **Curso de Direitos Humanos**. São Paulo: Saraiva, 2014.

REIS, Rossana Rocha. Soberania, Direitos Humanos e Migrações Internacionais. **Revista Brasileira de Ciências Sociais.** São Paulo, v. 13, n. 23. Junho/2004, p. 149-164. Disponível em: http://www.scielo.br/pdf/rbcsoc/v19n55/a09v1955.pdf . Acesso em: 06 out. 2012.

REYNOLDS, Sile; MUGGERIDGE, Helen. **Remote controls:** how UK border controls are endangering the lives of refugees. London: Refugee Council, 2008. Disponível em: http://www.unhcr.org/4d947e5f9.pdf. Acesso em: 22 jan. 2022.

REZEK, Francisco. **Direito Internacional Público:** Curso elementar. 15. ed. São Paulo: Saraiva, 2010.

RIBEIRO, Anália Belisa. O Enfrentamento ao Tráfico de Pessoas no Brasil. *In*.: MARZAGÃO JÚNIOR, Laerte I. **Tráfico de Pessoas.** São Paulo: Quartier Latin, 2010. p. 67-96.

SALES, Lilia Maia de Moraes; ALENCAR, Emanuela Cardoso Onofre de. **Tráfico Humano – algumas diferenciações**. Brasília a. 45 n. 180 out./dez. 2008. p. 179 – 195.

SANTOS, Boaventura de Sousa. Os direitos humanos na pós-modernidade. *In*: **Direito e sociedade.** Coimbra, n. 4, mar. 1989. Disponível em: http://www.dhnet.org.br/direitos/militantes/boaventura/boaventura_dh_na_pos_modernidade.pdf . Acesso em: 10 abr. 2012.

SANTOS, Boaventura de Sousa. Para além do pensamento abissal: das linhas globais a uma ecologia de saberes. In: SANTOS, Boaventura de Sousa; MENESES, Maria Paula. (Orgs.) **Epistemologias do Sul.** Coimbra: Almedina, 2009. p. 23-71.

SCHECAIRA, Sérgio Salomão. **Criminologia.** 6ª ed. São Paulo: Revista dos Tribunais, 2014.

SEWELL, Anne. Spanish police arrest 17 in Voodoo sex-trafficking ring. **Digital Journal**. World. [*s.l.*] 31 dez. 2012. Disponível em: http://digitaljournal.com/article/340178. Acesso em 12 nov. 2013.

SHELLEY, Louise. **Human Trafficking:** A Global Perspective. New York: Cambridge University Press, 2010. [e-book]

SHELLEY, Louise. Human trafficking as a form of transnational crime. *In*.: LEE, Maggy (Ed.). **Human Trafficking.** Devon, UK; Portland, USA: Willan Publishing, 2007. [e-book]

SOUTH AFRICA. **Act No. 7 of 2013.** Prevention and Combating of Trafficking in Persons Act, 2013. Cape Town, 2013. Disponível em: http://www.justice.gov.za/legislation/acts/2013-007.pdf . Acesso em: 06 jan. 2014.

SOUTH AFRICA. **Act No. 24 of 2015.** Judicial Matters Amendment Act, 2015. Cape Town, 2016. Disponível em: https://www.gov.za/sites/default/files/gcis_document/201601/395878-1act24of2015judicinalmattersamenda.pdf. Acesso em: 05 jan. 2019.

SOUTH AFRICA. **Act No. 8 of 2017.** Judicial Matters Amendment Act, 2017. Cape Town, 2017. Disponível em: https://www.gov.za/sites/default/files/gcis_document/201708/41018gon770.pdf. Acesso em: 05 jan. 2019.

STATISTA. Percentage of countries with full, partial or no legislation on trafficking in persons from 2003 to 2018. Disponível em: https://www.statista.com/statistics/300899/percentage-of-countries-by-legislation-on-trafficking-in-persons-by--region/#statisticContainer.

THE WORLD BANK. Exports of goods and services (% of GDP). Washington, 2020. Disponível em: https://data.worldbank.org/indicator/NE.EXP.GNFS.ZS?end=2020&start=1960&view=chart. Acesso em: 20 jan. 2022.

TIEFENBRUN, Susan. The saga of Susannah: A U.S. Remedy for Sex Trafficking in Women: The Victims of Trafficking and Violence Act of 2000. **Utah Law Review**, n. 1, 2002. p. 107-175. Disponível em: http://www.popcenter.org/problems/trafficked_women/PDFs/Tiefenbrun_2002.pdf . Acesso em 23 set. 2013.

TRINDADE, A. A. Cançado. **A Humanização do Direito Internacional.** Belo Horizonte: Del Rey, 2006.

TRINDADE, A. A. Cançado. **Tratado de Direito Internacional dos Direitos Humanos.** Vol. I. 2a ed. rev. e atual. Porto Alegre: SAFE, 2003a.

TRINDADE, A. A. Cançado. **Tratado de Direito Internacional dos Direitos Humanos.** Vol. II. Porto Alegre: SAFE, 1999.

TRINDADE, A. A. Cançado. **Tratado de Direito Internacional dos Direitos Humanos.** Vol. III. Porto Alegre: SAFE, 2003b.

TRINDADE, A. A. Cançado. Prefácio. *In*: ACNUR. **Memoria del Coloquio Internacional 10 Años de la Declaración de Cartagena sobre Refugiados.** San José, Costa Rica: ACNUR; IIDH, 1994. Disponível em: http://www.iidh.ed.cr/BibliotecaWeb/Varios/Documentos/BD_1345057820/Memoria%20Coloquio.%2010anos%20declaracion%20Cartagena.pdf?url=%2FBibliotecaWeb%2FVarios%2FDocumentos%2FBD_1345057820%2FMemoria+Coloquio.+10anos+declaracion+Cartagena.pdf . Acesso em: 03 fev. 2013.

TRINDADE, A. A. Cançado. ***Jus Cogens:*** The determination and the gradual expansion of its material content in contemporary international case-law. [*s.l.*]: OAS, [*s.d.*]. Disponível em: http://www.oas.org/dil/esp/3%20-%20cancado.LR.CV.3-30.pdf . Acesso em 12 jan. 2014.

TRINDADE, Eliane. Suécia é modelo antiprostituição para França. **Folha de S. Paulo**. Mundo. São Paulo, 30 dez. 2013a. Disponível em: http://www1.folha.uol.com.br/mundo/2013/12/1391423-suecia-e-modelo-antiprostituicao-para-franca.shtml . Acesso em: 30 dez. 2013.

TRINDADE, Eliane. Estrangeiras recebem apoio legal e psicológico na Suécia. **Folha de S. Paulo**. Mundo. São Paulo, 30 dez. 2013b. Disponível em: http://www1.folha.uol.com.br/mundo/2013/12/1391424-estrangeiras-recebem-apoio-legal-e-psicologico-na-suecia.shtml . Acesso em: 30 dez. 2013.

UNITED NATIONS. General Assembly. **DECLARAÇÃO Universal dos Direitos Humanos**. Paris, 1948. Disponível em: http://portal.mj.gov.br/sedh/ct/legis_intern/ddh_bib_inter_universal.htm . Acesso em 04 set. 2013.

UNITED NATIONS [UN]. General Assembly. **Resolution 428 (v).** Statute of the office of the United Nations High Commissioner for Refugees. New York, 1950. Disponível em: https://www.unhcr.org/3b66c39e1.pdf. Acesso em: 23 jan. 2022.

UNITED NATIONS [UN]. Convention relating to the Status of Refugees. Geneva, 1951. Disponível em: https://treaties.un.org/Pages/ViewDetailsII.aspx?src=IND&mtdsg_no=V-2&chapter=5&Temp=mtdsg2&clang=_en. Acesso em: 20 jan. 2022.

UNITED NATIONS [UN]. **Protocol relating to the Status of Refugees.** New York, 1967. Disponível em: https://treaties.un.org/Pages/ViewDetails.aspx?src=IND&mtdsg_no=V-5&chapter=5&clang=_en. Acesso em: 20 jan. 2022.

UNITED NATIONS [UN]. **United Nations Convention against Illicit Traffic in Narcotic and Psychotropic Substances.** Vienna, 1988. Disponível em: https://treaties.un.org/Pages/ViewDetails.aspx?src=IND&mtdsg_no=VI-19&chapter=6&clang=_en. Acesso em: 18 jan. 2022.

UNITED NATIONS [UN]. General Assembly. Fifth-second session. **Resolution n. 52/85.** Follow-up to the Naples Political Declaration and Global Action Plan against Organizes Transnational Crime. [New York], 1997. Disponível em: http://www.un.org/ga/search/view_doc.asp?symbol=A/RES/52/85&Lang=E . Acesso em: 12 mar. 2013.

UNITED NATIONS [UN]. General Assembly. Fifth-third session. **Resolution n. 53/111.** Transnational organized crime. [New York], 1998. Disponível em: http://www.un.org/ga/search/view_doc.asp?symbol=A/RES/53/111&Lang=E . Acesso em: 12 mar. 2013.

UNITED NATIONS [UN]. General Assembly. Fifth-second session. **Resolution n. 53/114.** Strengthening the United Nations Crime Prevention and Criminal Justice Programme, in particular its technical cooperation capacity. [New York], 1999. Disponível em: https://daccess-ods.un.org/access.nsf/Get?Open&DS=A/RES/53/114&Lang=E. Acesso em: 19 jan. 2022.

UNITED NATIONS [UN]. General Assembly. Fifty-fifth session. **Resolution n. 55/25.** United Nations Convention against Transnational Organized Crime. [New York], 2000. Disponível em: http://www.un.org/ga/search/view_doc.asp?symbol=A/RES/55/25&Lang=E . Acesso em: 13 mar. 2013.

UNITED NATIONS [UN]. **United Nations Convention against Transnational Organized Crime.** New York, 2000a. Disponível em: https://treaties.un.org/Pages/ViewDetails.aspx?src=IND&mtdsg_no=XVIII-12&chapter=18&clang=_en. Acesso em: 20 jan. 2022.

UNITED NATIONS [UN]. **Protocol to Prevent, Suppress and Punish Trafficking in Persons, Especially Women and Children, supplementing the United Nations Convention against Transnational Organized Crime**. New York, 2000b. Disponível em: https://treaties.un.org/Pages/ViewDetails.aspx?src=IND&mtdsg_no=XVIII-12-a&chapter=18&clang=_en. Acesso em: 20 jan. 2022.

UNITED NATIONS [UN]. **Protocol against the Smuggling of Migrants by Land, Sea and Air, supplementing the United Nations Convention against Transnational Organized Crime.** New York, 2000c. Disponível em: https://treaties.un.org/Pages/ViewDetails.aspx?src=IND&mtdsg_no=XVIII-12-b&chapter=18&clang=_en. Acesso em: 20 jan. 2022.

UNITED NATIONS [UN]. **Protocol against the Illicit Manufacturing of and Trafficking in Firearms, Their Parts and Components and Ammunition, supplementing the United Nations Convention against Transnational Organized Crime**. New York, 2001. Disponível em: https://treaties.un.org/Pages/ViewDetails.aspx?src=IND&mtdsg_no=XVIII-12-c&chapter=18&clang=_en. Acesso em: 20 jan. 2022.

UNITED NATIONS [UN]. **United Nations Convention against Corruption.** New York, 2003. Disponível em: https://treaties.un.org/Pages/ViewDetails.aspx?src=IND&mtdsg_no=XVIII-14&chapter=18&clang=_en. Acesso em: 18 jan. 2022.

UNITED NATIONS [UN]. **Travaux Préparatoires** of the negotiation for the elaboration of the United Nations Convention against Transnational Organized Crime and the Protocols thereto. New York, 2006. Disponível em: http://www.unodc.org/pdf/ctoccop_2006/04-60074_ebook-e.pdf. Acesso em: 12 mar. 2013.

UNITED NATIONS [UN]. General Assembly. Sixty-third session. **Report of the Secretary-General.** [*s.l.*], 2009. Disponível em: http://www.un.org/en/ga/search/view_doc.asp?symbol=A/63/677. Acesso em: 22 set. 2013.

UNITED NATIONS [UN]. **The Responsibility to Protect**. [*s.l.*], [*s.d.*]. Disponível em: http://www.un.org/en/preventgenocide/adviser/responsibility.shtml . Acesso em: 22 set. 2013.

UNITED NATIONS [UN]. **Treaty Collection**. Chapter V: Refugees and Stateless Persons: 2. Convention relating to the Status of Refugees. [*s.l.*], 2013. Disponível em: https://treaties.un.org/pages/ViewDetailsII.aspx?&src=TREATY&mtdsg_no=V~2&chapter=5&Temp=mtdsg2&lang=en. Acesso em 23 set. 2013.

UNITED NATIONS [UN]. Centro de Noticias ONU. **OIM y gobierno luchan contra trata de personas en Filipinas.** [*s.l.*], 2013. Disponível em: http://www.un.org/spanish/News/story.asp?NewsID=28081&fb_action_ids=10151831040178940&fb_action_types=og.likes&fb_ref=.UpIjqwXJp1i.like&fb_source=aggregation&fb_aggregation_id=288381481237582#.UtHtkfRDtSv. Acesso em 24 nov. 2013.

UNITED NATIONS [UN]. Chapter V. Convention relating to the Status of Refugees. Status as at: 23-01-2022. New York, 2022. Disponível em: https://treaties.un.org/Pages/ViewDetailsII.aspx?src=IND&mtdsg_no=V-2&chapter=5&Temp=mtdsg2&clang=_en. Acesso em: 20 jan. 2022.

UNITED NATIONS ACTION FOR COOPERATION AGAINST TRAFFICKING IN PERSONS [UN-ACT]. **Annual Progress Report 2015.** Bangkok, [201?]. Disponível em: http://un-act.org/wp-content/uploads/2016/08/Final-UN-ACT-Annual-Report-2015.pdf. Acesso em: 5 jan. 2019.

UNITED NATIONS HIGH COMISSIONER FOR REFUGEES [UNHCR]. **Global trends:** forced displacement in 2020. Copenhagen, Denmark, 2021. Disponível em: https://www.unhcr.

org/60b638e37/unhcr-global-trends-2020#_ga=2.66831022.1683845651.1642947193-1446139836.1642777209&_gac=1.190939736.1642777216.CjwKCAiA0KmPBhBqEiwAJqKK4xugxiDflwNXFsYx1mfPJffEVIKDEKSKmQmO7emLWuchqokeHW-Tpxo-CQGYQAvD_BwE. Acesso em: 22 jan. 2022.

UNITED NATIONS HIGH COMISSIONER FOR REFUGEES [UNHCR]. **Refugee data finder**. Genebra, 2022. Disponível em: https://www.unhcr.org/refugee-statistics/. Acesso em 22 jan. 2022.

UNITED NATIONS INTER-AGENCY PROJECT ON HUMAN TRAFFICKING [UNIAP]. **Human Traffickin Laws:** Legal Provisions for Victims: Comparing Legal Definitions & Frameworks Against the United Nations Protocol on Human Trafficking. Bangkok, [201?]. Disponível em: http://www.no-trafficking.org/reports_docs/legal_prov_vics.pdf . Acesso em 06 jan. 2014.

UNITED NATIONS HUMAN RIGHTS OFFICE OF THE HIGH COMMISSIONER [UNHR]. **Status of ratification interactive data**. Genebra, [2020]. Disponível em: https://indicators.ohchr.org/. Acesso em: 18 jan. 2022.

UNITED NATIONS OFFICE FOR DRUGS AND CRIME [UNODC]. **An introduction to human trafficking: vulnerability, impact and action.** Vienna, 2008. Disponível em: https://www.unodc.org/documents/human-trafficking/An_Introduction_to_Human_Trafficking_-_Background_Paper.pdf. Acesso em: 23 jan. 2022.

UNITED NATIONS OFFICE FOR DRUGS AND CRIME [UNODC]. **The Globalization of Crime:** a transnational organized crime assessment. 2010. Disponível em: http://www.unodc.org/documents/data-and-analysis/tocta/TOCTA_Report_2010_low_res.pdf. Acesso em: 22 jan. 2022.

UNITED NATIONS OFFICE FOR DRUGS AND CRIME [UNODC]. **Global report on trafficking in persons**. Vienna, 2012. Disponível em http://www.unodc.org/documents/data-and-analysis/glotip/Trafficking_in_Persons_2012_web.pdf . Acesso em 12 dez. 2012.

UNITED NATIONS OFFICE FOR DRUGS AND CRIME [UNODC]. Resources. Treaties. **Convention against Transnational Organized Crime and the Protocols Thereto**. [Vienna], 2013. Disponível em: http://www.unodc.org/unodc/en/treaties/CTOC/index.html . Acesso em: 13 mar. 2013.

UNITED NATIONS OFFICE FOR DRUGS AND CRIME [UNODC]. **Global report on trafficking in persons**. Vienna, 2016. Disponível em: https://www.unodc.org/documents/data-and-analysis/glotip/2016_Global_Report_on_Trafficking_in_Persons.pdf . Acesso em: 18 jan. 2022.

UNITED NATIONS OFFICE FOR DRUGS AND CRIME [UNODC]. **Global report on trafficking in persons**. Vienna, 2018. Disponível em: https://www.unodc.org/documents/data-and-analysis/glotip/2018/GLOTiP_2018_BOOK_web_small.pdf . Acesso em: 18 jan. 2022.

UNITED NATIONS OFFICE FOR DRUGS AND CRIME [UNODC]. **Global report on trafficking in persons**. Vienna, 2020. Disponível em: https://www.unodc.org/unodc/data-and-analysis/glotip.html. Acesso em: 18 jan. 2022.

UNITED NATIONS OFFICE FOR DRUGS AND CRIME [UNODC]. UN.GIFT – Iniciativa Global da ONU contra o Tráfico de Pessoas. Brasília, 2022. Disponível em:

https://www.unodc.org/lpo-brazil/pt/trafico-de-pessoas/ungift.html Acesso em 18 jan. 2022.

UNITED KINGDOM [UK]. Asylum and Immigration Tribunal. **SB (PSG – Protection Regulations – Reg 6) Moldova CG [2008] UKAIT 00002.** [*s.l.*], 2007. Disponível em: http://www.nrcentre.org.uk/index.php?option=com_content&view=article&catid=13:Policies%20&%20Rulings&id=130:victims-of-trafficking-can-get-refugee-status&Itemid=9. Accesso em 14 jan. 2014.

UNITED STATES OF AMERICA [USA]. Department of State. **Victims of Traffickin and Violence Act of 2000**. Washington, 2000. Disponível em: http://www.state.gov/documents/organization/10492.pdf. Acesso em 04 jan. 2014.

UNITED STATES OF AMERICA [USA]. **Trafficking in Persons Report**. Washington, DC, 2010. Disponível em: https://2009-2017.state.gov/j/tip/rls/tiprpt/2010/index.htm. Acesso em: 18 set. 2013.

UNITED STATES OF AMERICA [USA]. **Trafficking in Persons Report**. Washington, DC, 2011. Disponível em: https://2009-2017.state.gov/j/tip/rls/tiprpt/2011/index.htm. Acesso em: 18 set. 2013.

UNITED STATES OF AMERICA [USA]. **Trafficking in Persons Report**. Washington, DC, 2012. Disponível em: https://2009-2017.state.gov/j/tip/rls/tiprpt/2012/index.htm.pdf. Acesso em: 18 set. 2013.

UNITED STATES OF AMERICA [USA]. **Trafficking in Persons Report**. Washington, DC, 2013. Disponível em: https://2009-2017.state.gov/j/tip/rls/tiprpt/2013/index.htm. Acesso em: 18 set. 2013.

UNITED STATES OF AMERICA [USA]. **U.S. Laws on Trafficking in Persons**. Washington, DC, 2014. Disponível em: http://www.state.gov/j/tip/laws/. Acesso em 04 jan. 2014.

UNITED STATES OF AMERICA [USA]. Department of State. Report to Congress on An Analysis of Anti-Money Laundering Efforts Related to Human Trafficking. 2020. Disponível em: https://www.state.gov/wp-content/uploads/2020/10/Final-AML-Report-to-Congress.pdf. Acesso em: 21 jan. 2022.

UNITED STATES OF AMERICA [USA]. Department of State. Tráfico de pessoas e contrabando de migrantes: entendendo a diferença. Washington, 2017. Disponível em: https://2017-2021-translations.state.gov/wp-content/uploads/sites/2/2017/09/2017-JTIP_FS12-Smuggling-vs-TIP-Portuguese.pdf. Acesso em: 19 jan. 2022.

UNIVERSITY OF QUEENSLAND, THE. **Australia's Policies on Trafficking in Persons.** Brisbane, 2012a. Disponível em: http://www.law.uq.edu.au/ht-policies. Acesso em: 06 jan. 2014.

UNIVERSITY OF QUEENSLAND, THE. **Visas for Trafficking Victims in Australia.** Brisbane, 2012b. Disponível em: http://www.law.uq.edu.au/ht-visas. Acesso em: 06 jan. 2014.

UNIVERSITY OF QUEENSLAND, THE. **Visas for victims.** Brisbane, 2016. Disponível em: https://law.uq.edu.au/research/research-activities/human-trafficking/visas. Acesso em 05 jan. 2019.

VLASSIS, Dimitri.The UN Convention Against Transnational Organized Crime. *In*: SERRANO, Mónica; BERDAL, Mats. (Ed.) **Transnational Organized Crime and**

International Security: Business as Usual?. Boulder, Colorado: Lynne Rienner, 2002.

ZAFFARONI, Eugenio Raúl; PIERANGELI, José Henrique. **Manual de Direito Penal Brasileiro:** parte geral. 11ª ed. rev e atual. São Paulo: Revista dos Tribunais, 2015.

ZAYED, Abd El Hamid. Relações do Egito com o resto da África. Colaboração de J. Devisse. In: MOKHTAR, Gamal (Ed.) **História geral da África, II:** África antiga. 2ª ed. rev. Brasília: UNESCO, 2010, p. 97-118.

APÊNDICE

Tabela de Países Signatários da Convenção de 1951 e/ou Protocolo de 1967, e/ou Convenção contra o Crime Organizado Transnacional e/ou Protocolo sobre o Tráfico de Pessoas: [315]

- Signatários da Convenção e 1951 e/ou Protocolo de 1967 e do Protocolo sobre Tráfico de Pessoas.

Países	Convenção 1951	Protocolo 1967	Convenção COT	Protocolo TP
Afeganistão	X	X	X	X
África do Sul	X	X	X	X
Albânia	X	X	X	X
Alemanha	X	X	X	X
Andorra			X	
Angola	X	X	X	X
Antígua e Barbuda	X	X	X	X
Arábia Saudita			X	X
Argélia	X	X	X	X
Argentina	X	X	X	X
Armênia	X	X	X	X
Austrália	X	X	X	X
Áustria	X	X	X	X

[315] Dados extraídos do banco da *United Nations Treaty Collection* em janeiro de 2022.

Azerbaijão	X	X	X	X
Bahamas	X	X	X	X
Bangladeche			X	X
Barbados			X	X
Barém			X	X
Bélgica	X	X	X	X
Belize	X	X	X	X
Benim	X	X	X	X
Bielorrússia	X	X	X	X
Bolívia	X	X	X	X
Bósnia e Herzegovina	X	X	X	X
Botsuana	X	X	X	X
Brasil	X	X	X	X
Brunei			X	X
Bulgária	X	X	X	X
Burquina Faso	X	X	X	X
Burundi	X	X	X	X
Butão				
Cabo Verde		X	X	X
Camarões	X	X	X	X
Camboja	X	X	X	X
Canadá	X	X	X	X
Catar			X	X
Cazaquistão	X	X	X	X
Centro Africana, Rep.	X	X	X	X
Chade	X	X	X	X
Chile	X	X	X	X
China	X	X	X	X
Chipre	X	X	X	X
Colômbia	X	X	X	X
Comores			X	X
Congo, República do	X	X	X	X
Congo, Repúb. Democrática do	X	X	X	X

Cook, Ilhas			X	
Coreia do Norte			X	
Coreia do Sul	X	X	X	X
Costa do Marfim	X	X	X	X
Costa Rica	X	X	X	X
Croácia	X	X	X	X
Cuba			X	X
Dinamarca	X	X	X	X
Djibuti	X	X	X	X
Dominica	X	X	X	X
Dominicana, Rep.	X	X	X	X
Egito	X	X	X	X
El Salvador	X	X	X	X
Equador	X	X	X	X
Emirados Árabes Unidos			X	X
Eritreia			X	X
Eslováquia	X	X	X	X
Eslovênia	X	X	X	X
Espanha	X	X	X	X
EUA		X	X	X
Estônia	X	X	X	X
Etiópia	X	X	X	X
Fiji	X	X	X	X
Filipinas	X	X	X	X
Finlândia	X	X	X	X
França	X	X	X	X
Gabão	X	X	X	X
Gâmbia	X	X	X	X
Gana	X	X	X	X
Geórgia	X	X	X	X
Granada			X	X
Grécia	X	X	X	X
Guatemala	X	X	X	X

Guiana			X	X
Guiné	X	X	X	X
Guiné-Bissau	X	X	X	X
Guiné-Equatorial	X	X	X	X
Haiti	X	X	X	X
Honduras	X	X	X	X
Hungria	X	X	X	X
Iêmen	X	X	X	
Índia			X	X
Indonésia			X	X
Irã	X	X	X	
Iraque			X	X
Irlanda	X	X	X	X
Islândia	X	X	X	X
Israel	X	X	X	X
Itália	X	X	X	X
Jamaica	X	X	X	X
Japão	X	X	X	X
Jordânia			X	X
Kuwait			X	X
Laos			X	X
Lesoto	X	X	X	X
Letônia	X	X	X	X
Líbano			X	X
Libéria	X	X	X	X
Líbia			X	X
Liechtenstein	X	X	X	X
Lituânia	X	X	X	X
Luxemburgo	X	X	X	X
Macedônia	X	X	X	X
Madagascar	X		X	X
Malásia			X	X
Malaui	X	X	X	X
Maldivas			X	X

Mali	X	X	X	X
Malta	X	X	X	X
Marshall, Ilhas			X	
Marrocos	X	X	X	X
Maurício			X	X
Mauritânia	X	X	X	X
México	X	X	X	X
Mianmar			X	X
Micronésia, Estados Federados da			X	X
Moçambique	X	X	X	X
Moldávia	X	X	X	X
Mônaco	X	X	X	X
Mongólia			X	X
Montenegro	X	X	X	X
Namíbia	X	X	X	X
Nauru	X	X	X	X
Nepal			X	X
Nicarágua	X		X	X
Níger	X		X	X
Nigéria	X		X	X
Niue			X	
Noruega	X	X	X	X
Nova Zelândia	X		X	X
Omã			X	X
Países Baixos	X	X	X	X
Palau			X	X
Palestina			X	X
Panamá	X	X	X	X
Papua Nova Guiné	X	X		
Paquistão			X	
Paraguai	X	X	X	X
Peru	X	X	X	X
Polônia	X	X	X	X

Portugal	X	X	X	X
Quênia	X	X	X	X
Quirguistão	X	X	X	X
Quiribati			X	X
Reino Unido	X	X	X	X
Romênia	X	X	X	X
Ruanda	X	X	X	X
Russia	X	X	X	X
Salomão, Ilhas	X	X		
Samoa	X	X	X	
Santa Lúcia			X	X
Santa Sé	X	X	X	
São Cristóvão e Neves	X		X	X
São Marinho			X	X
São Tomé e Príncipe	X	X	X	X
São Vicente e Granadinas	X	X	X	X
Seicheles	X	X	X	X
Senegal	X	X	X	X
Serra Leoa	X	X	X	X
Sérvia	X	X	X	X
Singapura			X	X
Síria			X	X
Somália	X	X		
Sri Lanca			X	X
Suazilândia	X	X	X	X
Sudão	X	X	X	X
Sudão do Sul	X	X		
Suécia	X	X	X	X
Suíça	X	X	X	X
Suriname	X	X	X	X
Tailândia			X	X
Tajiquistão	X	X	X	X
Tanzânia	X	X	X	X

Tcheca, República	X	X	X	X
Timor-Leste	X	X	X	X
Togo	X	X	X	X
Tonga			X	
Trinidade e Tobago	X	X	X	X
Tunísia	X	X	X	X
Turcomenistão	X	X	X	X
Turquia	X	X	X	X
Tuvalu	X	X		
Ucrânia	X	X	X	X
Uganda	X		X	X
União Europeia			X	X
Uruguai	X	X	X	X
Uzbesquistão			X	X
Vanuatu			X	
Venezuela		X	X	X
Vietnã			X	X
Zâmbia	X	X	X	X
Zimbabue	X	X	X	X
Total	**146**	**147**	**190**	**178**
Total	**140**			